中國學術思想 研究輯刊

二十編

林慶彰 主編

第 20 冊

左傳災異研究

陳献佑 著

花木蘭文化出版社

國家圖書館出版品預行編目資料

左傳災異研究／陳献佑 著 -- 初版 -- 新北市：花木蘭文化出版
社，2015〔民 104〕
序 2+ 目 4+226 面；19x26 公分
（中國學術思想研究輯刊 二十編；第 20 冊）
ISBN 978-986-404-009-4（精裝）
1. 左傳 2. 研究考訂
030.8   103026880

ISBN-978-986-404-009-4

9 789864 040094

中國學術思想研究輯刊
二十編　第二十冊　　　　　　　　ISBN：978-986-404-009-4

左傳災異研究

作　　者　陳献佑
主　　編　林慶彰
總 編 輯　杜潔祥
副總編輯　楊嘉樂
編　　輯　許郁翎
出　　版　花木蘭文化出版社
社　　長　高小娟
聯絡地址　235　新北市中和區中安街七二號十三樓
　　　　　電話：02-2923-1455／傳眞：02-2923-1452
網　　址　http://www.huamulan.tw 信箱 hml 810518@gmail.com
印　　刷　普羅文化出版廣告事業
封面設計　劉開工作室
初　　版　2015 年 3 月
定　　價　二十編 21 冊（精裝）台幣 38,000 元

左傳災異研究

陳献佑　著

作者簡介

陳献佑，臺灣臺南市人。民國六十九年（1980）生於臺南。靜宜大學中國文學系畢業，玄奘大學中國語文學研究所碩士，現為玄奘大學中國語文學研究所博士候選人。現任永康數位科技有限公司 執行長，創意念文圖藝術有限公司 公關部經理。

提　要

　　自有文化始，各式災異便成了人類追求幸福與生命存續過程中的一大障礙，長遠的影響了文明進程中的各個層面，直至今日我們依舊無法完全掌控並解釋這些現象。而祖先們對自然界的崇敬與畏懼在歷史的洪流中，透過經典的記載及後人對文獻的詮釋共構出了複雜的情感亦賦予了寶貴的人文價值。而在眾多的典籍之中，《左傳》身為我國發現較早，記載亦較為詳備的編年體史書，其一改《春秋》只用大事綱要記史的缺憾，補之以更加完整的史料，使其成為吾人瞭解先秦文化的巨著。春秋時代的開始是周王朝由盛轉衰的一個巨大轉捩點，本書暫時撇開了具有神秘感應色彩的災異解釋法，透過分析《左傳》中的各種災異現象，並探討古今諸學者的研究成果，試圖對這些災異的發生、經過與影響做出更加客觀並貼近現實的評述。

自 序

　　我自承是個行事馬虎，並容易分心的人，尤其在求學的過程中，這些壞習慣深深的羈絆了我，使得學業上的表現始終無法讓師長放心，甚至最後連自己都感到前途無望，在報考博士班屢屢失利後決定投筆從商。但很幸運的，在我困頓的時候，師長們總是用最親切的態度與最陽光的笑容鼓勵我，並不厭其煩的指正我的錯誤，讓我又能重新回到了學術界的懷抱。首先要感謝的是將本論文推薦給花木蘭文化出版社，我的指導教授莊雅州老師，直到現在都無法理解為什麼老師要如此有耐性又溫柔的傾聽我異想天開的看法與指導修正我犯下的基本錯誤。其次我要感謝想唸我卻又常常欲言又止的柯金虎老師；好像永遠都不會生氣的羅宗濤老師；什麼都好、好、好，如果要去香港玩一定要請他做導遊的文幸福老師；彷彿一眼就能看穿我的愚蠢的季旭昇老師；不時要我去他家坐坐的李孟晉老師；被我弄丟 TA 文件卻還要裝笑臉的陳文昌老師，讓我真真切切的體會到何謂「一日為師，終身為父」這段話。我的老師們不僅傳授了學生知識，還關照了學生的一切生活起居，連學生犯錯，亦不忍太過苛責，學生何其榮幸能有這段際遇。最後要感謝的是我的內人，同時也是我學術界的前輩王珮翎老師，在行文的過程中與我討論並提供寶貴的意見。這篇文章謹獻給所有一路以來默默支持我的師長與家人，還有願意幫拙作出版的花木蘭文化出版社。

　　　　　　中華民國一百零三年九月二日 陳献佑 謹識於台南

目　次

第一章　緒　論

第一節　研究動機

　　《左傳》好言怪異妖祥，王充曾云：「言多怪，頗與孔子不語怪力相違反也。〔註1〕」故昔賢今人多批之爲荒謬迷信。事實上眾人視爲荒謬的思想亦是由人所創造，乃爲漫漫人文的一部份，非毫無價值可言。在思想史上，歷代荒謬無理的見解，都有其時代的特色與意義。人類文明上各種荒誕不經的思想往往都集中在祭祀崇拜的領域，而祭祀在中國文化中常處在最核心、最引人重視的位置，《左傳》云：「國之大事，在祀與戎。〔註2〕」即是此意，而思想的精華也蘊藏於諸多的荒謬之中，《左傳》在現代看來是荒唐且迷信的一本史書，但其豐富且華麗的內容中也隱藏了眾多令人不解的思想內容，因此研究《左傳》中的災異理論，是有其時代意義的。基於這樣的理解，於是把災異理論訂爲《左傳》經學思想研究的重點。

　　《春秋》重災異〔註3〕，每遇災異必書之，大自山陵崩頹，天雷震響，小

〔註1〕〔漢〕王充，《論衡》（上海：商務印書館，1922年，《四部叢刊》上海涵芬樓藏明通津草堂本）卷二十九，頁3。

〔註2〕〔西晉〕杜預注、〔唐〕孔穎達疏，《春秋左傳注疏》（台北：藝文印書館，2001年，景印清・嘉慶二十年江西南昌府學開雕重刊宋本）卷25～28，〈成公〉，頁460。

〔註3〕清人毛奇齡整理類別與詞例，歸彙爲二十二門，其中「災祥」一門，分析爲：日食、螟、蝝、螽、雨雪、雷電、震、雹、星隕、大水、無冰、災、火、蜮、蜚、多麋、眚、不雨、沙鹿崩、山崩、旱、地震、星孛、六鶂退飛、隕霜殺菽、隕霜不殺草、鸜鵒來巢、獲麟諸項。〔清〕毛奇齡《春秋毛氏傳》（上海：

至霜不殺草，蟲蟻成群，二百四十二年間未嘗疏漏，慎重如此，可見其中必有深意。《漢書‧楚元王傳》曰：

> 《春秋》於二百四十二年間，凡記日食三十六、地震五、山陵崩阤二、彗星三見、夜常星不見，夜中星隕如雨一，火災十四。長狄入國三，五石隕墜，六鶂退飛，多麋、有蜮、蜚、鸜鵒來巢者，皆一見。晝冥晦、雨木冰、李梅冬實。七月霜降、草木不死。八月殺菽。大雨雹，雨雪雷霆失序相乘。水、旱、饑、蝝、螽、螟蟲午並起。
> 〔註4〕

《春秋》之多書災異，對於災異不厭其煩的詳加羅列，與其所錄弒君三十六、亡國五十二〔註5〕的禍亂相提並論，可知孔子《春秋》之書災異，應有其憂患示警之深意。且《左傳》乃解經之作，《春秋》紀事失之簡約，含意過於隱微，全書跨越二百四十二年，僅用一萬八千字，每年平均只得七十五言，所錄僅春秋之大事記，每事僅一言兩語記其結論，少則一字，多僅四十餘言，無具體論述，多語焉不詳。宋宰相王安石譏其為「斷爛朝報〔註6〕」。另《春秋》重「微言大義」，講「春秋筆法」，字斟句酌，嚴謹太甚，故文義深奧，讀者難從其中明辨史實原委，另多有史事漏闕失載，非有注解不能通曉。

解經之作有三，曰「春秋三傳」，並列於十三經。其中又以《左傳》以事解經，最為詳備，春秋之社會面貌、歷史進程，幾可一覽無遺。《公羊》、《穀梁》以義理解《春秋》，故對史事之來脈語焉不詳，對災異之原委經過亦多失之主觀。

《春秋》記事以魯為中心，《左傳》則兼記周王與諸侯列國，諸如聘問、會盟、征伐、城築、救火、賑濟均有記敘，揭示社會矛盾，勾勒天子、諸侯

上海人民出版社，1999年，景印文淵閣四庫全書本）。

亦見於〔清〕顧棟高，《春秋大事表‧春秋天文表》（上海：上海人民出版社，1999年，景印文淵閣四庫全書本）卷40、《春秋大事表‧春秋五行表》（上海：上海人民出版社，1999年，景印文淵閣四庫全書本）卷41，歸納春秋經之災異為十一類：一日食、二星變、三地震、四山崩、五水災、六雷電霜雪冰雹、七不雨、八無麥苗、饑、九蟲蟄、十物異、十一火災。

〔註4〕〔東漢〕班固，《前漢書》（上海：上海人民出版社，1999年，景印文淵閣四庫全書本）卷36，頁16～17。

〔註5〕〔東漢〕班固，《前漢書》（上海：上海人民出版社，1999年，景印文淵閣四庫全書本）卷36，頁18。

〔註6〕〔元〕托克托，《宋史》（上海：上海人民出版社，1999年，景印文淵閣四庫全書本）卷327，頁13。

治亂興衰，災異更詳加羅列，諸如水旱、地震、冰雹、日食、星變等，可供參考研究。本文欲透過《左傳》記事之詳備以窺災異之經過，探討其對經學、政治、社會之影響，冀能對中國文化與經學的「深層結構〔註7〕」有所瞭解。

第二節　研究方法與進程

　　本文的研究方法主要是「文獻研究法」，而主要的文獻範圍爲清乾隆朝所編成的《欽定文淵閣四庫全書》與民國時期由張元濟、王雲五所編成的《四部叢刊》，一是藉由點書訓練自己解析古文的能力，二可透過著作直接瞭解古人的想法，三可避免大量引用今人著作，導致對文本有不求甚解之弊。

一、以《左傳》爲主要史料來源

　　解《春秋》經之傳有三，曰：《左傳》、《公羊傳》、《穀梁傳》。《公羊傳》、《穀梁傳》乃今文學家解釋《春秋》書例、發揮《春秋》經文的解經之作。旨在解釋《春秋》經「何以書」，某事的書寫乃至某個字詞之運用的褒貶用意何在？借題發揮爲《傳》者的思想主張，較不注重對史實之補充。故《公羊傳》、《穀梁傳》二傳無法離開《春秋》單獨存在，而只能附經而行。

　　《左傳》雖與《春秋》同是記載春秋歷史之編年史，但《左傳》所記載之國別更廣，時間也較《春秋》多記十三年。從《左傳》全書來看，其大部分內容均與《春秋》經文相相應，有解釋經義者，亦有補充史實處。故自漢代以來，學者多是認爲《左傳》乃解釋《春秋》之著作。但《左傳》與《公羊傳》、《穀梁傳》依舊有不同之處，《左傳》對於《春秋》主要還是著重在補充史實，解釋經義乃次要中的次要。因此《左傳》雖與《春秋》有所關連，但《左傳》又是一部具有相對獨立性與創造性，可以單獨成書而不必附經而行的歷史典籍。《公羊傳》、《穀梁傳》著重在開發《春秋》經文中的微言大義，較不注重敘述史實。另外，至今以《左傳》爲主體來論述災異之作尚極少見，因此有其開發之空間。

〔註7〕所謂「深層結構」：是指創造歷史的人，如何去認識他們自己及所處的世界的思維方式，建立其世界觀。而以這種思維模式去深入剖析中國文化傳統中所謂「隱默之知」（Tacit Knowing 用美國當代哲學家 Michael Polanyi 所著 The Tacit Dimension 書中之名詞）的層次問題。

二、將災異相關記載輯出，並作附表

　　將《左傳》中關於災異的記載依其年代輯出，並標明其災異之類別，同時亦依年代列出《春秋》所記之災異，經由電腦製作成表格，以供統計與經傳相互參考。

三、分成四大類

　　由地球地表向外延伸，將災異分爲地質地貌災異、氣象水文災異、天文類之災異。因生物有其獨特性，因此再分出生物類的災異。以此四大類別爲主，再向下細分，以求分析能準確分明，並方便查尋。

四、注疏版本的採用

　　《左傳》列古文經學，早期遭今文經學派排擠，由於門戶之見，《左傳》處於學術上的弱勢，長期無法立於官學，未能取得設置博士之合法地位，只因《左傳》自有其重要之學術價值，故可以在多方壓力之下，存而不廢，並在民間廣爲流傳。《漢書・儒林傳》:「漢興，北平侯張蒼及梁太傅賈誼、京兆尹張敞皆修《春秋左氏傳》。〔註 8〕」到了西漢末年，學者劉向、劉歆父子對《左傳》益加重視，專以此書「教授子孫，下至婦女，無不讀誦。」東漢章帝建初元年，命賈逵自選高材生二十八人，教授《左傳》;八年又詔諸儒各選儒生授業《左傳》，一時間學者才開始趨之若鶩。東漢時期最著名的大儒如賈逵、服虔、馬融、鄭玄等都對《左傳》等古文經作深湛的鑽研，服虔曾作《春秋左氏傳解誼》，可惜已經亡佚。到西晉，杜預總結前代研究結果，考定異同，作《春秋左氏經傳集解》，並且將《春秋》經文依年份拆開，分別穿插入每年傳文之前，首創以傳附經的先例，《左傳》至此成爲顯赫的專家之學。自此之後《公羊》、《穀梁》的地位漸漸被《左傳》超越，之後《左傳》一直保持領先的地位。杜預《集解》本也是流傳至今最早的《左傳》通行本。到了唐代，孔穎達再爲杜預的《集解》作疏，名爲《春秋左傳正義》。南宋時，杜預注孔穎達疏的版本進一步被編入《十三經注疏》，通行至今。

　　《春秋左傳正義》是在中國極盛時的朝代唐朝完成，由朝廷官方的組織與支持下成書，內容必然體現了官方的思想及文化政策，處處伸張、維護杜

〔註 8〕〔東漢〕班固，《前漢書》（上海：上海人民出版社，1999 年，景印文淵閣四庫全書本）卷 88，頁 33。

預注的權威性，隋代經學家劉炫《正義》與杜義不合者，必然予以駁正，因此後來清人皮錫瑞批評其「強爲飾說〔註9〕」、「曲徇注文〔註10〕」。

因此本文爲避免落入「爲官方張目」之弊，除了杜說之外，亦參考了歷代不同人著作之說法，以補杜說之不足。

第三節 文獻檢討〔註11〕

一、期刊論文

從國家圖書館的「中文期刊篇目索引影像系統」以篇名和關鍵字來加以查詢。以「《左傳》」作爲篇名的論文共有 102 筆，但同時以「《左傳》」和「災異」爲篇名的爲 0 筆。單以「災異」爲篇名的有 9 筆。

NO.	篇　名	作　者	刊　名	出版時間
1	試論劉向災異學說之轉變	黃啓書	臺大中文學報	96.06
2	伏生之三統陰陽五行災異暨讖緯學說	程元敏	世新中文研究集刊	96.06
3	從人物記傳較論馬班之天人及災異思想	江素卿	文與哲	95.12
4	從帝紀記事較論馬班之災異思想	江素卿	文與哲	94.06
5	漢書五行志中之災異說探論	江乾益	興大中文學報	92.06
6	兩晉時期的符瑞、災異思想	錢國盈	嘉南學報	91.11
7	兩漢經學中之讖緯與災異現象	張簡茂宏	問學	91.03
8	論漢儒災異論——以董仲舒、「白虎通」爲中心之察考（下）	周德良	鵝湖	88.12
9	論漢儒災異論——以董仲舒、「白虎通」爲中心之察考（上）	周德良	鵝湖	88.11

但其探討的重點都放在漢代董仲舒、伏生、劉向等人的公羊學、陰陽五行等思想，主要以《公羊傳》作爲發揮的重點。

以《左傳》爲篇名，而與「災異」有間接關係的期刊論文有：

〔註9〕〔清〕皮錫瑞，《經學歷史》第七章〈經學統一時代〉。
〔註10〕同上注。
〔註11〕截至西元 2008 年 7 月止。

NO.	篇　名	作　者	刊　名	出版時間
1	左傳占星析論	黃啓書	經學論叢	96
2	論《左傳》中的「祝、史」	劉文強	國文學報（高師大）	94.12
3	論「左傳」「卜筮」與戰爭的關係——兼論軍事心理學	王智榮	陸軍學術月刊	92.12
4	「左傳」的神鬼觀	柳秀英	美和技術學院學報	91.04
5	左傳天文史料析論	莊雅州	中正大學中文學術年刊	89.09
6	《左傳》「災」預言中的天人關係	辛明芳	中文研究學報	89.06

以「關鍵字」來做查詢，同時以「《左傳》」與「災異」做為期刊期刊論文關鍵字的篇數為 0 篇。同時以「《春秋》」與「災異」做為期刊期刊論文關鍵字的篇數為 1 篇。

NO.	篇　名	作　者	刊　名	出版時間
1	從《漢書・五行志》論西漢春秋學特色	江素卿	文與哲	94.12

也是以公羊學作為切入探討的重點。

單以「災異」做為期刊論文之關鍵字的篇數有 13 篇

NO.	篇　名	作　者	刊　名	出版時間
1	試論劉向災異學說之轉變	黃啓書	臺大中文學報	96.06
2	從人物記傳較論馬班之天人及災異思想	江素卿	文與哲	95.12
3	從《漢書・五行志》論西漢春秋學特色	江素卿	文與哲	94.12
4	從帝紀記事較論馬班之災異思想	江素卿	文與哲	94.06
5	善惡報應論	鄭基良	空大人文學報	93.12
6	漢書五行志中之災異說探論	江乾益	興大中文學報	92.06
7	道教的興起及其對漢魏社會之影響	姜生	臺灣宗教研究	91.12
8	兩晉時期的符瑞、災異思想	錢國盈	嘉南學報	91.11
9	兩漢經學中之讖緯與災異現象	張簡茂宏	問學	91.03
10	三國時期的天命思想	錢國盈	嘉南學報	90.11

11	西漢後期的天命衰微論及其因應	粘振和	高雄餐旅學報	89.12
12	論漢儒災異論——以董仲舒、「白虎通」為中心之察考（下）	周德良	鵝湖	88.12
13	論漢儒災異論——以董仲舒、「白虎通」為中心之察考（上）	周德良	鵝湖	88.11

其中也沒有以《左傳》做發揮的作品。

二、學位論文

從國家圖書館的「全國博碩士論文資訊網」查詢，同時以「《左傳》」與「災異」作為論文題目的有 0 篇，同時以「《春秋》」與「災異」做為論文題目的有0篇。只以「災異」做為論文題目的有5篇。

NO.	論文題目	作　者	畢業單位	出版時間
1	唐代災異思想及其水旱災害防治	黃俊憲	國立臺灣師範大學歷史學系在職進修碩士班碩士論文	95
2	西漢經學災異思想研究	江素卿	國立中山大學／中國語文學系研究所博士論文	92
3	春秋公羊災異學說流變研究——以何休《春秋公羊解詁》為中心之考察	黃啓書	國立臺灣大學中國文學研究所博士論文	91
4	董仲舒春秋學中的災異理論	黃啓書	國立臺灣大學中國文學研究所碩士論文	83
5	從災異到玄學	謝大寧	國立臺灣師範大學國文研究所博士論文	77

但並沒有以《左傳》作為直接研究對象之論文。

以《左傳》做為論文題目，內容與「災異」有間接關係的有 2 篇

NO.	論文題目	作　者	畢業單位	出版時間
1	左傳中有關神異記事之研究	蔡妙眞	國立政治大學中國文學研究所碩士論文	80
2	左傳中巫術之研究	陳熾彬	國立政治大學中國文學研究所博士論文	77

但並沒有對《左傳》中所有與災異相關的部分做全面性的探討。

在「關鍵字」方面，同時以「《左傳》」與「災異」作爲論文關鍵字的有0篇，同時以「《春秋》」與「災異」做爲論文關鍵字的有 0 篇。只以「災異」做爲論文關鍵字的論文有8篇。

NO.	論文題目	作 者	畢業單位	出版時間
1	唐代災異思想及其水旱災害防治	黃俊憲	國立臺灣師範大學歷史學系在職進修碩士班碩士論文	95
2	神道設教——《搜神記》感應類故事研究	蘇榮彬	中興大學中國文學系所碩士論文	94
3	東漢讖緯學研究	陳明恩	國立臺灣師範大學國文學系博士論文	93
4	西漢經學災異思想研究	江素卿	國立中山大學／中國語文學系研究所博士論文	92
5	桓譚與仲長統之比較研究	周靜涓	國立中山大學中國語文學系研究所碩士論文	92
6	春秋公羊災異學說流變研究——以何休《春秋公羊解詁》爲中心之考察	黃啓書	國立臺灣大學中國文學研究所博士論文	91
7	董仲舒春秋學之研究	李妍承	國立臺灣大學哲學研究所博士論文	87
8	從災異到玄學	謝大寧	國立臺灣師範大學國文研究所博士論文	77

此8篇與《左傳》亦無直接之關係。

三、專書

在專書方面，同時以「《左傳》」、「災異」作爲書名的有0本，同時以「《春秋》」、「災異」作爲書名的有0本。

以《左傳》爲書名，內容與災異有關的書有：

劉瑛《左傳、國語方術研究》北京：人民文學出版社，2006 年。

以《春秋》爲書名，內容與災異有關的書有：

程發軔《春秋要領》台北：蘭臺書局，1981 年。

馬　勇《漢代春秋學研究》成都：四川人民出版社，1990 年。

賴炎元《春秋繁露今注今譯》台北：台灣商務印書館，1994 年。

趙伯雄《春秋學史》濟南：山東教育出版社，2004 年。

以《災異》為書名的有：

黃肇基《漢代公羊學災異理論研究》台北：文津出版社，1998 年。

以「災異思想」為主要內容的專書有：

蔣慶《公羊學引論》遼寧：教育出版社，1965 年。

李漢三《先秦兩漢之陰陽五行學說》台北：維新書局，1968 年。

陳柱《公羊家哲學》台北：中華書局，1980 年。

袁濟喜《兩漢精神世界》北京：中國人民大學出版社，1992 年。

鄺芷人《陰陽五行及其體系》台北：文津出版社，1992 年。

孫廣德《先秦兩漢陰陽五行說的政治思想》台北：台灣商務印書館，

　　1993 年。

楊儒賓《中國古代思維方式探索》台北：正中書局，1996 年。

顧頡剛《秦漢的方士與儒生》上海：上海古籍出版社，1998 年。

劉國忠《五行大義研究》遼寧：遼寧教育出版社，1999 年。

均是以《公羊傳》之觀點來闡釋「災異」現象。

從漢代開始《春秋》學的主體即是公羊學。其原因乃因公羊學的理論極適合統治階層的需要。在當時便已開始流行「三統說」，以此作為論證歷代之立國具有合理性、合法性之根據理論。恰巧在公羊學說中，正好有可以用於搭配三統說之論述。故而，公羊學理論很自然地受到往後統治者的認可與接受。其他如鞏固中央集權的「大一統」學說。確保統治階級血統、抵禦少數蠻族侵擾的「尊王攘夷」之義，誅討亂臣賊子奠定統治秩序的等等思想，使得公羊學中的各種「大義」，均能用來解決現實中政治紛擾的議題。因此從上到下，如漢初公羊學者董仲舒等學者便以此為基準大量的為《春秋》學做了各式各樣，有利於當下時代潮流的改造，加進了大量在戰國時代便已開始流行的「天人感應」、「災異祥瑞」等等的異說，自然使得《春秋》學更添神秘主義之氣息，與當時尚屬蒙昧的社會風氣相結合，利於統治階級的穩定。因此《春秋》公羊學從西漢開始便為顯學，雖然歷朝歷代之地位有所浮沈，但可說是歷久不衰，直至清朝仍為時人學者所用，也成為解釋「災異」現象的唯一奉為圭臬。

《左傳》以實事解經，較之《公羊傳》、《穀梁傳》，顯得更為「深切著明」，相反的讓人自由引伸的空間便大大的減少了。再加上從漢代開始的今古文之

爭，身爲古文經《左傳》常被今文經的師說學派打壓，加上其內容富麗好巫，思想奔放，陳述平實，與統治者想建立的神秘嚴肅形象多有衝突，因此與《公羊傳》相比，在君主專制時代學術仍多爲政治服務的環境下便不那麼具優勢。

因《公羊傳》、《穀梁傳》解經，多可執著於義例，而做牽強附會之說，導致對「災異」現象的解釋無法以客觀平實的角度視之，而背離事實，統治者也樂於如此，使得後代不易考察「災異」發生後在實際上的各種影響情形。筆者在蒐集資料之時便發現了此種現象，要重建「災異」的眞實面貌有諸多困難，或許也是因此而導致以《左傳》、「災異」爲主體論述的學術創作不多，讓筆者有可發揮的園地。

第四節　研究方法

本論文所採用的研究方法主要爲：文獻分析法、比較分析法。

一、文獻分析法

（一）文獻的概念

文獻分析法主要的內涵是經過搜集、鑒別、整理文獻，並通過對文獻的研究，達成對事實有科學客觀之認知的方法。因不與文獻中記載的人與事直接接觸，所以這種方法亦可稱爲非接觸性研究方法。因爲本論文的所研究的歷史題材是距今已有千年以上歷史的「春秋時代」，所以並沒有與文獻記載中之人事直接接觸的問題，因此研究成果上應具有一定的客觀性。

文獻在現代普遍之定義爲「已經公開發表過、或者雖然未及發表但已被整理、報導過的那些記錄有知識的「一切載體」。「一切載體」所涵蓋的範圍，包括了圖書、期刊、學位論文、科學報告、檔案等常見印刷於紙面上的各種資訊，也包括有實物形態，諸如出土的文物等各種類型可供研究的材料。

（二）文獻的種類

1、零次文獻

零次文獻是指曾經歷過特別事件或行爲的人撰寫的目擊描述，或使用其他方式的實況紀錄，乃未經公開發表和有意識下而處理過的最原始之第一手資料，即 primary documents，《左傳》之原始作者至今尚無確切的定論，且距今也年代久遠，故《左傳》上的資料目前尚無任何證據證明是零次文獻。

2、一次文獻

一次文獻是指直接記錄事件經過、研究所達成之成果、新開發的知識、創新技術的專著、論文、調查報告等的文獻。《左傳》便是所謂的一次文獻，《左傳》之特色即是用生動的筆墨，清楚交代事情的原委，鮮明的刻畫出春秋時期人類活動的各種樣貌與當時的典章制度。

3、二次文獻

二次文獻即是透過檢索過程後所產生的文獻資料，筆者透過《文淵閣四庫全書》檢索所有曾經與《左傳》之記載有相關的史料，加以分析檢視，得出對事件本身各種不同的說法。

4、三次文獻

三次文獻是在二次文獻檢索的基礎上，重新對一次文獻進行有系統的整理並做概括性的論述後所得出來的文獻。透過這個過程，可以瞭解當時各種事件發生的過程，並探究事實的可能原委，跳出官方說法的窠臼。

二、比較分析法

比較分析法是釐清事物之間的相同與差異關係的一種思維過程和方式，也是矛盾的同一性和對立性的直觀運用。比較分析法主要精神便是在相同中求差異，在差異中求相同，再通過分析比較的過程，透視人類社會文化發展之規律，進而培養並加強歷史思維的能力，從各種角度來檢視歷史事件的各種可能。

（一）因果比較分析

成因和結果是現象間最普遍也最直接之聯繫的一種。因果聯繫不僅僅是必然的、客觀的，並且是辯證的。在現實世界裡，特別是社會上與生活中，二者的聯繫通常是錯綜複雜、難以釐清的。眾多歷史事件其發生的原因也是一樣，但事件的結果卻出人意料，即是所謂「同因異果」；相反的，有的歷史事件發生的原因互異，但結果卻有異曲同工之妙，即「異因同果」。若想將這些複雜的因果關係做透徹的瞭解，就必須進行深層次之分析比較。通過分析比較的結果，便能理解歷史事件或歷史現象必然會受到一定程度之社會條件的牽制，而歷史事件或歷史現象之間定也會有深淺不一的聯繫。

（二）系統比較分析

透過比較才能對事實有所鑑別，面對一些性質相同或相近的歷史事件，在解讀過程中難免有所混淆，如果將它們排列在一起，再進行有系統的比較分析，便能很明確的將其差異區分開來，並加深對其內涵之理解，從而增強分析事件和解決疑問的能力。

而同類事件做比較的時候，往往容易將其簡單化，導致只對一些表象進行比較，缺乏全面性、系統性、深層次的分析探索，這也是在分析過程中要對「量」與「質」的理解要小心拿捏。

（三）橫向比較分析

橫向比較，就是把同一事件發生時間點或時期，與在不同空間所發生的同類型之重大事件進行對照，來找出其內在的關連性。在這樣在分析比較過程中由「史事」引出「論述」，然後用「論述」去統率「史事」，把「史事」與「論述」做有機地結合，以提高對歷史的思維能力。

（四）縱向比較分析

縱向比較，便是把發生在不同時期的類似歷史事件進行比較，進而揭示出歷史發展有其一定之規律脈動。

（五）逆向比較分析

逆向比較分析，另有一稱呼為「逆推比較法」，便是採取與時間順序，或者是順向思維相反之方向來比較分析的方法。當有些歷史事件或歷史現象用順向思維方法難以理解或得到合理解釋時，便可以改採用逆向分析法，同時可以藉此方式來發現歷史事件發展的轉捩點。

「比較分析法」這種邏輯性強，層層推進的歷史研究方法，不僅能破除對歷史觀念的既定印象，也能瞭解歷史事件中所存在的因果聯繫是一種客觀的、必然的聯繫。

第二章　先秦的災異觀與災異理論

第一節　災異解義

「災異」指自然災害或某些異常的自然現象。許慎的《說文解字・火部》：「烖，天火曰烖，從火𢦏聲；灾，或從宀火；災，籀文從巛；𤆎，古文從才。〔註1〕」從字形來看有多種說法，段玉裁注：「引申爲凡害之稱」《說文・川部》：「𡿧害也。从一雝川。《春秋傳》曰（魯宣公十二年）：「川雝爲澤凶。」〔註2〕段玉裁注曰：「害者傷也。𡿧害字本如此作。《玉篇》云：『天反時反𡿧。今凡作灾、災、菑皆假借字也。災行而廢矣。〈周語〉曰：陽塞而在陰。川原必塞，原塞國必亡。從一塞川是爲川害。顧字從雝川。』」〔註3〕段玉裁認爲𡿧乃因水流壅塞不通而致傷亡發生的異象。

余永梁先生於《殷虛文字考》中說：「依王氏指事之說，𡿧當是指事字。巛象水形。一則指事也。𡿧演變爲形聲。對於水害曰𡿦。故又作洲。於兵害從戈曰𢦏。於火害從火曰𤆎。而火𤆎之字。後變爲災烖諸字。」〔註4〕

從甲骨文中來看這幾個代表「災」字的原始字形：𡿧、巛、𢀠、𢀠、巛，可看出皆有流水的形態，故可視爲水患的代稱，而小篆𡿧字中間的橫劃可指爲壅塞水流的阻礙，而導致水流改道，釀成沿岸的災害。

〔註1〕〔東漢〕許慎，《說文解字》（上海：商務印書館，1922年，《四部叢刊》上海涵芬樓借日本岩崎氏靜嘉堂藏北宋刊本景印本）卷10上，頁16。

〔註2〕〔東漢〕許慎，《說文解字》（上海：商務印書館，1922年，《四部叢刊》上海涵芬樓借日本岩崎氏靜嘉堂藏北宋刊本景印本）卷11下，頁3。

〔註3〕〔清〕段玉裁，《說文解字注》（台北：黎明文化事業公司），頁569。

〔註4〕于省吾，《甲骨文字詁林》（北京：中華書局，1996年）第3冊，頁2643。

《說文・戈部》：「𢦏，傷也。从戈才聲。〔註5〕」戈是古代的主要兵器。多由青銅製成，盛行於殷商至戰國時期，秦以後逐漸被其他武器取代。戈有戰爭的意思，而才是記錄語言的偏旁。𢦏字甲古文作ᵕ于，金文作ᵕ，𢦏為小篆。董作賓先生曰：「𢦏字從戈從十，戈乃兵刃，足以傷人，又如十生為之，當為災之後起字。〔註6〕」

災從火表示戈矛戰火的兵禍，其他異體字𡧖、灾、𤈦皆從「火」為形符，由此可知災字當指戰爭烽火之災疆。《說文・宀部》：「宀，交覆深屋也。〔註7〕」而𡧖字為宀中有火，代表著宮室內著火，也可引伸為因兵災人禍而導致人居住的處所遭火焚破壞。籀文中𤈦也代表著火災，其左邊之才為聲符。

李孝定先生：「契文火災字作灾，水災字作災，兵災字作𢦏，然每通用無別。〔註8〕」可知李先生認為災乃可通指各種的禍害，無論是水、火、人所造成的破壞都可以用「災」字來表示。

《說文》：「異，分也。從廾從畀。畀予也。」〔註9〕段玉裁注曰：「分之則有彼此之異，竦手而予人則離異矣。〔註10〕」將東西竦手予人，則物與己分，故彼此之分為異，原有區別；分開之意。《禮記・樂記》：「樂者為同，禮者為異。」〔註11〕鄭玄注：「異謂別貴賤。」但在甲骨文與金文中「異」又代表著不同的意義，甲骨文的異作異、異、象一個人將兩手同時舉起，扶著頭上所戴之器物或冠冕之形，可為「戴」的本字。在金文中作異，可作為地名如：「井弔才（在）異為口」（舀鼎），或作為人名（舀鼎）；「單異作父癸寶尊彝」（單異簋）。《說文》中小篆作異，異也通翼，有輔佐的意思。在殷墟中所發掘的卜辭中有：「庚戌☑，爭貞：不其雨帝異？」〔註12〕；「庚戌☑，爭

〔註5〕〔清〕段玉裁，《說文解字注》（台北：黎明文化事業公司），頁631。
〔註6〕董作賓，〈大龜四版考釋〉（收入《安陽發掘報告》第3期，廣州，中央研究院歷史語言研究所，1931年），頁191。
〔註7〕〔東漢〕許慎，《說文解字》（上海：商務印書館，1922年，《四部叢刊》上海涵芬樓借日本岩崎氏靜嘉堂藏北宋刊本景印本）卷7下，頁3。
〔註8〕李孝定，《甲骨文字集釋》（收入《中央研究院歷史語言研究所專刊》第50冊，台北，中央研究院歷史語言研究所，1965年）。
〔註9〕〔東漢〕許慎，《說文解字》（上海：商務印書館，1922年，《四部叢刊》上海涵芬樓借日本岩崎氏靜嘉堂藏北宋刊本景印本）卷3上，頁17。
〔註10〕〔清〕段玉裁，《說文解字注》（台北：黎明文化事業公司），頁105。
〔註11〕〔東漢〕鄭玄注、〔唐〕孔穎達疏，《禮記注疏》（台北：藝文印書館，2001年，景印清・嘉慶二十年江西南昌府學開雕重刊宋本）卷19，頁666。
〔註12〕羅振玉，《殷墟書契續編》，（1993年），續四、二一、七。

貞：☑雨，帝不我異？」〔註13〕說明在殷商的信仰中，上帝是萬能主宰，不僅風雨雷電等自然現象皆爲其管轄，亦能降福禍於國家或者是個人。

李孝定先生對「異」字的解說：

> 異象人首戴甾之形。其本義當訓戴。凡金文及經傳中訓敬、訓奉、訓助、訓佐、訓輔、訓承之翼，並異之假借字，而戴之引伸義也。至許書訓異爲分，亦由戴義所孳衍。經傳中訓異爲別、爲殊、爲怪、爲非常，則分義之餘緒也。徒以異之朔誼久湮，假借字之翼專行，許君遂以分爲異之本義，猶幸許君書以異翼同部，吾人尚可由三字之關係以上溯其初誼，更幸而有金文異字之用爲翼敬、翼佐諸誼得證。經傳翼字之用爲翼敬、翼佐諸誼者，胥爲異之通假，後由甲骨文異字之形體，以明其初形。更證以說文從異得聲諸字之訓詁，以徵異之訓戴之非謬，故異下當解云：「戴〔註14〕也。象人首戴甾之形。從大𢍺，從甾，甾亦聲。」〔註15〕

由上段文字可歸納出：「異」有分離、怪異、災變的意義。

綜合上面對「災」、「異」的解說得知，災異二字可泛指怪異或者是不尋常的水、火、兵禍。故所謂「災異」一語，劉向《洪範五行傳》將之定義爲「凡有所害謂之災。無所害而異於常謂之異。故災爲已至，異爲方來。〔註16〕」

第二節　災異思想的發源與演變

一、殷商天帝崇拜

民智未開的上古時代，人們對於莫名產生的天災人禍無能爲力，因驚恐而產生了敬畏的心態。認爲在冥冥之中有一股強大的力量在操縱這一切異象的發生，而這一股強大的勢力具有多種的權能。

〔註13〕劉鶚，《鐵雲藏龜》，（1903年），鐵，三五，四。

〔註14〕戴，分物得增益曰戴。段注云：「〈釋訓〉曰：『蓁蓁，孽孽，戴也。』《毛傳》云：『蓁蓁，至盛貌，孽孽，盛飾。』是皆謂加多也，引伸之凡加於上皆曰戴。」

〔註15〕李孝定，《甲骨文字集釋》（收入《中央研究院歷史語言研究所專刊》第50冊，台北，中央研究院歷史語言研究所，1965年），卷3，頁826～827。

〔註16〕〔北宋〕李昉，《太平御覽》（上海：商務印書館，1936年，《四部叢刊》涵芬樓景印中華學藝社借照日本帝室圖書館藏京都東福寺東京岩崎氏靜嘉堂文庫藏宋刊本）卷874，頁4。

商代是現今我們可以透過大量出土文物來一探其體制的最古老朝代。一般來說，祖先崇拜與自然崇拜是商人主要的宗教信仰，其源頭已不可考，只能就現有的材料來作分析。從商人的卜辭中發現有「帝」與「上帝」的稱號，「帝」在商人的文化中有著很大的權威，是宇宙萬物的主宰。其統率的範圍可說是無物不包，諸如死後的祖先、地表上的山岳、水澤，還有自然現象中的風雨雷電等都在其轄下如：「今三月帝令多雨？〔註 17〕」、「貞：翌癸卯帝令其風？〔註 18〕」、「帝令其電？〔註 19〕」、「帝令降我嘆？〔註 20〕」，自然人世間的禍福也由其操控，如：授祐、授年、保王、降禍、降若、降災甚至統管人事的權能，如：戰爭、興國、亡國、疾病等等。〔註 21〕「帝」所統率的各種地理及自然現象也均有神靈，《墨子》便把鬼神分爲三類：天鬼（神）、地鬼（神）、人鬼。其中說：「古之今之爲鬼，非他也。有天鬼，亦有山水鬼神者，亦有人死而爲鬼者。〔註 22〕」照此區分來看，關於自然現象的，則歸爲天鬼，也就是天神的系統。從《甲骨文合集》第 14225：「……于帝史風，二犬。」可知「風」即是帝的使者。殷代時即可辨識風的四個方向，亦即四種類型的季風，且皆有風神之名。依據《甲骨文合集》14294 片、14295 片、30399 片可知東方的風神名爲「協」，南方的風神名爲「微」，西方的風神名爲「契〔註 23〕」，北方風神名叫「役」。而雲也有雲神：「燎于帝云。〔註 24〕」甲骨文中有「帝史風〔註 25〕」，「帝雲」，說明了雲和風都聽從「帝」的指揮與召喚。除了風雲之外，在其他的卜辭中還有「帝」支配雷、電、雨、收成、旱災等自然現象的紀錄，「帝」可以「令雨」、「令多雨〔註 26〕」，還可以「令

〔註 17〕羅振玉，《殷墟書契前編》（1912 年），前三、十八、五。

〔註 18〕董作賓，《小屯·殷墟文字乙編》（1949 年），乙三〇九四。

〔註 19〕黃濬，《鄴中片羽三集》（1939 年），鄴三、三四、五。

〔註 20〕董作賓，《小屯·殷墟文字甲編》（1948 年），甲七六六。

〔註 21〕陳夢家，《殷墟卜辭綜述》（北京：中華書局，1988）〈上帝的權威〉，頁 561～571。

〔註 22〕〔春秋〕墨翟，《墨子》（上海：商務印書館，1922 年，《四部叢刊》上海涵芬樓景印明嘉靖癸丑刊本）卷 8，頁 23。

〔註 23〕于省吾，《甲骨文字釋林》（北京：中華書局，1983 年），頁 353～359。

〔註 24〕郭沫若主編、胡厚宣總編輯，《甲骨文合集》（北京：中華書局，1979 年），第 14227。

〔註 25〕郭沫若主編、胡厚宣總編輯，《甲骨文合集》（北京：中華書局，1979 年），第 14225。

〔註 26〕郭沫若主編、胡厚宣總編輯，《甲骨文合集》（北京：中華書局，1979 年），第 900 正。

雷〔註27〕」，亦能「害我年〔註28〕」、「降旱〔註29〕」、「降攢〔註30〕」。而帝若要支配這些神靈均是使用「令」的方式來執行其意志，故可得知帝與這些神靈的關係有上下絕對的從屬之分，有如頭腦與四肢的關係，帝的權威異常的強大。

　　既然帝統治著大自然的萬事萬物，當然也包括著人間的大小事務。「貞：方𡊮章，佳帝令乍我禍？三月。〔註31〕」、「貞：帝佳降災？〔註32〕」、「貞：帝不我其受又？〔註33〕」帝可以「令作我咎〔註34〕」降禍於個人，還可以「終茲邑〔註35〕」掌握城市的興衰，因此在當時「王作邑〔註36〕」時也要謹慎的透過占卜尋求帝的認同。當遇到戰事時，王也不能草率出征，除非得到帝「授我佑〔註37〕」，因此天帝所管理的範圍與權威已經超出了當時人間的「王」所能及。

　　而帝為了總理如此龐大的事務，因此也發展出了如同人間的官僚體制。以帝為主的官僚體制內有：「帝正〔註38〕」、「帝史〔註39〕」、「帝臣〔註40〕」、「帝

〔註27〕郭沫若主編、胡厚宣總編輯，《甲骨文合集》（北京：中華書局，1979年），第14127正。

〔註28〕郭沫若主編、胡厚宣總編輯，《甲骨文合集》（北京：中華書局，1979年），第10124正。

〔註29〕郭沫若主編、胡厚宣總編輯，《甲骨文合集》（北京：中華書局，1979年），第10167、10168。

〔註30〕于省吾，《甲骨文字釋林》（北京：中華書局1983年），頁223～227。

〔註31〕方法斂，《金璋所藏甲骨卜辭》（1939年），四九六金。

〔註32〕羅振玉，《殷墟書契續編》（1933年），序五、二、一。

〔註33〕胡厚宣，《甲骨續存》（1955年），存一、四七九。

〔註34〕郭沫若主編、胡厚宣總編輯，《甲骨文合集》（北京：中華書局，1979年），第6746。

〔註35〕郭沫若主編、胡厚宣總編輯，《甲骨文合集》（北京：中華書局，1979年），第14209。

〔註36〕郭沫若主編、胡厚宣總編輯，《甲骨文合集》（北京：中華書局，1979年），第14201。

〔註37〕郭沫若主編、胡厚宣總編輯，《甲骨文合集》（北京：中華書局，1979年），第6664正。

〔註38〕郭沫若主編、胡厚宣總編輯，《甲骨文合集》（北京：中華書局，1979年），第36171。

〔註39〕郭沫若主編、胡厚宣總編輯，《甲骨文合集》（北京：中華書局，1979年），第35931。

〔註40〕郭沫若主編、胡厚宣總編輯，《甲骨文合集》（北京：中華書局，1979年），第217，14223。

五臣〔註41〕」、「帝五臣正〔註42〕」、「帝五介臣〔註43〕」、「帝宗正」，而前段所述的自然界神靈當然也包含在這個體制之內。

如此完整的制度與分工使得帝不須日理萬機，只要藉著掌控屬下的臣屬神靈便能有效的控制世界。因此當遇到自然的天變與災禍來臨時，人們常依照人間的慣例先向較為低級的神靈祈禱，如「土地神」、「山神」、「河神」，這也說明了在殷商時是個多神的時代。

關於商人的祖先與自然界眾神的關係，從甲骨文中可見商人把祖先也一起歸於超自然的世界。換句話說，商人把「人」以外的萬物皆視為神力，且也相信人與「神力」之間能交通的可能性。陳夢家先生認為：「這些力量的性質，除了祖先為人變成的之外，其他風雨、山川、地祇等基本上可以被描述為『功能性』的—有些為單一功能有些則為多重功能，如雨神主降雨，風神主風等。〔註44〕」而關於祖先與神祇的差別，張光直先生說：「在商人的世界觀裡，神的世界與祖先的世界的差別，幾乎微到不足道的程度。〔註45〕」而從商人遇事即卜的生活形態，還有其占卜範圍的無所不包，可看出在商人的觀念之中活人、祖先和神祇的生活範圍是相互交錯的，彼此都有密不可分的關係，而占卜是商人與祖先和神明往來的最佳方式。直到目前為止尚未有任何的證據顯示商人對此種人、祖、神的關係有過任何的懷疑，對他們來說，這種關係是實質存在也不容否認的事實，就好比現代人對看不見的空氣從不否認其存在性的看法一樣。因此商人看待自然界的各種現象，並不會去懷疑其合理性，因此也沒有超不超自然的問題。

二、天人關係思想的構成

「感應」照字面來看便是「受影響而引起反應」。《易·咸》：「柔上而剛下，二氣感應以相與。」《漢書·禮樂志》：「《書》云：『擊石拊石，百獸率舞。』

〔註41〕郭沫若主編、胡厚宣總編輯，《甲骨文合集》（北京：中華書局，1979年），第30391。

〔註42〕郭沫若主編、胡厚宣總編輯，《甲骨文合集》（北京：中華書局，1979年），第30391。

〔註43〕此字依郭沫若、于省吾釋，見《殷契粹篇》第12片釋文及《甲骨文字釋林》第354頁。

〔註44〕陳夢家，《殷墟卜辭綜述》（北京：中華書局，1988年），頁573～577。

〔註45〕張光直，《中國青銅時代》（臺北：聯經出版公司，1983），〈商周神話與美術中所見人與動物關係之演變〉，頁346。

鳥獸猶且感應，而況於人乎？況於鬼神乎？」因此感應的思想由來已久，有相當深厚的影響力，其涵蓋面幾乎無所不包，直至今日仍有不少人深信不疑，是我國眾多思想中，有其不可抹煞的地位。天人感應的觀念便是古人將天變與人事相關連，以進行占卜的基石。而災異觀念的產生，與天人感應有絕對的關係。

《尚書》孔穎達疏曰：

> 神農母曰女登，有神龍首感女登而生炎帝，……黃帝母曰附寶，見大電光繞北斗樞星，附寶感而懷孕二十四月而生黃帝，……少昊金天氏母曰女節，有星如虹下流，意感而生少昊，顓頊母曰景僕，昌意鄭妃謂之女樞，有星貫月如虹，感於樞於幽房之宮而生顓頊。堯母曰慶都，觀河遇赤龍，晻然陰風，感而有孕，十四月而生堯，……舜母曰握登，見大虹感而生舜。〔註46〕

全文「感」是個重要的關鍵，古代帝王的身世用感應來解釋，為政權的合理性提供了神秘而無可懷疑的說法，另一方面也凸顯了思維本身的重要。

從「感」的基礎出發，同類事物間的相互感應，好比氣味相投之人的聚首，進而致力於利人的事業，行為符合道義的規範，便能得到互利與道義的善果，也就是《呂氏春秋・名類》所說的「類固相召，氣同則合，聲比則應。〔註47〕」；連生物的化生，也是感應所起，《新語・道基》曰：「跂行喘息，蜎飛蠕動之類，水生陸行，根著葉長之屬，為寧其心而安其性，蓋天地相承，氣感相應而成者也。〔註48〕」也是這個意思。

物類相感的徵象，在其他方面也有表現，古人深信樂舞可以召喚神異之物即是一例，《史記・五帝本紀》曰：「禹乃興九招之樂，致異物，鳳皇來翔。〔註49〕」除了神怪之物外，音樂亦可以感人，《禮記・樂記》：

> 凡音之起，由人心生也。人心之動，物使之然也。感於物而動，故形於聲。聲相應，故生變；變成方，謂之音；比音而樂之，及干戚

〔註46〕〔漢〕孔安國傳、〔唐〕孔穎達疏，《尚書注疏》（台北：藝文印書館，2001年，景印清・嘉慶二十年江西南昌府學開雕重刊宋本），〈尚書序〉，頁6。

〔註47〕〔秦〕呂不韋編纂、〔東漢〕高誘注，《呂氏春秋》（上海：商務印書館，1922年，《四部叢刊》涵芬樓藏明宋邦義等刊本）卷13，頁8。

〔註48〕〔漢〕陸賈，《新語》（上海：商務印書館，1936年，《四部叢刊》上海涵芬樓景印明弘治刊本）卷上，頁2。

〔註49〕〔漢〕司馬遷，《史記》（上海：上海人民出版社，1999年，景印文淵閣四庫全書本）卷1，頁35～36。

羽旄，謂之樂。樂者，音之所由生也；其本在人心之感於物也。是
故其哀心感者，其聲噍以殺。其樂心感者，其聲嘽以緩。其喜心感
者，其聲發以散。其怒心感者，其聲粗以厲。其敬心感者，其聲直
以廉。其愛心感者，其聲和以柔。六者，非性也，感於物而后動。
是故先王慎所以感之者。故禮以道其志，樂以和其聲，政以一其行，
刑以防其姦。禮樂刑政，其極一也；所以同民心而出治道也。〔註50〕

人可以從演奏的音樂中體會到喜怒哀樂，故而禮法與音樂一躍而成官方教化
生民的工具之一，與政治、刑罰並列爲聖王治道的利器，這便是把感應思想
推廣衍生的成果。因此要知道一國君主的威儀與氣象，透過音樂是一個很適
當的管道，此種感應理論的例子不少，《左傳・襄公二十九年》：「吳公子札來
聘，見叔孫穆子，說之。謂穆子曰：『子其不得死乎！好善而不能擇人。吾聞
君子務在擇人。吾子爲魯宗卿，而任其大政，不愼舉，何以堪之？禍必及子！』
〔註51〕」便是一例。

物與物之間的彼此感應，箇中的道理，根據《淮南子・覽冥》曰：

夫物類之相應，玄妙深微，知不能論，辯不能解，……故至陰飂飂，
至陽赫赫，兩者交接成和，而萬物生焉。眾雄而無雌，又何化之所
能造乎？所謂不言之辯、不道之道也。〔註52〕

物類感應其玄妙不可解，生動地揭示了中國自古以來感應思想的獨到之處。

我國自古以來的天人關係，亦是由感應的基礎所開展的。單就人的肉體
而言，古人深信人的身體、氣血、德行、好惡、喜怒都受之於天。〔註53〕人
唯有行仁義，方能與天地相偶。〔註54〕古人相信天與人事互相感應，相互作
用的，若說天是個大宇宙，則人的身體便如小宇宙一般。《素問・生氣通天
論》曰：「生之本，本於陰陽，天地之間，六合之內，九州、九竅、五藏、

〔註50〕〔東漢〕鄭玄注、〔唐〕孔穎達疏，《禮記注疏》（台北：藝文印書館，2001
年，景印清・嘉慶二十年江西南昌府學開雕重刊宋本）卷19，頁661～662。

〔註51〕〔西晉〕杜預注、〔唐〕孔穎達疏，《春秋左傳注疏》（台北：藝文印書館，2001
年，景印清・嘉慶二十年江西南昌府學開雕重刊宋本）卷29～40，頁667。

〔註52〕〔漢〕劉安等撰，《淮南子》（上海：商務印書館，1922年，《四部叢刊》上海
涵芬樓景印劉泖生影寫北宋本）卷6，頁3～4。

〔註53〕〔清〕蘇輿，《春秋繁露義證》（北京：中華書局，1992年）卷11，〈爲人者
天第四十一〉，頁319。

〔註54〕〔清〕蘇輿，《春秋繁露義證》（北京：中華書局，1992年）卷13，〈人副天
數第五十六〉，頁354。

十二節，皆通乎天氣。其生五，其氣三，數犯此者，則邪氣傷人，此壽命之本也。〔註55〕」人的形體通於天氣，因此若要延續壽命必須適應這個規律，否則養生的目的必不能達到。

再者，以人的生活作息而言，古人認爲若要避開災禍，則必須配合四季的規律－春生、夏長、秋收、冬藏，以進行農業的活動方能保證豐收。這種的觀念，在月令體裁的著作上處處可見，如《禮記・月令》便是。《月令》記載了每個月的天象、物候、以及其所相應的禮制與行事的忌諱，將自然與人的關係，看成是和諧、互動、平衡的一體。可想而知，「時」與「不時」便成爲判斷是否招致災異的標準，有濃厚的禮教思想，《春秋》：「冬，城防。」《左傳》解釋曰：「書事，時也。於是將早城，臧武仲請俟畢農事，禮也。〔註56〕」便是一實例。

再進一步延伸，「時」順不順，甚至是評斷一個國君政績的標準，《國語》：「唯不帥天地之度，不順四時之序，不度民神之義，不儀生物之則，以殄滅無胤，至于今不祀。〔註57〕」也就是把「不時」視爲國家滅亡的原因。如此一來，天與人的關係便又開拓出了一個新的處女地，將人間的政治與社會的運行，一起融入這個活躍的系統。

天人關係在政治與社會的表現上，其精華便是「天命」的思想與「敬」的心態。在西周初年，天命的觀念便受到特別的強調〔註58〕，乃周人以西土意識爲基礎所提出的政治口號。〔註59〕周代殷而有天命，是所謂「天命靡常」的結果，在這個前提下，欲保有天命，首善修德。修德就是敬事上天的概念，一方面表現在祭祀的虔敬上〔註60〕；另一方面則彰顯在人君的

〔註55〕〔唐〕王冰注，《重廣補注黃帝內經素問》（上海：商務印書館，1922年，《四部叢刊》上海涵芬樓景印明顧氏翻宋本）卷1，頁18～19。

〔註56〕〔西晉〕杜預注、〔唐〕孔穎達疏，《春秋左傳注疏》（台北：藝文印書館，2001年，景印清・嘉慶二十年江西南昌府學開雕重刊宋本）卷29～40，〈襄公〉，頁556。

〔註57〕〔東吳〕韋昭注，《國語》（上海：商務印書館，1922年，《四部叢刊》上海涵芬樓借杭州葉氏藏明金李刊本）卷3，頁16。

〔註58〕徐復觀，《中國人性論史先秦篇・周初宗教中人文精神的躍動》（台北：台灣商務印書館，1969年），第二章，頁1043。

〔註59〕杜正勝，〈牧誓・反應的歷史情境試析〉（收入《大陸雜誌》第2期，台北，大陸雜誌出版社，1990年），卷81，頁1。

〔註60〕許倬雲，《先秦諸子對天的看法》，收入《求古編》（台北：聯經出版事業公司，1984年），頁427～429。

治國行政上，《詩經》上便有提及：「維此文王，小心翼翼。昭事上帝，聿
懷多福。〔註61〕」修養德行，方能得天作之合。

《左傳·昭公七年》，晉侯問日食於士文伯：

> 「誰將當日食？」對曰：「魯、衛惡之。衛大，魯小。」公曰：「何
> 故？」對曰：「去衛地如魯地，於是有災，魯實受之。其大咎其衛君
> 乎！魯將上卿。」公曰：「《詩》所謂『彼日而食，于何不臧』者，
> 何也？」對曰：「不善政之謂也。國無政，不用善，則自取謫于日月
> 之災，故政不可不慎也。務三而已：一曰擇人，二曰因民，三曰從
> 時。」〔註62〕

士文伯先預言衛侯與魯上卿將應兆而死，讓晉侯知道天變的嚴重性，接著
便將焦點移轉到爲政不善是天變發生的最大原因，將施政的良莠賦予相當
濃厚的道德意念，此正是天人感應的思考模式。因此，君主的政績與天命
中間，出現了不可分割的血緣關係，上天有賞善罰惡的權柄，可以牽動政
權的興衰，在這種關係模式裡，人的行爲舉止被賦予了絕對的道德準則，
而上天對君主的予奪，成爲了人間吉凶禍福的導因。上天透過多種不同的
徵兆來傳達道德的意志，從而賞善罰惡，此也是「天垂象，見吉凶。」的
由來。而人也可以透過其主動的付出，以取得上天的垂愛，此即是「天道
無親，常與善人」之精神。所以，執政的舉措，便成爲天人感應中的關鍵
因素。

自然界的變異徵兆，乃上天行賞罰而垂示的「象」，其所要表達的上天意
志有善與惡兩種意義，善的嘉獎稱爲「祥瑞」，惡的懲罰是爲「災異」。古代
的觀念，執政者以天子的身份統御天下，鞏固權位的方式乃「刑」與「德」，
人民的福祉直接受其影響。因此上位者施政於民，人民的喜樂憂懼上達於天，
而上天便以民心爲準，決定降災還是降祥。而這三個單位便形成了一個輪迴
的體系，而其中最特殊的單位乃執政者。所以上天所呈現的種種徵象，事實
上都是應驗在君主上。董仲舒曰：

〔註61〕〔漢〕毛亨傳、〔東漢〕鄭玄箋、〔唐〕孔穎達正義，《毛詩注疏》（台北：藝
文印書館，2001 年，景印清·嘉慶二十年江西南昌府學開雕重刊宋本）卷 16
～18，〈大雅·文王之什·大明〉，頁 533。

〔註62〕〔漢〕毛亨傳、〔東漢〕鄭玄箋、〔唐〕孔穎達正義，《毛詩注疏》（台北：藝
文印書館，2001 年，景印清·嘉慶二十年江西南昌府學開雕重刊宋本）卷 41
～53，頁 760。

> 臣謹案《春秋》之中，視前世已行之事，以觀天人相與之際，甚可
> 畏也。國家將有失道之敗，而天廼先出災害以譴告之，不知自省，
> 又出怪異以警懼之，尚不知變，而傷敗廼至。以此見天心之仁愛人
> 君而欲止其亂也。自非大亡道之世者，天盡欲扶持而全安之，事在
> 彊勉而已矣。〔註63〕

天人相感之時，君主是否勤勉慎事，攸關著權位的得失，上天透過災祥將其
與地上的執政者作了強而有力的連結，這便是古時天人思維的中心思想。

顧頡剛先生認為，戰國時期，以陰陽兩個相對概念或五行來說明萬物起
源或變化的思維，發展得相當細密而系統化，這些陰陽家登上歷史舞台之後，
經過他們一番系統的整理與大力的鼓吹，有關災異的觀念更加精密。〔註64〕
天人感應的思維一出現後，便馬上與陰陽、五行等觀念相互結合，《左傳》中
即有相當多的例子可以證明。

而占卜亦是天人感應的媒介之一，在春秋的早期，某些天文占卜的例子，
已經流露出道德批判的意念。《左傳·昭公七年》四月，發生了日食，晉大夫文
士伯便明確的指出導致日食的原因是「國無政，不用善，則自取謫於日月之災。
〔註65〕」但卻不以此作為絕對的準則，因為「六物不同，民心步壹，事序不類，
官職不則，同始異終，胡可常也。〔註66〕」文士伯認為災異發生與否的先決條
件是國君施政的良窳，而修德行雖然是次要的條件，但同樣有其一定重要性。

古人認為從天象中之所以能論斷吉凶禍福，是因為天象具有未卜先知的
能力，因為人事已經預先埋下了結果，因此天象可以據此未卜先知〔註67〕，
如此的思考模式，不僅將天文的占卜與天人關係合而為一，同時也灌注災異
的道德價值於其中，難怪世典天官的太史公，在縱覽了春秋直到漢初之天變
與人事的關係之後，有感而發的說：「為有不先形見而應隨之者也」，可知天
人感應的思想模式確實是天象與人事之間聯繫的基石。

〔註63〕 〔東漢〕班固，《前漢書》（上海：上海人民出版社，1999年，景印文淵閣四
　　　　 庫全書本）卷56，〈董仲舒傳第二十六〉，頁3〜4。
〔註64〕 顧頡剛，《漢代學術史略》（台北：天山出版社，1985年），頁29〜33。
〔註65〕 〔西晉〕杜預注、〔唐〕孔穎達疏，《春秋左傳注疏》（台北：藝文印書館，2001
　　　　 年，景印清·嘉慶二十年江西南昌府學開雕重刊宋本）卷41〜53，頁760。
〔註66〕 〔西晉〕杜預注、〔唐〕孔穎達疏，《春秋左傳注疏》（台北：藝文印書館，2001
　　　　 年，景印清·嘉慶二十年江西南昌府學開雕重刊宋本）卷41〜53，頁766。
〔註67〕 〔東漢〕班固，《前漢書》（上海：上海人民出版社，1999年，景印文淵閣四
　　　　 庫全書本）卷56，〈董仲舒傳第二十六〉，頁7〜8。

　　從天文占卜的系統中，可以清楚發現天人之間感應的脈絡。譬如若干天星的命名，常用傳說中或歷史上的人物或事物加以命名，或者將某人的傑出表現，或其所司之職事與天上星辰相互對應，而此人生前的特質或職守又與占文互有關連，體現出天人感應的思維。

　　舉例說明，天策星之得名於傅說，傅說乃殷高宗時的名相，舉於版築之間，相高宗而殷中興。《莊子‧大宗師》：「（道）傅說得之，以相武丁，奄有天下，乘東維，騎箕尾，而比列於列星。〔註68〕」因傅說為相，功績卓著，殷乃中興，讓人們相信在他得道之後，將能與天上的星辰並列。《淮南子‧覽冥》：「天地之間，……然以掌握之中，引類於太極之上，而水火可立致者，陰陽同，氣相動也，此傅說之所以騎辰尾也。〔註69〕」可知人們之所以會附會其死後託於辰尾，是因為「同氣相動」的概念。

　　衛國大夫趙簡子有一名車御叫王良，此王良即是王良星的由來，因王良善於駕馭馬匹，聞名於衛鄭之戰，因此常與古之善御者造父並列，王良死後也被附會成天上的星辰，與傅說一樣，其占文曰：「王良策馬，車騎滿野。〔註70〕」此即是將其生前職事與星名、占文作關連，亦為一種感應關係。

　　另外，又如蚩尤旗乃得名於蚩尤，因蚩尤曾經與黃帝大戰，因此其占文曰：「見則王者征伐四方。〔註71〕」亦是與其驍勇善戰與黃帝逐鹿有關。這類擬人化的星名與占文，構成了古代天文占卜系統的思想，使得天人感應體系充滿了人文色彩。

　　以天人感應思想所堆砌出的宇宙觀，是活潑而有秩序的天地，而災異思想便在此理論基礎上蓬勃的發展，使古人相信上天與人事的俯仰，實現了天人相與的理想。

〔註68〕〔西晉〕郭象注，《南華真經》（上海：商務印書館，1922年，《四部叢刊》上海涵芬藏名世德堂刊本）卷3，頁22。

〔註69〕〔漢〕劉安等撰，《淮南子》（上海：商務印書館，1922年，《四部叢刊》上海涵芬樓景印劉泖生影寫北宋本）卷6，頁5。

〔註70〕〔西晉〕杜預注、〔唐〕孔穎達疏，《春秋左傳注疏》（台北：藝文印書館，2001年，景印清‧嘉慶二十年江西南昌府學開雕重刊宋本）卷11考證，頁4。

〔註71〕〔漢〕司馬遷，《史記》（上海：上海人民出版社，1999年，景印文淵閣四庫全書本）卷27，頁39。

第三章　災異在西周及春秋時代的開展

第一節　西周末期，王室已衰

　　《春秋》記事起於魯隱公元年（西元前七二二年），至魯哀公十四年（西元前四八一年），經歷了隱、桓、莊、閔、僖、文、宣、成、襄、昭、定、哀共十二個國君，其間有二百四十二年。而它所記歷史進程的起迄年代，大體上與西周滅亡後，周室衰弱的客觀的歷史發展時期大體相符，因此歷代史學家便把《春秋》這本書的書名定爲這個歷史時期的名稱。爲了做出一個簡單明確的界定，春秋時期開始於西元前 770 年（周平王元年）周平王東遷東周開始的一年。

　　有關春秋結束，戰國時期的起始年份，史學家一直存在著爭議。其中一種觀點是依照《史記》的記法，定戰國始於前 476 年（周元王元年），緊接在春秋時期之後。而另一種論點則以《資治通鑒》的記法爲準，定前 403 年（周威烈王二十三年）。這一年周威烈王正式承認趙、魏、韓三家瓜分原本的晉國，被迫封三家爲侯國。這樣，戰國時期與春秋時期之間便產生了銜接上的間隔。因此旅美學者黃仁宇先生在《中國大歷史》一書中說：「傳統上東周又被分爲兩個階段。可是兩段之間，並不銜接。〔註 1〕」

　　這個時代的特點，是周王朝衰微，諸侯群起而爭霸，名分錯置，周王與諸侯並列。一般將這個現象的開端認爲始於犬戎攻滅鎬京，周王室因而東遷，王畿減損，致使國勢衰弱，而將此結果的責任歸於周幽王的昏庸。事實上早於西周懿王時，王室衰微的現象便已開始。

〔註 1〕黃仁宇，《中國大歷史》（台北：聯經出版公司，1993 年），頁 20。

《史記・周本紀》：「懿王之時，王室遂衰，詩人作刺。〔註2〕」《漢書・匈奴列傳》：「懿王時，戎狄交侵，中國被其害，詩人使作，疾而歌之曰：『靡室靡家，獫允（獯狁）之故。』〔註3〕」《史記・周本紀》在昭王時便已提到「王道微缺」，穆王時也提到「王道衰微」，到了懿王時稱「王室遂衰」，緊接著而來的便是戎狄交相入侵，可見周王室的凌夷起自昭王，戎狄交相入侵也已是常事，並非到了幽王間才瞬間強弱異位。

一、周王擁立與政令出於諸侯

西周力行「嫡長子繼承制度」上自天子乃至諸侯國均需遵行此一制度分配政治權利，對諸侯國而言天子乃「大宗」，天子的繼承之事，諸侯本無置喙之權。

但在周夷王時，卻發生了天子出於諸侯擁立之事。《史記・周本紀》：「懿王崩，共王弟辟方立，是為孝王。孝王崩，諸侯復立懿王太子燮，是為夷王。〔註4〕」崔述先生的《豐鎬考信錄》對此一現象反駁說：「懿王之崩，子若弟不得立而立孝王；孝王之崩，子又不立而仍立懿王子，此必皆有其故，史之失耳。否則孝王乃懿王弟，兄終弟及而仍傳之兄子，於事理為近，然不可考矣。《史記》又稱諸侯立懿王太子燮，按立君大事，自有朝廷大臣主之，非若春秋之世王室衰微，乃藉外兵以復國也，諸侯安得操其權乎？恐子長亦以春秋時事例之耳。今刪諸侯之文。〔註5〕」楊寬先生在《西周史》中認為崔述先生的說法不真。此時西周王室已經衰弱，強大諸侯開始干預王位，因而先是兄終弟及，繼而又傳之兄子。《禮記・郊特牲》說：「覲禮，天子不下堂而見諸侯。下堂而見諸侯，天子之失禮也，因夷王以下。〔註6〕」鄭玄注：「時微弱，不敢自尊於諸侯也。」因此周王出於諸侯所擁立，當然不敢自尊於諸侯了。〔註7〕

〔註2〕〔漢〕司馬遷，《史記》（上海：上海人民出版社，1999年，景印文淵閣四庫全書本）卷4，頁26。

〔註3〕〔東漢〕班固，《前漢書》（上海：上海人民出版社，1999年，景印文淵閣四庫全書本）卷94上，頁3。

〔註4〕〔漢〕司馬遷，《史記》（上海：上海人民出版社，1999年，景印文淵閣四庫全書本）卷4，頁26。

〔註5〕〔清〕崔述，《豐鎬考信錄》（1816年），頁137。

〔註6〕〔東漢〕鄭玄注、〔唐〕孔穎達疏《禮記注疏》，（台北：藝文印書館，2001年，景印清・嘉慶二十年江西南昌府學開雕重刊宋本）卷11卷，頁484。

〔註7〕楊寬，《西周史》（台北：台灣商務印書館，1999年），頁806。

　　而政令出於諸侯之事則於《竹書紀年》中載：夷王三年「王致諸侯，烹齊哀公于鼎。〔註8〕」《史記・齊世家》：「哀公時紀侯譖之周，周烹哀公而立其弟靜是爲胡公，胡公徙都薄姑，而當周夷王之時。〔註9〕」這一事件已隱約可看出當時諸侯對於周王決策的影響已不小。

　　雖然當時的周王室已顯微弱，且周夷王身有惡疾，但仍爲諸侯所眞心擁戴，在《左傳》昭公二十六年記王子朝使告於諸侯中有提到：「至于夷王，王愆于厥身，諸侯莫不竝走其望，以祈王身。〔註10〕」即是最好的顯證。

二、厲王犯貴族而被放

　　厲王是周王朝的第十任天子，當時厲王任用了一位財政專家榮夷公，主持了政府的政策。爲了加強中央的實力而採行了所謂「專利」的政策，將原本開放給任何人皆可採集的山澤之利收歸國有，受到當時的「國人」反對。《國語・周語上》：

> 厲王虐，國人謗王，召公告曰：「民不堪命矣！」王怒，得衛巫，使監謗者。以告，則殺之。國人莫敢言，道路以目。王喜，告召公曰：「吾能弭謗矣，乃不敢言。」召公曰：「是障之也，防民之口，甚於防川。……」
> 王弗聽，於是國人莫敢出言。三年，乃流王於彘。〔註11〕

此處所指的「國人」應是指低階層的貴族，居住於國都中，有納賦稅與服兵役的義務，在國家的政治與軍事上扮演重要的角色。當面對國家危難，天子廢立的宗法紛爭與國都的遷徙等等重大事件均有發言的權力與採取行動的能力，因此周天子不能忽視他們的聲音。而周厲王採取高壓的手段，下獄處決他認爲反叛或誹謗的貴族，終於導致貴族的反叛。

　　《國語・周語上》：

> 厲王說榮夷公，芮良夫曰：「王室其將卑乎夫！榮公好專利而不知大

〔註8〕〔南朝梁〕沈約注，《竹書紀年》（上海：商務印書館，1922年，《四部叢刊》上海涵芬樓影印天一閣刊本）卷下，頁23。

〔註9〕〔漢〕司馬遷，《史記》（上海：上海人民出版社，1999年，景印文淵閣四庫全書本）卷32，頁5。

〔註10〕〔西晉〕杜預注、〔唐〕孔穎達疏，《春秋左傳注疏》（台北：藝文印書館，2001年，景印清・嘉慶二十年江西南昌府學開雕重刊宋本），卷41～53頁902。

〔註11〕〔東吳〕韋昭注，《國語》（上海：商務印書館，1922年，《四部叢刊》上海涵芬樓借杭州葉氏藏明金李刊本）卷1，頁10。

難。夫利，百物之所生也，天地之所載也！而或專之，其害多矣。
天地百物，皆將取焉，胡可專也？所怒甚多，而不備大難，以是教
王，王能久乎？夫王人者，將導利而布之上下者也，使神人百物無
不得其極，猶日怵惕懼怨之來也。故頌曰：『思文后稷，克配彼天，
立我烝民，莫匪爾極。』大雅曰：『陳錫載周，是不布利，而懼難乎，
故能載周，以至于今。』今王學專利，其可乎？匹夫專利，猶謂之
盜，王而行之，其歸鮮矣。榮公若用，周必敗。」既，榮公為卿士，
諸侯不享，王流于彘。〔註12〕

厲王因為用高壓的手段施政，沒有在事前與貴族協議，諸侯為了保持自身的
利益，已經可以對周天子的政治決策以及官員任用提出異議，進而可將天子
流放，嚴密的宗法制度在此時已可用暴力的形式來改變。

三、諸侯代行天子之事

　　周厲王被放逐之後，天子之位懸缺，憤怒的諸侯本還要殺其子姬靖。《史
記・周本紀》：

厲王太子靜，匿召公之家，國人聞之乃圍之，召公曰：『昔吾驟諫王，
王不從，以及此難也，今殺王太子，王其以我為讎而懟怒乎？夫事
君者，險而不讎，懟怨而不怒，況事王乎。』乃以其子代王太子，
太子竟得脫，召公、周公二相行政，號曰共和。」〔註13〕

幸好當時的兩位貴族召公、周公出面保護，王室的血脈才得以保存，但厲
王一族已犯重怨，已無法立時繼承天子之位。故而便由周公、召公二人共
同攝政，主持無首的中央政權，史學家稱其為「周召共和」。這是司馬遷的
說法。

　　但此事在其他文獻中確有不同的記載，《左傳》昭公二十六年，天子朝
使告於諸侯有提到：「至于厲王，王心戾虐，萬民弗忍，居王于彘。諸侯釋
位，以間王政。〔註14〕」《竹書紀年》：「十三年，王在彘，共伯和攝行天子

〔註12〕〔東吳〕韋昭注，《國語》（上海：商務印書館，1922年，《四部叢刊》上海涵
　　　　芬樓借杭州葉氏藏明金李刊本）卷1，頁12。

〔註13〕〔漢〕司馬遷，《史記》（上海：上海人民出版社，1999年，景印文淵閣四庫
　　　　全書本）卷4，頁24。

〔註14〕〔西晉〕杜預注、〔唐〕孔穎達疏，《春秋左傳注疏》（台北：藝文印書館，
　　　　2001年，景印清・嘉慶二十年江西南昌府學開雕重刊宋本）卷41～53，頁
　　　　902。

事〔註15〕」。又曰：「共伯和干王位。〔註16〕」《莊子‧讓王》說：「共伯得乎共首。〔註17〕」《釋文》引司馬彪注：「共伯名和，修其行，好賢人，諸侯皆以爲賢。周厲王之難，天子曠絕，諸侯皆請以爲天子，共伯不聽，即干王位。〔註18〕」《史記》張守節正義曰：「衛州共城縣，本周共伯之國也，共伯名和，好行仁義，諸侯賢之，周厲王無道，國人侯奉和以行天子事，號曰共和元年。〔註19〕」《呂氏春秋‧開春》：「共伯和修其行，好賢仁，而海內皆以來爲稽矣。周厲之難，天子曠絕，而天下皆來謂矣。〔註20〕」高誘注：「謂天子也。」由以上可知《史記‧周本紀》所言「周召共和」之事，似有商榷的餘地。撇開厲王的昏暴，若以事件本身來看，此即爲一政變，而嚴重的程度甚至大於春秋時代，代行周天子事的春秋五霸，周天子的名號幾近斷絕。不管後世如何的美化，周天子的權勢可由諸侯隨意剝奪的趨勢已經形成。

四、遺患無窮的中興

宣王號稱西周的中興，兵威直至淮夷、徐戎、楚國以及玁狁。但在輝煌的外表之下已暗藏王朝崩壞的禍根。首先是周天子自行毀壞了嫡長子繼承的宗法之制，《國語‧周語上》：

> 武公以括與戲見王，王立戲，樊仲山父諫曰：「不可立也！不順必犯，犯王命必誅，故出令不可不順也。令之不行，政之不立。行而不順，民將棄上。夫下事上，少事長，所以爲順也。今天子立諸侯而建其少，是教逆也。若魯從之而諸侯效之，王命將有所壅，若不從而誅之，是自誅王命也。是事也，誅亦失，不誅亦失，天子其圖之！」

〔註15〕〔南朝梁〕沈約注《竹書紀年》（上海：商務印書館，1922年，《四部叢刊》上海涵芬樓影印天一閣刊本）卷下，頁25。

〔註16〕〔南宋〕王應麟《困學紀聞》（上海：商務印書館，1936年，《四部叢刊》上海涵芬樓景印江安傅氏雙鑑樓藏元刊本）卷11，頁14。

〔註17〕〔西晉〕郭象注，《南華眞經》（上海：商務印書館，1922年，《四部叢刊》上海涵芬藏名世德堂刊本）卷9，頁56。

〔註18〕〔唐〕陸德明《經典釋文》（上海：商務印書館，1922年，《四部叢刊》上海涵芬樓景印通志堂刊本）卷28，頁38。

〔註19〕〔漢〕司馬遷，《史記》（上海：上海人民出版社，1999年，景印文淵閣四庫全書本）卷4，頁28。

〔註20〕〔秦〕呂不韋編纂、〔東漢〕高誘注，《呂氏春秋》（上海：商務印書館，1922年，《四部叢刊》涵芬樓藏明宋邦義等刊本）卷21，頁2。

王卒立之。魯侯歸而卒，及魯人殺懿公而立伯御。〔註21〕

周代的宗法制度是為了繼承的順序提出一個可行的根本辦法，此制度是為了防止繼承的陰謀、流血以及戰爭。就算沒有大臣的進諫，周天子也絕對不可能不知道此宗法制度的精神。若說周天子是以魯國的民心所向或者是魯武公二子的實力，故而不顧制度的來策立國君，其結果也無法合理的解釋為何周宣王捨嫡而立庶，為一較可以解釋的說法只能將此一決定歸之於周宣王的個人好惡。

雖然結果以殺戮收場，魯國人立了本當立的嫡長子伯御當了國君，也算是維護了宗法的制度。但周宣王為了維護其顏面，粉飾其錯誤的決定，故而興兵伐魯，《國語・周語上》：

> 三十二年春，宣王伐魯，立孝公，諸侯從是而不睦。宣王欲得國子之能導訓諸侯者，樊穆仲曰：「魯侯孝。」王曰：「何以知之？」對曰：「肅恭明神而敬事耆老，賦事行刑，必問于遺訓而咨于故實，不干所問，不犯所咨。」王曰：「然則能訓治其民矣。」乃命魯孝公于夷宮。〔註22〕

又立了一個非嫡長子的國君，諸侯見了宣王的倒行逆施，離心之志更甚。宣王至此尚不罷休，還徵詢大臣的意見以魯孝公為諸侯之師，殊不知自己已為其權力來源的宗法繼承制度樹立了一個極壞的榜樣。

西周的生產制度稱為井田之制，雖然井田之制經考證後已確定其在實行上幾無可能〔註23〕，但其主要的精神即是農民除了耕種由王室所分配的「私田」外，還要耕種一定份額的貴族「公田」或稱之為「籍田」，以作為上繳的賦稅，也是王室實力的基礎。《國語・周語上》：

> 宣王即位，不籍千畝。虢文公諫曰：「不可。夫民之大事在農，上帝之粢盛于是乎出，民之蕃庶于是乎生，事之供給于是乎在，和協輯睦于是乎興，財用蕃殖于是乎始，敦厖純固于是乎成……恪恭于農，修其疆畔，日服其鎛，不解于時，財用不乏，民用和同。」……王不聽。三十九年，戰於千畝，王師敗績于姜氏之戎。〔註24〕

〔註21〕〔東吳〕韋昭注，《國語》（上海：商務印書館，1922年，《四部叢刊》上海涵芬樓借杭州葉氏藏明金李刊本）卷1，頁18～19。

〔註22〕〔東吳〕韋昭注，《國語》（上海：商務印書館，1922年，《四部叢刊》上海涵芬樓借杭州葉氏藏明金李刊本）卷1，頁19～20。

〔註23〕陳瑞庚，《井田問題重探》（台北，台灣大學中文所博士論文，1974年5月）。

〔註24〕〔東吳〕韋昭注，《國語》（上海：商務印書館，1922年，《四部叢刊》上海涵芬樓借杭州葉氏藏明金李刊本）卷1，頁18。

「千畝」乃指周天子所有的「公田」，而西周天子有「大籍農」的禮儀，韋昭注：「籍，借也，借民力以爲之。天子籍田千畝，諸侯百畝。自厲王之流，籍田禮廢，宣王即位，不復尊古也。」藉著農民耕種於「籍田」來清算戶口，是一個官方正式且合法清點民眾人數的場合，宣王廢棄此禮，即無法統計可用的人力，最終導致軍事上的失敗，失敗的地點恰巧也是於王畿的千畝之地，可說是成也千畝，敗也千畝，內政不修，而想立足於外，可說非常不智。

周宣王大敗于姜戎之後，不思檢討失敗的原因，而想利用制度之外的方式來清查戶口，顯然國家制度已然開始瓦解，出現了很多將就變通的制度。《國語・周語上》：

> 宣王既喪南國之師，乃料民于太原。仲山父諫曰：「民不可料也！夫古者不料民而知其少多，司民協孤終，司商協民姓，司徒協旅，司寇協奸，牧協職，工協革，場協入，廩協出，是則少多、死生、出入、往來者皆可知也，于是乎又審之以事，王治農于籍，蒐于農隙，耨獲亦于籍，？于既烝，狩于畢時，是皆習民數者也，又何料焉？不謂其少而大料之，是示少而惡事也。臨政示少，諸侯避之。治民惡事，無以賦令。且無故而料民，天之所惡也，害于政而妨于後嗣。」王卒料之，及幽王乃廢滅。〔註25〕

宣王清查戶口的行爲，顯然與之前兵敗於南國之師有關，希望藉著體制外的行動來補充兵員。古時的籍田之禮是個常態整編民眾的行動，藉著「千耦其耘」、「十千爲耦」的集體耕作，再加上天子參與其中「王治農于籍」、「耨穫亦於籍」，農忙務農，農閑狩獵，天子與自己的農民和軍隊相習，才可以建立起一定的互信與戰鬥力。如今要放棄常態優良的體制來擾民徵兵，並非長久之計，而這也是仲山父所憂心的亡國之徵，而從「王卒料之」得知宣王仍一意孤行，將自己的國家推向滅亡。

五、災異導致西周的衰亡

若從人事上來看，天子凌夷，禮樂崩壞，並非是從周天子東遷之後才開始，但事實上導致西周滅亡的因素中，除了人禍之外，自然災異的發生也佔了一個很重要的因素。

〔註25〕〔東吳〕韋昭注，《國語》（上海：商務印書館，1922年，《四部叢刊》上海涵芬樓借杭州葉氏藏明金李刊本）卷1，頁20。

　　西周王室滅亡的原因可上推到昭、穆之世，常年的南征北討，加上遊歷
靡費，使得國庫耗費，積弊日深。人禍之外，從《詩經》中的記載也可窺見
伴隨而來的自然災異也加快了國家的傾頹。周厲王因施行了壟斷資源的「專
利」政策，而導致與貴族間產生了矛盾，因爲收回了山林川澤之利，直接衝
擊的便是不務生產，靠庶民貢獻物資過活的貴族，其結果便是「所怒甚多」。
再加上厲王利用衛巫指國人之謗，將局勢帶向無法逆轉的的結果，終於在厲
王三十七年（西元前 842 年）引發暴亂，厲王不敵反彈而被流放於彘（今山
西省霍縣），開始了長達約十幾年的「共和政治」。

　　其後的「共和政治」，幸因發動政變的諸侯國並沒有改朝換代的念頭，他
們只想回復到以前的狀態。政變之後出面收拾局面的，不可能是同爲王室內
部成員的召公、周公，只可能是諸侯國的政治代表，這或許就是如今認定共
伯和在「共和行政」中的執政身份的邏輯推理。

　　共國是一個小國，在當時擁有強大實力的幾大諸侯國中（如魯、齊、晉、
衛、鄭等國）不值一提，而最後卻由共伯和出面收拾局面，或許正是出於對
權力平衡的考慮：一個跛足而弱勢的執政，更符合西周王朝的政治現狀。

　　在政治上動盪的同時，自然界也極不平靜。《太平御覽》卷八九七引《隨
巢子》：「幽、厲之時天旱地拆。」〔註 26〕又引《史記》載：「共和十四年大旱，
秋又大旱。伯和竄位立，秋又大旱。」〔註 27〕，可知「共和時期」的人民生
活亦不安定，災異肆虐。到了史稱中興的宣王時期，旱情似乎沒有平息的跡
象，《通鑑外紀》：「二相共立之，是爲宣王，大旱〔註 28〕」，從周宣王的求雨
禳旱之詩《詩經・大雅・雲漢》中可知當時災情之嚴重：

　　　倬彼雲漢，昭回于天。王曰：於乎！何辜今之人？天降喪亂，饑饉
　　　薦臻。靡神不舉，靡愛斯牲。圭璧既卒，寧莫我聽！旱既太甚，蘊
　　　隆蟲蟲。不殄禋祀，自郊徂宮。上下奠瘗，靡神不宗。后稷不克，
　　　上帝不臨；耗斁下土，寧丁我躬！旱既太甚，則不可推。兢兢業業，

〔註 26〕　〔北宋〕李昉，《太平御覽》（上海：商務印書館，1936 年，《四部叢刊》涵芬
　　　　　樓景印中華學藝社借照日本帝室圖書館寮京都東福寺東京岩崎氏靜嘉堂文庫
　　　　　藏宋刊本）卷 879，頁 13。

〔註 27〕　〔北宋〕李昉，《太平御覽》（上海：商務印書館，1936 年，《四部叢刊》涵芬
　　　　　樓景印中華學藝社借照日本帝室圖書館寮京都東福寺東京岩崎氏靜嘉堂文庫
　　　　　藏宋刊本）卷 879，頁 7。

〔註 28〕　〔北宋〕劉恕，《資治通鑑外紀》（上海：上海人民出版社，1999 年，景印文
　　　　　淵閣四庫全書本）卷 3，頁 29。

如霆如雷。周餘黎民，靡有孑遺。昊天上帝，則不我遺。胡不相畏？
先祖于摧。旱既太甚，則不可沮。赫赫炎炎，云我無所。大命近止，
靡瞻靡顧。群公先正，則不我助。父母先祖，胡寧忍予？旱既太甚，
滌滌山川。旱魃為虐，如惔如焚。我心憚暑，憂心如薰。群公先正，
則不我聞。昊天上帝，寧俾我遯！旱既太甚，黽勉畏去。胡寧瘨我
以旱？憯不知其故。祈年孔夙，方社不莫。昊天上帝，則不我虞。
敬恭明神，宜無悔怒。旱既太甚，散無友紀。鞫哉庶正，疚哉冢宰。
趣馬師氏，膳夫左右：靡人不周，無不能止。瞻卬昊天，云如何里？
瞻卬昊天，有嘒其星。大夫君子，昭假無贏。大命近止，無棄爾成。
何求為我？以戾庶正。瞻卬昊天，曷惠其寧？〔註29〕

此詩點出了當時上天降下了死喪的禍害，災荒連年發生，人口嚴重銳減，餘者
也只能苟延殘喘。《詩序》：「〈雲漢〉，仍叔美宣王也。宣王承厲王之烈，內有撥
亂之志，遇災而懼，側身修行，欲銷去之。天下喜於王化復行，百姓見憂，故
作此詩也。」而《詩序》對宣王的褒獎似乎有點言過其實，當時宣王獨斷專行，
擅改良政，致賢臣遠離。更於大災之時兵出四境，多徵兵員，百姓已疲敝不堪，
怎有喜色？周宣王兵被四鄰，表面上風光，實際上對西周的滅亡種下了遠因。《春
秋繁露・郊祀》載：「周宣王時，天下旱，歲惡甚，王憂之。〔註30〕」亦提到了
這次的旱災，而宣王的祈禱似乎有些感動得上天，《太平御覽》：「是時天大旱，
王以不雨，遇災而懼，整身修行，欲以消去之，祈于羣神，六月乃得雨。〔註31〕」
但恐怕其施政的種種已經對國家造成無可彌補的傷害。

　　宣王時國勢雖小有起色，然其晚年亦因好大喜功而致國疲民困。而繼任
的幽王並沒有扭轉這個局勢，加之慘重的天災持續降臨，民不堪命。《詩經・
大雅・瞻卬》：「瞻卬昊天，則不我惠。孔填不寧，降此大厲。邦靡有定，士
民其瘵。蟊賊蟊疾，靡有夷屆。罪罟不收，靡有夷瘳。〔註32〕」提到人民所

〔註29〕　〔漢〕毛亨傳、鄭玄箋、〔唐〕孔穎達正義，《毛詩注疏》（台北：藝文印書館，
　　　　　2001 年，景印清・嘉慶二十年江西南昌府學開雕重刊宋本）卷 16～18，頁 653。
〔註30〕　〔漢〕董仲舒，《春秋繁露》（上海：商務印書館，1922 年，《四部叢刊》上海
　　　　　涵芬樓藏武英殿聚珍版本）卷 15，頁 8。
〔註31〕　〔北宋〕李昉，《太平御覽》（上海：商務印書館，1936 年，《四部叢刊》涵芬
　　　　　樓景印中華學藝社借日本帝室圖書館寮京都東福寺東京岩崎氏靜嘉堂文庫藏
　　　　　宋刊本）卷 85，頁 8。
〔註32〕　〔漢〕毛亨傳、鄭玄箋、〔唐〕孔穎達正義，《毛詩注疏》（台北：藝文印書館，
　　　　　2001 年，景印清・嘉慶二十年江西南昌府學開雕重刊宋本）卷 16～18，頁 691。

仰望上天，不僅不予恩惠，還降下了如此慘重的災患，使得國家不安，士民一起遭殃，危害莊稼的害蟲四出，好像沒完沒了。官方嚴峻的刑罰也沒有因此稍微寬縱收斂，苦難沒有平息的時候，讓人怨憤難平。接著又說：「人有土田，女反有之；人有民人，女覆奪之。此宜無罪，女反收之；彼宜有罪，女覆說之。〔註33〕」將矛頭指向是執政者的過失，尤其在不好的年頭裡還倒行逆施，顛倒是非，不僅貪贓枉法，連維持生計最基本的「土田」和「民人」也加以剝削，有罪不罰，無罪反遭禁錮。而《瞻卬》最後把過錯亦歸給了幽王寵幸的褒姒，「婦有長舌，維厲之階。亂匪降自天，生自婦人。〔註34〕」，朱子《詩集傳》對此說語多贊同，方玉潤《詩經原始》：「極力描寫女禍，可謂不遺餘力。〔註35〕」認為幽王與褒姒同罪。但如此則把褒姒的政治地位提昇與天子並列，似有不妥，姚際恆在《詩經通論》對此也頗不贊同。不過從《國語》對褒姒的敘述

　　《訓語》有之曰：『夏之衰也，褒人之神化為二龍，以同于王庭，而言曰：余褒之二君也。夏后卜殺之與安之與止之，莫吉。卜請其漦而藏之，吉。乃布幣焉而策告之，龍亡而漦在，櫝而藏之，傳郊之。』及殷、周，莫之發也。及厲王之末，發而觀之，漦流于庭，不可除也。王使婦人不幃而譟之，化為玄黿，以入于王府。府之童妾未既齓而遭之，既笄而孕，當宣王時而生。不夫而育，生物懼而棄之。為弧服者方戮在路，夫婦哀其夜號也，而取之以逸，逃于褒。褒人褒姁有獄，而以為入于王，王遂置之，而嬖是女也，使至于為後而生伯服。天之生此久用處，其為毒也大矣，將使候淫德而加之焉。毒之酋臘者，其殺也滋速。申、繒、西戎方強，王室方騷，將以縱欲，不亦難乎？王欲殺太子以成伯服，愁求之申，申人弗畀，愁伐之。若伐申而繒與西戎會以伐周，周不守矣！繒于西戎方將德申，申、呂方強，其隩愛太子亦必可知也，王師若在，其救之亦必然矣。王心怒矣，虢公從矣，凡周存亡，不三稔矣！君若欲避其難，其速規所矣，時至而求用，恐無及也！」〔註36〕

〔註33〕同上注。

〔註34〕同上注。

〔註35〕〔清〕方玉潤，《詩經原始》（北京：中華書局，2007年）卷15，頁569。

〔註36〕〔東吳〕韋昭注，《國語》（上海：商務印書館，1922年，《四部叢刊》上海涵芬樓借杭州葉氏藏明金李刊本）卷16，頁12～14。

可見褒姒及女禍在當時被視為災異之類是一種普遍的認知。而另一首詩也描寫了這種天災人禍的情況，《詩經・大雅・召旻》：「旻天疾威，天篤降喪，瘨我饑饉，民卒流亡。我居圉卒荒。天降罪罟，蟊賊內訌。昏椓靡共，潰潰回遹，實靖夷我邦……如彼歲旱，草不潰茂，池之竭矣，不云自頻；泉之竭矣，不云自中。〔註37〕」裡面描寫蒼天暴虐，降下了深重的禍亂，因旱災所導致的饑荒蔓延，四處都是流亡的人民，從國中到邊境都是千里的赤地，上天降下了罪罰的網，內外都有蟊賊在爭鬥，除了不盡職守，還相互誹謗，一片紊亂之景，家國即將顛覆。而伴隨著饑荒而來的就是因大量人口死亡後造成的大規模疫病流行，《詩經・小雅・節南山》：「天方薦瘥，喪亂弘多〔註38〕」，鄭玄注曰：「天氣方今又重以疫病，長幼相亂而死，喪甚大多也。」

周幽王六年辛卯朔（西元前776年九月六日），月蝕與日食〔註39〕接連發生，《毛傳》：「惡也。」《鄭箋》：「告天下以兇亡之徵也。」《詩經・小雅・十月之交》：

> 十月之交，朔月辛卯，日有食之，亦孔之醜。彼月而微，此日而微。
> 今此下民，亦孔之哀。日月告凶，不用其行。四國無政，不用其良。
> 彼月而食，則維其常；此日而食，于何不臧！燁燁震電，不寧不令。
> 百川沸騰，山冢崒崩。高岸為谷，深谷為陵。哀今之人，胡憯莫懲！
> 皇父卿士，番維司徒，家伯維宰，仲允膳夫，棸子內史，蹶維趣馬，
> 楀維師氏，豔妻煽方處。抑此皇父，豈曰不時？胡為我作，不即我謀？
> 徹我牆屋。田卒汙萊。曰：予不戕，禮則然矣。皇父孔聖，作都于向，
> 擇三有事，亶侯多藏。不憗遺一老，俾守我王；擇有車馬，以居徂向。
> 黽勉從事，不敢告勞。無罪無辜，讒口囂囂。下民之孽，匪降自天；
> 噂沓背憎，職競由人。悠悠我里，亦孔之痗。四方有羨，我獨居憂。
> 民莫不逸，我獨不敢休。天命不徹，我不敢傚，我友自逸〔註40〕！

〔註37〕　〔漢〕毛亨傳、鄭玄箋、〔唐〕孔穎達正義，《毛詩注疏》，（台北：藝文印書館，2001年，景印清・嘉慶二十年江西南昌府學開雕重刊宋本）卷16～18，頁694。

〔註38〕　〔漢〕毛亨傳、鄭玄箋、〔唐〕孔穎達正義《毛詩注疏》，（台北：藝文印書館，2001年，景印清・嘉慶二十年江西南昌府學開雕重刊宋本）卷9～15，頁388。

〔註39〕　陳遵媯，《中國天文學史》〈從十二月十四日日環蝕談起〉（台北：明文書局，1988年）。

〔註40〕　〔漢〕毛亨傳、鄭玄箋、〔唐〕孔穎達正義，《毛詩注疏》（台北：藝文印書館，2001年，景印清・嘉慶二十年江西南昌府學開雕重刊宋本）卷9～15，〈小雅〉頁397。

此詩開頭首先言日月共蝕的天變，以喻君王之醜態，下民之悲哀，接著將天變的禍首指向四方的諸侯國不行善政，實刺天子無德。但相對於日蝕的發生，周人對月蝕的動態顯然已較能掌握，故較習以爲常，不視爲異。朱熹《集傳》：「以月食爲其常，日食爲不臧者，陰亢陽而不勝，猶可言也，陰勝陽而揜之，不可言也。故《春秋》日食必書，而月食則無紀焉，亦以此爾。〔註41〕」而「十月之交，朔月辛卯，日有食之，亦孔之丑」，則明確記錄了月份、朔日、干支，在古代天文學史料中是極爲重要且完整的文獻。文中的「百川沸騰，山冢崒崩。」應該指的就是《國語・周語上》的：

> 周幽王二年，西周三川皆震，伯陽父曰：「周將亡矣。夫天地之氣，不失其序，若過其序，民亂之也。陽伏而不能出，陰迫而不能烝，於是有地震。今三川震，是陽失其所而鎭陰也；陽溢而壯，陰源必塞，國必亡。夫水土演而民用足也，土無所演，民乏財用，不亡何待？昔伊雒竭而夏亡，河竭而商亡，今周德如二代之季矣；其川源塞，塞必竭，夫國必依山川，山崩川竭，亡之徵也。川竭山必崩，若國亡不過十年，數之紀也，天之所棄不過紀。」是歲也，三川竭，岐山崩，十一年幽王乃滅，周乃東遷。〔註42〕

從文中得知此次劇烈的地質變動所造成的損害非同小可，恐怕還引發了河流的改道，導致水源枯竭，如此一來京畿周遭的生活機能必遭大大的減損，防衛能量也被削弱。《太平御覽》：「自契至于成湯，八遷，湯始居亳（河南鄭州）。〔註43〕」商人多次遷移首都，跟自然環境的變異應有很大的關係。商代的水災對王朝居民聚集的城市每每造成毀滅性的打擊，而王都頻繁的遷移，極可能是爲了躲避黃河流域頻發的水患。《水經注》：「帝祖乙自相徙此，爲河所毀，故書敘曰：『祖乙圮于耿』杜預曰：『平陽皮氏，縣東南，耿鄉是也。盤庚以耿在河北，迫近山川乃自耿遷亳。』〔註44〕」，耿（邢，今河南溫縣東），一

〔註41〕〔南宋〕朱熹，《詩集傳》（上海：商務印書館，1936年，《四部叢刊》上海涵芬樓影印中華學藝社照借日本東京岩崎氏靜嘉文庫藏宋本）卷11，頁20。

〔註42〕〔東吳〕韋昭注，《國語》（上海：商務印書館，1922年，《四部叢刊》上海涵芬樓借杭州葉氏藏明金李刊本）卷1，頁23。

〔註43〕〔北宋〕李昉，《太平御覽》（上海：商務印書館，1936年，《四部叢刊》涵芬樓景印中華學藝社借日本帝室圖書館寮京都東福寺東京岩崎氏靜嘉堂文庫藏宋刊本）卷83，頁5。

〔註44〕〔北魏〕酈道元，《水經注》（上海：商務印書館，1922年，《四部叢刊》涵芬樓景印武英殿聚珍版本）卷6，頁27。

說耿是祖乙所立的都城，可知商人的祖先曾經因河水氾濫而致毀壞都城，程度嚴重到必須放棄故地，另覓居所。遷都的過程中，盤庚曾經對臣民發表過三次的談話，《尚書‧盤庚》即是演講的紀錄。《尚書‧盤庚》：「盤庚作，惟涉河以民遷。〔註45〕」說明了盤庚帶領臣民從奄渡過黃河，遷移到殷。《尚書‧盤庚》：「爾惟自鞠自苦：若乘舟，汝弗濟，臭厥載。爾忱不屬，惟胥以沈。不其或稽，自怒曷瘳？汝不謀長，以思乃災；汝誕勸憂。〔註46〕」其中提到了乘舟渡河，雖是比喻，但可能是指原屬地奄邑所遭受的水患，因此盤庚才急於遷都。有脫離水災，遷移到遠遠的北方去的意思。〔註47〕《河防一覽》：

> 禹以治河稱神，而自夏及商為年不甚久遠，而盤庚遂有播遷之患，至周定王五年以後，則或南或北遷徙不常，而馴欲以區區隄壩之工遂為長久之策乎。且自河南而上，秦晉之間，何嘗有隄哉，任之而已，馴應之曰：「成功不難，守成為難，使禹之成業世世守之，盤庚不必遷也，周定王以後河必不南徙也，人亡歲久王迹熄，而文獻無徵，故業毀。而意見雜出，又何怪乎河之無常也。」〔註48〕

提到自夏至周水患對人民所造成威脅與國家人力物力上的損耗，都是非常巨大的。

因此周天子的東遷或許也是不得不為的舉措，不能全部歸罪於兵災對首都的蹂躪與平王與其生父幽王間的政治矛盾關係。但在當時有這樣見識的人並不多，《十月之交》把地震視為人的不知警惕，並順勢的將矛頭指向豔妻煽寵，小人得勢，而皇父更是眾惡之首。國家不知撫卹，在災荒之年仍廢田毀屋，營建私邑以供享樂。作者最後只能感嘆自己因冤被讒，不得已而廢於王事，明言災禍由人，非出於天，自己只願退而安命盡職，獨取憂勞，已有將天災與人禍做互為表裡的因果比較。

關於當時的異常氣候與自然現象，《竹書紀年》亦有提到：「三年王嬖褒

〔註45〕 〔漢〕孔安國傳、〔唐〕孔穎達疏，《尚書注疏》（台北：藝文印書館，2001年，景印清‧嘉慶二十年江西南昌府學開雕重刊宋本）卷9，頁129。

〔註46〕 〔漢〕孔安國傳、〔唐〕孔穎達疏，《尚書注疏》（台北：藝文印書館，2001年，景印清‧嘉慶二十年江西南昌府學開雕重刊宋本）卷9，頁130。

〔註47〕 顧頡剛、劉起釪，〈《盤庚》三篇校釋譯論〉（收入《歷史學》創刊號，北京，1979年），頁40～63。

〔註48〕 〔明〕潘季馴，《河防一覽》（上海：上海人民出版社，1999年，景印文淵閣四庫全書本）卷2，頁40。

姒，多大震電，四年秦人伐西戎，夏六月隕霜。〔註49〕」這裡記載的，實際
上是一種冬暖夏涼的極端氣候。冬暖則蟲多，夏寒則莊稼傷。而頻繁的自然
災異，將原本早已矛盾的社會危機加劇，導致了西周的滅亡。

第二節　周室宗族東遷

《史記·周本紀》載：

> 幽王以虢石父爲卿，用事，國人皆怨。石父爲人佞巧善諛好利，王
> 用之。又廢申后，去太子也。申侯怒，與繒、西夷犬戎攻幽王。幽
> 王舉烽火徵兵，兵莫至。遂殺幽王驪山下，虜褒姒，盡取周賂而去。
> 於是諸侯乃即申侯而共立故幽王太子宜臼，是爲平王，以奉周祀。
> 〔註50〕

幽王之死，是周室分裂的開端，《左傳》昭公二十六年疏曰：「申侯、魯侯及
許文公立平王於申，以本大子故稱天王。幽王既死，而虢公翰又立王子余臣
於攜，周二王竝立。二十一年，攜王爲晉文侯所殺，以本非適故，稱攜王。
〔註51〕」虢公立攜王，本爲主持正義。許與申爲同姓，故而助平王即王位。
而鄭國因與申國有姻親關係，鄭武公娶申侯之女兒爲夫人，稱爲武姜，乃鄭
莊公之母。且鄭桓公爲周的司徒時，見到周將變亂，早有東遷之謀。故鄭、
申二國，恐怕也是同謀，鄭桓公雖然死於驪山之亂，但鄭武公早已於東方立
穩腳跟，才能與申公共同護衛平王東遷。而魯國是周王室在東方關係最爲親
近的封建大國，但因其地在東鄙，護送平王東遷恐鞭長莫及，且平王東遷之
後，魯國對周室的態度並不熱絡，可見對平王的擁立之事或許並不贊成，故
「申侯、魯侯及許文公立平王於申」恐爲申、許、鄭三國假託魯國的名義。
而後攜王因晉文侯覬覦河西之地而欲兼併之，故殺攜王以逞其欲，順便也弭
平了周室二王並立的尷尬局面。平王一方面是爲了酬謝晉侯，另一方面實際
上也無力索還故地，故而將王室東遷於有親信之諸侯國拱衛的洛邑。

〔註49〕　〔南朝梁〕沈約注，《竹書紀年》（上海：商務印書館，1922 年，《四部叢刊》
　　　　　上海涵芬樓影印天一閣刊本）卷下，頁 32。

〔註50〕　〔漢〕司馬遷，《史記》（上海：上海人民出版社，1999 年，景印文淵閣四庫
　　　　　全書本）卷四，頁 32。

〔註51〕　〔西晉〕杜預注、〔唐〕孔穎達疏，《春秋左傳注疏》（台北：藝文印書館，2001
　　　　　年，景印清·嘉慶二十年江西南昌府學開雕重刊宋本）卷 41～53，頁 902。

　　幽王表面上雖為犬戎所殺，但事實上犬戎並非孤軍，其中同時也有申、繒之兵。故西周之滅亡，除了本身因為天災人禍而實力衰退，宗族鬩牆，爭奪王位亦為一重要之因素，而將亡國之責歸於幽王與褒姒二人，似乎將問題簡單化。錢穆先生曾說：

> 《史記》不知其間曲折，謂平王避犬戎東遷。犬戎助平王殺父，乃
> 友非敵，不必避也。又按：史公言幽王寵褒姒，褒姒不好笑，幽王
> 舉烽，諸侯悉至，至而無寇，褒姒乃大笑；幽王為之數舉烽。及犬
> 戎至，舉烽，諸侯救不至，遂殺幽王。此委巷小人之談，諸侯兵不
> 能見烽同至，至而聞無寇，亦必休兵信宿而去，此有何可笑？舉烽
> 傳警，乃漢人備匈奴事耳。驪山之役，由幽王舉兵討申，更不需舉
> 烽。史公對此番事變，大段不甚了了也。〔註52〕

周平王宜臼是申侯的外甥，故申侯聯外敵殺幽王為其爭位，早已是名不正言不順。而其他擁立平王的諸侯國，申、鄭為權，秦、晉為利，皆非真心拱衛王室，因此周王室沒落，並非皆因避犬戎東遷所致。

一、諸侯國東播

　　西周的京畿之地在厲王之時天災人禍便已開始交侵，周人早已有東遷之心，而東遷的行動早已悄悄的開始。鄭國原在今陝西華縣一帶，此處位於洛陽與鎬京之間，原本是西周王畿的範圍之內。而鄭國的東遷，表示本來富庶的王畿，除了人禍之外，長期的自然災變已讓此處變得不再富饒，而為了國家的長久發展，東遷即是讓社稷轉危為安的關鍵。

　　鄭國的始封之君鄭桓公是周宣王之弟，在王朝之內任職，官授司徒，位居顯赫，且也得周人與東方之民的擁戴，但因天災人禍，故而無心於王畿內安身，《國語·鄭語》：

> 桓公為司徒，甚得周眾與東土之人，問於史伯曰：「王室多故，余懼
> 及焉，其何所可以逃死？」史伯對曰：「王室將卑，戎、狄必昌，不
> 可偪也。當成周者，南有荊蠻、申、呂、應、鄧、陳、蔡、隨、唐；
> 北有衛、燕、狄、鮮虞、潞、洛、泉、徐、蒲；西有虞、虢、晉、
> 隗、霍、楊、魏、芮；東有齊、魯、曹、宋、滕、薛、鄒、莒；是
> 非王之支子母弟甥舅也，則皆蠻、荊、戎、狄之人也。非親則頑，

〔註52〕錢穆，《國史大綱》（台北：臺灣商務印書館，1974年），頁48。

不可入也。其濟、洛、河、穎之間乎！是其子男之國，虢、鄶爲大，
虢叔恃勢，鄶仲恃險，是皆有驕侈怠慢之心，而加之以貪冒。君若
以周難之故，寄孥與賄焉，不敢不許。周亂而弊，是驕而貪，必將
背君，君若以成周之眾，奉辭伐罪，無不克矣。若克二邑，鄔、弊、
補、舟、依、（黑柔）、歷、華，君之土也。若前華後河，右洛左濟，
主芣、騩而食溱、洧，修典刑以守之，是可以少固。」〔註53〕

連當時的太史伯陽都對周室的前景如此悲觀，可見當時的情況定然非常的險
峻。伯陽指點他中原的「濟、洛、河、穎」是避難的的優良處所，而此處即
是東都成周附近，是王朝東部高度開發的地區，而當時此地區爲虢國和鄶國
的勢力範圍。虢國乃東虢，位於今河南滎陽縣東北，鄶國位於今河南縣東南。
選擇此處的原因表面上是因爲其他地區「非親則頑，不可入也。」事實上是
因爲成周之地的經濟富庶，且無強敵，而桓公「甚得周眾與東土之人」，因此
此地的人民可以信賴，故而成爲「可以逃死」的絕佳之地。伯陽獻策桓公爲
了「周難之故，寄孥與賄焉」，也料定了二國「不敢不許」更加顯示了此二國
的弱小，等到大局不可爲時，虢、鄶兩國必會因「驕侈怠慢之心，而加之以
貪冒」，而鄭國便可以名正言順的「奉辭伐罪，無不克矣。若克二邑，鄔、弊、
補、舟、依、（黑柔）、歷、華，君之土也。」而這些預測對兩國都是欲加之
罪何患無辭，而鄭國侵奪他人之國之心則昭然若揭。《史記·鄭世家》：

於是桓公問太史伯曰：「王室多故，予安逃死乎？」太史伯對曰：「獨
雒之東土，河濟之南可居。」公曰：「何以？」對曰：「地近虢、鄶，
虢、鄶之君貪而好利，百姓不附。今公爲司徒，民皆愛公，公誠請
居之，虢、鄶之君見公方用事，輕分公地。公誠居之，虢、鄶之民
皆公之民也。」公曰：「吾欲南之江上，何如？」對曰：「昔祝融爲
高辛氏火正，其功大矣，而其於周未有興者，楚其後也。周衰，楚
必興。興，非鄭之利也。」公曰：「吾欲居西方，何如？」對曰：「其
民貪而好利，難久居。」公曰：「周衰，何國興者？」對曰：「齊、
秦、晉、楚乎？夫齊，姜姓，伯夷之後也，伯夷佐堯典禮。秦，嬴
姓，伯翳之後也，伯翳佐舜懷柔百物。及楚之先，皆嘗有功於天下。
而周武王克紂後，成王封叔虞于唐，其地阻險，以此有德與周衰並，

〔註53〕〔東吳〕韋昭注，《國語》（上海：商務印書館，1922 年，《四部叢刊》上海涵
芬樓借杭州葉氏藏明金李刊本）卷 16，頁 2～3。

亦必興矣。」桓公曰：「善。」於是卒言王，東徙其民雒東，而虢、
鄶果獻十邑，竟國之。〔註54〕

由此可知「寄孥與賄」，以大國之威，將其民移於弱小之國，之後再藉口併吞，
其用心實爲陰險，與其所談論的「虢、鄶之君貪而好利」，有何不同，不同之
處只在於國家的實力而已。果不其然，於兩年之後，犬戎聯軍「殺幽王于驪
山之下，並殺桓公，鄭人立其子掘突，是爲武公。〔註55〕」雖然鄭桓公還是
沒有逃過此劫，但鄭國人卻因其先見之明而存續，定都於新的國都新鄭，乃
今河南新鄭縣。

《左傳》昭公十六年所記載鄭國的大夫子產說：

昔我先君桓公與商人皆出自周，庸次比耦以艾殺此地，斬之蓬、蒿、
藜、藋而共處之，世有盟誓，以相信也，曰：「爾無我叛，我無強賈，
毋或匄奪，爾有利市寶賄，我勿與知。」恃此質誓。故能相保以至
於今。〔註56〕

可看出鄭國的東遷，對中原地區有著開發的作用，對原本荒蕪的地區加以開
墾。另一方面也將商業的活動往東推展，從事貿易的商人與當地的貴族「世
有盟誓」，用契約來保證相互的友好關係。

二、卿士大臣封邑東移

周宣王時便有將卿士大臣分封到新開發的中原之地的情形，或許與當時
京畿地區的天災肆虐而導致物資開始短缺不無關係，《國語・周語》曾提到宣
王三十九年：「王師敗績於姜氏之戎〔註57〕」，《後漢書》亦記載宣王有「戎人
滅姜侯之邑，明年王征申戎，破之。〔註58〕」的舉措，可推知申姜雖與天子
間雖有姻親關係，但也因矛盾而有小規模的軍事衝突發生。而將申伯調離王
畿封於南疆以禦楚人或許是個兩全之策。《詩經・大雅・崧高》：

〔註54〕〔漢〕司馬遷，《史記》（上海：上海人民出版社，1999年，景印文淵閣四庫
　　　　全書本）卷42，頁2～3。
〔註55〕〔漢〕司馬遷，《史記》（上海：上海人民出版社，1999年，景印文淵閣四庫
　　　　全書本）卷42，頁3。
〔註56〕〔西晉〕杜預注、〔唐〕孔穎達疏，《春秋左傳注疏》（台北：藝文印書館，2001
　　　　年，景印清・嘉慶二十年江西南昌府學開雕重刊宋本）卷41～53，頁827。
〔註57〕〔東吳〕韋昭注，《國語》（上海：商務印書館，1922年，《四部叢刊》上海涵
　　　　芬樓借杭州葉氏藏明金李刊本）卷1，頁18。
〔註58〕〔南朝宋〕范曄，《後漢書》（上海：上海人民出版社，1999年，景印文淵閣
　　　　四庫全書本）卷117，頁3～4。

崧高維嶽，駿極于天。維嶽降神，生甫及申。維申及甫，維周之翰。
四國于蕃，四方于宣。亹亹申伯，王纘之事。于邑于謝，南國是式。
王命召伯，定申伯之宅。登是南邦，世執其功。王命申伯，式是南
邦，因是謝人，以作爾庸。王命召伯，徹申伯土田；王命傅御，遷
其私人。申伯之功，召伯是營。有俶其城，寢廟既成，既成藐藐；
王錫申伯，四牡蹻蹻，鉤膺濯濯。王遣申伯，路車乘馬。我圖爾居，
莫如南土。錫爾介圭，以作爾寶。往近王舅，南土是保。申伯信邁，
王餞于郿。申伯還南，謝于誠歸。王命召伯，徹申伯土疆，以峙其
糧，式遄其行。申伯番番，既入于謝，徒御嘽嘽。周邦咸喜，戎有
良翰。不顯申伯，王之元舅，文武是憲。申伯之德，柔惠且直。揉
此萬邦，聞于四國。吉甫作誦，其詩孔碩；其風肆好，以贈申伯。
〔註59〕

此詩爲大臣尹吉甫所作贈予申伯，以爲紀念。周宣王首先將申地封給他的母
舅申伯，後又增封謝地，並派出由大臣召伯虎所率領的大軍護送前往，「徹申
伯土田……定其經界正其賦稅也。〔註60〕」，以助其建築大城，營建寢廟，爲
長久之計。周王並到郿（今陝西郿縣東北），親爲申伯餞行，更賞予大圭以爲
憑證。從另一首同美此事的詩《詩經·小雅·黍苗》中：

芃芃黍苗，陰雨膏之。悠悠南行，召伯勞之。我任我輦，我車我牛。
我行既集，蓋云歸哉。我徒我御，我師我旅。我行既集，蓋云歸處。
肅肅謝功，召伯營之。烈烈征師，召伯成之。原隰既平，泉流既清。
召伯有成，王心則寧。〔註61〕

看出離開京畿後的南方之地全無旱象，一派風調雨順之景，既適合耕作，又
適合屯戍軍隊。因此宣王殊不知此養癰爲患之舉雖一時緩解了京畿地區的緊
張，卻爲爾後的幽王被殺埋下了伏筆。

到了幽王之時，時局更加的險惡，有卿士已經主動的搜刮積儲之財物，
經由車馬的運送，從王畿轉往東部囤積。當時惡名在外的卿士皇父便以到中

〔註59〕〔漢〕毛亨傳、鄭玄箋、〔唐〕孔穎達正義，《毛詩注疏》（台北：藝文印書館，
2001年，景印清·嘉慶二十年江西南昌府學開雕重刊宋本）卷16～18，頁659。
〔註60〕〔元〕朱公遷，《詩經疏義會通》（上海：上海人民出版社，1999年，景印文
淵閣四庫全書本）卷18，頁36。
〔註61〕〔漢〕毛亨傳、鄭玄箋、〔唐〕孔穎達正義，《毛詩注疏》（台北：藝文印書館，
2001年，景印清·嘉慶二十年江西南昌府學開雕重刊宋本）卷9～15，頁512。

原區域建築大城之名義，作移轉財貨的惡事。在《詩經‧小雅‧十月之交》中便對此事有記載：「皇父孔聖，作都于向，擇三有事，亶侯多藏。不憖遺一老，俾守我王；擇有車馬，以居徂向〔註62〕。」表面上稱讚皇父的聖明，實際上諷刺他為己利而棄生民於不顧，在向地另築新城〔註63〕。除此之外他所挑選的「三有司」（司徒、司馬、司空）〔註64〕均是財富殷實，坐擁豐富積儲的官員，透過強壯的車馬，將這些原屬於百姓膏脂的家產往向邑運送，淘空當地百姓的資源。而他們在中原地區的向地築城，主要是為了利用濟水的水利之便，因濟水源出於濟源縣西王屋山，往東南流，可通河水（黃河），可以將四方的財物更加快速的集中到新城以便於囤積。《詩經‧小雅‧雨無正》：

> 浩浩昊天，不駿其德。降喪饑饉，斬伐四國。……周宗既滅，靡所止戾。正大夫離居，莫知我勩。……戎成不退，饑成不遂。曾我暬御，憯憯日瘁。……謂爾遷于王都，曰：予未有室家。鼠思泣血，無言不疾。昔爾出居，誰從作爾室！〔註65〕

透過正向的時間排序，說明了西周王室及貴族轉移的原因及過程，首先就點出了因災異所導致的饑饉導致國家受到嚴重的打擊，接著眾貴族離開他們的封地去避難，最終因為關中地區的局勢與自然環境已不可支持王室的存在而滯留東方不歸。詩人雖對王室即眾大臣的舉措無法諒解，賦詩諷刺，但從《史記‧卷五‧秦本紀》：

> （秦襄公）七年春，周幽王用褒姒廢太子，立褒姒子為適，數欺諸侯，諸侯叛之。西戎犬戎與申侯伐周，殺幽王酈山下。而秦襄公將兵救周，戰甚力，有功。周避犬戎難，東徙雒邑，襄公以兵送周平王。平王封襄公為諸侯，賜之岐以西之地。曰：「戎無道，侵奪我岐、豐之地，秦能攻逐戎，即有其地。」與誓，封爵之。襄公於是始國，與諸侯通使聘享之禮。〔註66〕

周平王竟將宗廟所在之地與諸侯之爵盡皆賜予了原本沒沒無名，只因將兵救

〔註62〕〔漢〕毛亨傳、鄭玄箋、〔唐〕孔穎達正義，《毛詩注疏》（台北：藝文印書館，2001年，景印清‧嘉慶二十年江西南昌府學開雕重刊宋本），卷9～15，頁397。
〔註63〕向地在今河南濟源縣南。
〔註64〕《毛傳》：「有司國之三卿，信維貪淫多藏之人也。」
〔註65〕〔漢〕毛亨傳、鄭玄箋、〔唐〕孔穎達正義，《毛詩注疏》（台北：藝文印書館，2001年，景印清‧嘉慶二十年江西南昌府學開雕重刊宋本）卷9～15，頁405。
〔註66〕〔漢〕司馬遷，《史記》（上海：上海人民出版社，1999年，景印文淵閣四庫全書本）卷5，頁6。

周而有功的秦人，而有了秦襄公「十二年伐戎至岐卒。〔註67〕」秦文公十六
年：「以兵伐戎，戎敗走，於是文公遂收周餘民而有之，地至岐，岐以東獻之
周。〔註68〕」的結果。可推測周王室對原本的王畿似乎已有放棄之意，正好
拿來作爲以夷制夷的籌碼，否則以秦人與周天子的關係，得此報償，顯然太
過。春秋之世雖有秦晉爭霸，但晉國對秦國所有的軍事行動也只意圖於將秦
的勢力侷限在黃河以西，防止其東進肆虐東方諸國，對秦國的領土並無野心。
直到戰國時期的前409年，魏文侯命吳起率兵攻入今陝西關中地區，取得秦
國今洛河以東的黃河以西的關中之地，並在此設西河郡，兩國展開對此地區
長期的拉鋸戰外，事實上秦國的心臟地帶，幾無其他諸侯勢力想要深入久留，
顯見原本的王畿早已失去其應有的中樞地位。故詩人雖對無法重回故都而深
感痛惋，但相信這也是周王室在權衡得失後不得不做出的決定。

　　劉邦在與項羽的楚漢相爭中取得勝利後，曾經想將國都定於當時人認爲
「天下之中」的洛陽，也就是周平王將王室東遷後的落腳處。但齊人婁敬認
爲長安顯然更爲恰當：

> 秦地被山帶河，四塞爲固，卒然有急，百萬之衆可立具也。因秦之
> 故，資甚美膏腴之地，此所謂天府者也。陛下入關而都之，山東雖
> 亂，秦之故地可全而有也。夫與人斗，不扼其吭、拊其背，未能全
> 其勝也；今陛下案秦之故地，此亦扼天下之吭而拊其背也。〔註69〕

而此處就是即西周天子王畿所在的故地，之後賜予了秦人。其地利位置的險
要自古皆知，但其富饒卻是「因秦之故」，可見在秦人來到之前，此地固然可
資周天子固守，但其經濟顯然已經無法支撐王室的開銷。後劉邦繼而徵詢張
良，其也認爲：

> 洛陽雖有此固，其小不過數百里，田地薄，四面受敵，此非用武之
> 國也。關中左餚、函，右隴、蜀，沃野千里；南有巴、蜀之饒，北
> 有胡苑之利。阻三面而守，獨以一面東制諸侯；諸侯安定，河、渭
> 漕輓天下，西給京師；諸侯有變，順流而下，足以委輸；此所謂金

〔註67〕〔清〕姜炳璋，《詩序補義》（上海：上海人民出版社，1999年，景印文淵閣
四庫全書本）卷11，頁1。

〔註68〕〔漢〕司馬遷，《史記》（上海：上海人民出版社，1999年，景印文淵閣四庫
全書本）卷5，頁7。

〔註69〕〔北宋〕司馬光，《資治通鑑》（上海：商務印書館，1922年，《四部叢刊》涵
芬樓景印宋刊本）卷11，頁14。

城千里，天府之國也。婁敬之說是也。〔註70〕

得知洛陽是除長安外的第二個選擇，但因此時的長安經濟比之洛陽更爲發達，加上本就較爲優越的地理形勢，因此棄洛陽而選長安。可見關中地區是否可供一個國家作爲控制全國的首都其主要因素乃爲經濟，若因自然災害而使得經濟遭到破壞，則再有利的地理屏障都不足以讓其發揮「王都」的機能。

三、從出土的「窖藏」銅器看東遷的模式

在天災與人禍，主要是天災的摧殘之下，原本住在首善之都周原與西都王畿的周代平民與大小貴族，不得不用逃難的速度向東遷徙，將銅器與財物臨時窖藏於地下，期望之後還能返回取出，但此舉已使許多的貴族自廢手足，喪失原有的經濟優勢，使得在西周王室蒙難之時，無法鼎力支持，加速了西周的衰敗與滅亡。申侯、曾侯引犬戎兵攻入鎬京，擊殺幽王，並因此而控制了周代王室。而犬戎起兵之初本只在於劫掠，《史記・周本紀》：「盡取周賂而去。」但在戰後並未將其勢力撤出，使得原本只打算暫時東遷避難的貴族與平民絕其復歸之望。因此之後才有秦襄公「十二年伐戎至岐卒。〔註71〕」秦文公十六年：「以兵伐戎，戎敗走，於是文公遂收周餘民而有之，地至岐，岐以東獻之周。〔註72〕」秦國既以「收周餘民」，並將岐山以西據爲己有，原先逃亡的周人便無法再回其故地了，而原先暫時窖藏的銅器也因此得以在地下完善的保存直到出土。

楊寬先生曾經對歷代出土的西周窖藏銅器列出了六個特點〔註73〕，得知所有窖藏當是原住周原的大小貴族爲了臨時避難而埋藏的。西周晚期有兩次變亂，先是厲王被流放到彘，再是犬戎入侵而幽王被殺，以致西周滅亡。少數窖藏是厲王糾流放時所埋藏。一九七八年五月扶風縣齊家村發現的簋鈇，是周厲王十二年自鑄用於宗廟的重器，糾形特別高大，當是厲王被流放時、隨從他的親信臨時埋藏的。大多數的窖藏當是犬戎入侵、西周將滅亡時，大小貴族從周原東逃而匆促埋藏的，當申侯、曾侯引進犬戎向西都王畿進攻時，

〔註70〕〔北宋〕司馬光，《資治通鑑》（上海：商務印書館，1922年，《四部叢刊》涵芬樓景印宋刊本）卷11，頁14～15。

〔註71〕〔清〕姜炳璋，《詩序補義》（上海：上海人民出版社，1999年，景印文淵閣四庫全書本）卷11，頁1。

〔註72〕〔漢〕司馬遷，《史記》（上海：上海人民出版社，1999年，景印文淵閣四庫全書本）卷5，頁7。

〔註73〕楊寬，《西周史》（台北：台灣商務印書館，1999年），頁814～815。

在《詩‧大雅‧召旻》所說「今也日蹙國百里」的緊急情況下，原住周原一帶的大小貴族避難東遷。所有這些銅器，都是他們世代相傳的「傳家寶」，用以代表他們的地位和權力的，匆促不便帶走，只能臨時窖藏起來。

一九七六年城固縣寶山鄉蘇村一窖出土銅器二百多件，除兩件方罍外，全是戈、矛、戟、臉殼等進攻和防衛武器，當是此地原來防守的周人，放下武器而逃難了。〔註74〕

從中可以瞭解到周人的東遷是一個長期且持續的行為，其原因眾多，除了政治的黑暗之外，大氣天候的變化也使得西都京畿變得不適合人居，因此周人很早就陸續遷徙到東部剛開發的新天地。而犬戎攻入鎬京，幽王被殺，平王東遷，不是周人東遷的起點，而是尾聲了。

〔註74〕楊寬，《西周史》（台北：台灣商務印書館，1999年），頁815。

第四章　左傳中的天文災異

　　「天文」這個名詞在中國的出現與使用是非常早的。《周易・賁・彖辭》：「觀乎天文，以察時變；觀乎人文，以化成天下。〔註1〕」《繫辭傳》：「仰以觀乎天文，俯以察予地理，是故知幽明之故。」孔穎達疏曰：「天有懸象而成文章，故稱文也。地有山川原隰，各有條理，故稱理也。」《淮南子・天文篇》注曰：「文者，象也。〔註2〕」故可知，天文等同於天象。天象又可以分成兩個大類：一是有關於地球大氣層內空氣因地球引力現象所產生的各種變化，即是所謂的氣象；一是地球大氣層以外的各種物質，諸如日、月、星辰。運行的規律，即是星象。而一般的天文所重的是地球大氣層以外的現象。曆法在觀象授時的基礎上建立，同屬於天文學各種分枝之一，屬於實用天文學的範疇。

　　在古人的眼中，東昇西落的太陽，盈虧圓缺的月亮，周天運行的星辰，冷暖輪替的四季，都是充滿神秘與驚奇的，因此天文學一直都讓人們感興趣。華夏民族很早就從採集漁獵時代進入了農耕時代，因此安定是很大的訴求，人們為了掌握自然的規律以便順應，尋求和探索生活的經驗，適應周遭，休養生息，必須靠著長期對天象的觀察，精勤的記錄各種的變化，才能累積確實有用的經驗，掌握天象運行的知識，安排每日的生活作息。

〔註1〕　〔魏〕王弼注、韓康伯注〔唐〕孔穎達正義，《周易注疏》（台北：藝文印書館，2001年，景印清・嘉慶二十年江西南昌府學開雕重刊宋本）卷3，〈賁〉，頁62。

〔註2〕　〔漢〕劉安等撰，《淮南子》（上海：商務印書館，1922年，《四部叢刊》上海涵芬樓景印劉泖生影寫北宋本）卷3，頁1。

　　中國是世界上源遠流長的文明古國，對天文的觀察和紀錄已經有很長的歷史，而且一直作為政府職能連續不斷的運行著。根據《史記‧天官書》記載：「昔之傳天數者：高辛之前，重黎；于唐虞，羲和；有夏，昆吾；殷商，巫咸；周室，史佚、萇弘；于宋，子韋；鄭，則裨灶；在齊，甘公；楚，唐昧；趙，尹皋；魏，石申。〔註3〕」在當時，天文的相關知識在民間的流傳已經非常的普及，顧炎武在《日知錄》卷三十表示：「三代以上，人人皆知天文。『七月流火』，農夫之辭也。『三星在戶』，婦人之語也。『月離于畢』，戍卒之作也。『龍尾伏晨』，兒童之謠也。後世文人學士，有問之而茫然不知者矣。〔註4〕」當中所引《詩經》與《左傳》上與天象有關的詩句，便是當時對天文知識的反映。也因為中國的天文知識自古便有相當程度的累積，古代長期且連續不斷的天文觀測記錄以及研究成果，在世界天文領域佔有極其重要的位置，受到多方的讚賞與重視。英國當代著名科學家李約瑟曾經在《中國的科學與文明‧天學分冊》中表示：

> 除巴比倫的天象紀事（其中大部分都已散失）以外，從中國的天象紀事可以看出，中國人在阿拉伯人以前，是全世界最堅毅、最精確的天文觀測者。……有很長一段時間（約公元前五世紀至公元十世紀），幾乎只有中國的紀事可供利用，現代天文學家在很多場合（例如對彗星，特別是哈雷彗星重複出現的紀載），都曾求助於中國的天象紀事，並得到良好的結果。……在其他方面，例如對太陽黑子（日斑），中國人早已非常正規地觀測了許多世紀，歐洲人則不僅不知道，而且由於他們在宇宙論上的成見，也不能承認有這種現象存在。
> 〔註5〕

　　天文曆法所影響的層面相當的廣泛，諸如社會政治、日常作息都有相當的制約力，已經融入於傳統文化的一部份，古代的每本典籍裡都滲透了大量的天文知識，對後代產生了重大且深遠的作用。

〔註3〕〔漢〕司馬遷，《史記》（上海：上海人民出版社，1999年，景印文淵閣四庫全書本）卷27，頁45～46。

〔註4〕〔清〕顧炎武，《日知錄》（上海：上海人民出版社，1999年，景印文淵閣四庫全書本）卷30，頁1。

〔註5〕李約瑟、陳立夫主譯，《中國之科學與文明‧天學分冊》（台北：台灣商務印書館，1985年），頁759。

第一節　日食

一、周人的太陽崇拜

　　周朝時有冬至祭日的禮制。《禮記・郊特牲》曰：「郊之祭也，迎長日之至也。〔註6〕」陳澔解釋：「至，猶到也。〔註7〕」冬至是白日最短的一天，過了冬至日照漸舒，因此說迎長日之至。《禮記・祭義》：「郊之祭，大報天而主日，配以月。〔註8〕」即是周人祭日的記載，其意思是說：在郊外祭天，是報答上天的恩惠，以祭祀太陽為主，同時配祭月亮，以象天之全。祭日的典禮，在東郊日壇舉行。《禮記・祭義》：「祭日於壇，祭月於坎，以別幽明，以制上下。祭日於東，祭月於西，以別外內，以端其位。日出於東，月生於西。陰陽長短，終始相巡，以致天下之和。〔註9〕」是說祭祀太陽是在壇上，祭祀月神則在坑內，原因是由於要將明暗區別出來，以確定上下高低的分際。祭祀太陽要朝向東方，祭祀月神則朝向西方，這是由於要區別出內外，以正其不同的位置。關於祭日的時辰，則在太陽東昇的丑時舉行。關於祭日所要使用的犧牲，《史記・封禪書》記載漢代：「祭日以牛，祭月以羊彘特。〔註10〕」《索隱》按：樂羊云：「祭日以太牢，祭月以少牢。特，不用牝也。」漢代距離春秋戰國尚近，可推測周人的祭日犧牲可以與之相同。

　　周代齊地所祀奉的八位神靈中就有日神，而南方楚地則把日神給人格化，稱之為「東君」或「東皇太一」。祂經常駕車出外巡視。《楚辭・九歌・東君》：「暾將出兮東方，照吾檻兮扶桑，撫余馬兮安驅。〔註11〕」顯然是描寫日出的景象。

　　同時崇拜太陽的民族為數極多，例如越國人即是。古代活動於南方的百越民族所使用的一些銅鼓，鼓面的裝飾主題便是太陽，其形狀如餅，有的上

〔註6〕　〔東漢〕鄭玄注、〔唐〕孔穎達疏，《禮記注疏》（台北：藝文印書館，2001年，景印清・嘉慶二十年江西南昌府學開雕重刊宋本）卷11，頁489。

〔註7〕　〔元〕陳澔，《陳氏禮記集說》（上海：上海人民出版社，1999年，景印文淵閣四庫全書本）卷5，頁27。

〔註8〕　〔東漢〕鄭玄注、〔唐〕孔穎達疏，《禮記注疏》（台北：藝文印書館，2001年，景印清・嘉慶二十年江西南昌府學開雕重刊宋本）卷24，頁812。

〔註9〕　同上注。

〔註10〕　〔漢〕司馬遷，《史記》（上海：上海人民出版社，1999年，景印文淵閣四庫全書本）卷12，頁18。

〔註11〕　〔東漢〕王逸注，《楚辭》（上海：商務印書館，1922年，《四部叢刊》上海涵芬樓借江南圖書館藏明繙宋本景印本）卷2，頁42。

面裝飾有細長的針，或者是呈現出銳角形的光芒。〔註12〕另外在廣西寧明花山岩畫亦發現有各種太陽的圖案，或爲雙圓圈，內圈有光芒；或爲雙圓圈，內有一黑球，黑球外和兩個圓圈外部均畫有光束。畫中眾人高舉雙手，作祈求日出狀，是人們爲了祈求日出而舉行的模擬巫術儀式。〔註13〕

我國自古便非常重視日食的觀測與紀錄，日食並非經常發生的現象，只有在月亮正好位於太陽和地球中間，也就是月朔之日才有機會發生，而且也不是每個月朔都一定會發生。日食的型態分爲兩種，一種是日全食，另一種是日偏食，日偏食的程度也有不同，還有日環蝕。此種天象，對科學尚未發達的古人來說，是難以理解來龍去脈的，而日食所造成瞬間的天昏地暗，人畜皆因此驚恐與不安的景象，是很令人震撼與恐懼的。因其出現得突如其來讓人摸不著頭緒，因此古人便妄加揣測，認爲是上天的譴責，是因人事不修，上天因此震怒的表現。在占書中，將其視爲「陰侵陽」、「陰蔽陽」，而引伸出「臣掩君」、「臣叛主」之象。

由於對自然崇拜的信仰，民間對日食此一自然現象的發生也產生了迷信的認知，將日食視爲是不祥的預兆，其發生的原因是能飛天的動物或其他的因素所導致，必須舉行救護的儀式，同時也舉行隆重的祭典。春秋時期的救日儀式多數都是巫術與祭祀相互結合。如《春秋‧莊公二十五年》：「夏，六月，辛未，朔，日有食之，鼓、用牲於社。〔註14〕」又《左傳‧莊公二十五年》：「夏六月，辛未，朔，日有食之，鼓、用牲於社，非常也。爲正月之朔，慝（陽氣）未作，日有食之，于是乎用幣於社，伐鼓於朝。〔註15〕」這樣做的理由是「社祭土而主陰氣也。〔註16〕」，因爲社是群陽所聚之處。伐鼓於社，其主要的目的是「責群陽。」在《周禮‧地官》中有專門負責「救日月，則

〔註12〕 李偉卿，〈中國南方銅鼓的分類和斷代〉（收入《考古》第 1 期，北京，中國社會科學院考古研究所考古雜誌社，1979 年）。

〔註13〕 關於花山岩畫中的各種圓形圖案，有人有不同意見，詳參張景寧編《花山崖壁畫資料集》（南寧：廣西民族出版社，1963 年），頁 21～38。

〔註14〕 〔西晉〕杜預注、〔唐〕孔穎達疏，《春秋左傳注疏》，（台北：藝文印書館，2001 年，景印清‧嘉慶二十年江西南昌府學開雕重刊宋本）卷 8～10，頁174。

〔註15〕 〔西晉〕杜預注、〔唐〕孔穎達疏，《春秋左傳注疏》，（台北：藝文印書館，2001 年，景印清‧嘉慶二十年江西南昌府學開雕重刊宋本）卷 41～53，頁 834。

〔註16〕 〔東漢〕鄭玄注、〔唐〕孔穎達疏，《禮記注疏》（台北：藝文印書館，2001年，景印清‧嘉慶二十年江西南昌府學開雕重刊宋本），卷 11，〈郊特牲〉，頁488。

詔王鼓。〔註17〕」的官吏，名爲「鼓人」；《周禮·夏官》中也有類似的官職，其主要負責「贊王鼓；救日月，亦如之。〔註18〕」其名爲「太僕」。何星亮先生認爲「伐鼓」便是擊鼓，爲巫術儀式的一種。「用牲於社」或「用幣於社」，即用犧牲祭祀社神或用玉帛祭祀社神，則爲祭祀儀式。〔註19〕

　　而日食在經過古人長期的觀察之後，發現日食是按週期發生的，有其自有的規律，《左傳·昭公七年》：「國無政，不用善，則自取讁于日月之災。〔註20〕」孔穎達疏曰：「雖千歲之日食，豫算而盡知。」，可見古代中國對於日食的推算已取得相當的成果。魯國的占星家梓愼也已經領悟到日食的發生是日月運行的規律所造成，因此他在昭公二十一年說：「二至二分，日有食之，不爲災。〔註21〕」也打破了每一次日食輒有災變的不合理推論，因此梓愼應該是後代「天命不足畏〔註22〕」思想的啓蒙者。

　　唐人孔穎達亦有相當進步的天文思想，深知日食天變之理，《左傳·昭公七年》疏曰：

> 人君爲政不善，可以感動上天，則自取譴責於日月之災，以日食之災，由君行之所致也。……日月之會自有常數，每於一百七十三日有餘，則日月之道一交，交則日月必食，雖千歲之日食，豫筭而盡知，寧復由教不修而政不善也。……若日食在其分次，其國即當有咎，則每於日食必有君死，豈日食之歲，常有一君死乎？……所以重天變警人君也。天道深遠，有時而驗，或亦人之禍釁，偶與相逢，故聖人得因其變，常假爲勸戒。〔註23〕

〔註17〕　〔東漢〕鄭玄注、〔唐〕賈公彥疏，《周禮注疏》（台北：藝文印書館，2001年，景印清·嘉慶二十年江西南昌府學開雕重刊宋本）卷9～16，頁187。

〔註18〕　〔東漢〕鄭玄注、〔唐〕賈公彥疏，《周禮注疏》（台北：藝文印書館，2001年，景印清·嘉慶二十年江西南昌府學開雕重刊宋本）卷28～33，頁475。

〔註19〕　何星亮，《中國自然神與自然崇拜》（上海：上海三聯書店，1995年），頁214。

〔註20〕　〔東漢〕鄭玄注、〔唐〕孔穎達疏，《禮記注疏》（台北：藝文印書館，2001年，景印清·嘉慶二十年江西南昌府學開雕重刊宋本）卷11，〈郊特牲〉，頁488。

〔註21〕　〔西晉〕杜預注、〔唐〕孔穎達疏，《春秋左傳注疏》（台北：藝文印書館，2001年，景印清·嘉慶二十年江西南昌府學開雕重刊宋本）卷41～53，頁868。

〔註22〕　語出宋·王安石。〔元〕托克托，《宋史》（上海：上海人民出版社，1999年，景印文淵閣四庫全書本）卷42，頁19。

〔註23〕　〔西晉〕杜預注、〔唐〕孔穎達疏，《春秋左傳注疏》（台北：藝文印書館，2001年，景印清·嘉慶二十年江西南昌府學開雕重刊宋本）卷41～53，頁760。

朱文鑫先生曰：「春秋日食，中國不可見而誤書者有二，月不符並無日食者亦有二。」，「中國不可見」者，一為僖公十五年，一為昭公二十四年日食。此後人推算而假托者，但知其有日食，而不能計其所經之地。遂以為春秋日食，皆由後人推算假托。朱文鑫案：「然春秋日食，如由後人推算假托。當不只三十有七，必系經傳之誤書。前人謂為錯簡，亦非無據。」至于月有不符合者，乃因「月日有參差，乃系春秋置閏之誤。」〔註24〕此分析極有創見。

二、《左傳》中的日食

《左傳・桓公十七年》：「冬，十月朔，日有食之。不書日，官失之也。天子有日官，諸侯有日御。日官居卿以底日，禮也。日御不失日，以授百官于朝。〔註25〕」

《左傳》認為《春秋》書朔，而不書日，這是天子的日官職責有缺，古代帝王於每年季冬把來年的歷日布告天下諸侯，謂之「頒朔」，語本《周禮・春官・大史》：「頒告朔於邦國。〔註26〕」鄭玄注：「天子頒朔於諸侯，諸侯藏之祖廟。」依照此制，天子的日官當平定（底定）朔之日子，後頒於諸侯，之後諸侯的日御之官再將此朔之日下授百官於朝，因此《左傳》認為此是日官之失也。

《三傳辨疑》：

> 趙氏曰：非也。凡不書或史有闕，或年深寫誤，何關日官、日御乎。
>
> 邦衡胡氏曰：朔者日月之會，日者甲乙之紀，不可不存，其或闕者，歲久脫爾，左氏以為不書，日官失之也，聖人之經，豈由日官之為乎。〔註27〕

認為並非不書，只是闕漏而已，況且《春秋》經孔子編刪，若有闕漏應會補之，不至於擱置不理。

《日講春秋解義》：

〔註24〕 朱文鑫，《天文考古錄・春秋日食考》（台北：商務印書館，1982 年），頁 97
　　　　 ～98。

〔註25〕 〔西晉〕杜預注、〔唐〕孔穎達疏，《春秋左傳注疏》（台北：藝文印書館，2001
　　　　 年，景印清・嘉慶二十年江西南昌府學開雕重刊宋本）卷 5～7，頁 129。

〔註26〕 〔東漢〕鄭玄注、〔唐〕賈公彥疏，《周禮注疏》（台北：藝文印書館，2001
　　　　 年，景印清・嘉慶二十年江西南昌府學開雕重刊宋本）卷 17～27，頁 400。

〔註27〕 〔元〕程端學，《三傳辨疑》（上海：上海人民出版社，1999 年，景印文淵閣
　　　　 四庫全書本）卷 4，頁 31。

書朔不書日，舊史闕文也。歷家謂有平朔，有定朔。以日平行月平行，推算某日某時某刻合朔，是為平朔。日有盈縮，月有遲疾，取均度或加或減於平行，以定某日某時某刻，日月相會是為定朔，自劉洪乾象歷始用定朔，於是非朔不食，漢初以前皆用平朔，故有食於朔前後者，但朔前朔後聖人何難據實以書，而必曲生義例乎？日食於朔二日則不得為朔矣，故當以文闕為正。〔註28〕

此書從曆法的角度，認為孔子若有發覺此誤，要經曆法回推補之並非難事，因此也認為應是闕文。

《左傳・莊公二十五年》：「六月辛未，朔，日有食之，鼓、用牲於社。夏，六月辛未，朔，日有食之，鼓、用牲于社，非常也。唯正月之朔，慝未作，日有食之，於是乎用幣于社，伐鼓于朝。〔註29〕」

《春秋》的六月，是周曆的六月，在夏曆是四月。鄭玄曰：「夏之四月建巳，純陽用事，視為正月，為正陽之月也。慝，惡也，人情愛陽而惡陰，故謂陰為惡，故云慝陰氣也。未作謂陰氣未作也。〔註30〕」《左傳》認為惟有正月之朔，慝未作，日有食之，才用幣祭社，擊鼓於朝，以營救被食之日。周之六月正式夏之四月，因此經書擊鼓書用牲於社，應該無違禮之處。而《左傳》卻曰：「非常也。」乃是因為依禮制，凡遇日食，諸侯須發鼓於朝，用幣於社，今經書「鼓用牲於社」，是伐鼓不於朝，而伐於社，因此處所錯了。祭社應當用幣，如今用牲，祭物也錯了。因此《左傳》說「非常也。」這兩件事解釋得很清楚。但「為正月之朔」之「惟」字，則顯然表明了月份不對，根據上引鄭注，此「六月之朔」正是左傳的「正月之朔」。根據杜預注曰：「長曆推之，辛未實七月朔，置潤失所，故致月錯。」引此左傳這一個「惟」自是指經文在曆月上有錯，只因不便直言經誤，因此用「惟」字以表暗示。

顧炎武則曰：

周之六月，夏之四月，所謂正月之朔也，然則此其常也，而曰非常者何？蓋不鼓于朝，而鼓于社，不用幣而用牲，此所以謂之非常禮也，杜氏不得其說，而曰：以長歷推之，是年失閏，辛未實七月朔，

〔註28〕〔清〕庫勒納、李光地，《日講春秋解義》（上海：上海人民出版社，1999年，景印文淵閣四庫全書本）卷8，頁19。

〔註29〕〔西晉〕杜預注、〔唐〕孔穎達疏，《春秋左傳注疏》（台北：藝文印書館，2001年，景印清・嘉慶二十年江西南昌府學開雕重刊宋本）卷8～10，頁174。

〔註30〕同上注。

非六月也，此則咎在司歷，不當責其伐鼓矣，又按唯正月之朔，以
下乃昭十七年季平子之言，今載，於此或恐有誤。〔註31〕

因此顧氏反對杜預的《長曆》之說，認為經文於曆是無誤的，唯一有問題的
只在擊鼓用幣之失，況且這裡的傳文又錯雜了昭公十七年的傳文，因此杜預
以錯雜之傳文解經，恐有失當。

《左傳·僖公十五年》：「夏五月，日有食之。不書朔與日，官失之也。
〔註32〕」

凡是遭遇日食依例當書日與朔。因為日食必定在朔日才會發生，朔是初
一，朔與望確定一個月大小的，也是推曆的標準，因此史官書日食與月食，
必須要著明其朔望與日。依據杜預的《長曆》去推算，僖公十五年五月壬子
朔。。如今經文僅書時與月，無書明日與朔的紀載，因此《左傳》說：「官失
之也。」

《左傳·文公元年》：「於是閏三月，非禮也。先王之正時也，履端於始，
舉正於中，歸餘於終。履端於始，序則不愆；舉正於中，民則不惑；歸餘於
終，事則不悖。〔註33〕」

《左傳》認為日食必在朔日，二月癸亥為朔日，則四月無丁巳，而《春
秋》書：「四月丁巳葬僖公。」，於是認為期間必有閏三月，故憑空云「於是
閏三月，非禮也。」《群經補義》：

> 僖公是年本無閏三月，左氏以為月食必在朔，二月為癸亥朔，則四
> 月無丁巳，意其間必有閏月，故憑空發傳云：「於是閏三月，非禮也。」
> 又云：「先王之正時也，履端於始，舉正於中，歸餘於終。」所謂履
> 端於始者，歲必始於日南至也，舉正於中者，三代各有正朔，以正
> 朔為正月也，歸餘於終者，置閏或三年或二年，常置於歲終也，今
> 置於三月，故云非禮，不知是年本無閏三月。〔註34〕

又按《授時曆》推算，是三月癸亥朔日食，《春秋》誤以癸亥為二月晦，因此

〔註31〕 〔清〕顧炎武，《日知錄》（上海：上海人民出版社，1999年，景印文淵閣四
庫全書本）卷27，頁13～14。

〔註32〕 〔西晉〕杜預注、〔唐〕孔穎達疏，《春秋左傳注疏》（台北：藝文印書館，2001
年，景印清·嘉慶二十年江西南昌府學開雕重刊宋本），卷12～27，頁229。

〔註33〕 〔西晉〕杜預注、〔唐〕孔穎達疏，《春秋左傳注疏》（台北：藝文印書館，2001
年，景印清·嘉慶二十年江西南昌府學開雕重刊宋本）卷18～20，頁297。

〔註34〕 〔清〕江永，《群經補義》（上海：上海人民出版社，1999年，景印文淵閣四
庫全書本）卷2，頁16。

以甲子爲三月朔。《宋史》：「文公元年，春二月，癸亥朔日，有食之，其年三月，癸巳朔，去交入食限，誤爲二也。〔註35〕」

　　《左傳·文公十五年》：「六月辛丑朔，日有食之。鼓、用牲于社，非禮也。日有食之，天子不舉，伐鼓于社；諸侯用幣于社，伐鼓于朝，以昭事神、訓民、事君，示有等威，古之道也。〔註36〕」此年的《春秋》經文與莊公二十五年「六月辛未朔日有食之，鼓用牲於社。」一模一樣，而此傳與前文字則各有詳略，可用來相互參照，前傳曰：「爲爭月之朔，慝未作。」這裡的正月與《詩經》的「正月繁霜」的「正月」，乃正陽之月，也就是夏曆的四月，不是建寅之月。慝爲因陰氣，日爲陽、爲君，月爲陰、爲臣。月食日，乃陰氣侵陽之象，主人臣犯君上，因此言「慝」。杜預注前傳曰，依《長曆》推算，辛未乃七月，因至閏有物，故經書「六月」，換句話說便是應該爲七月，周曆之七月乃夏之五月，非正陽之月，在正陽之月朔發生日食，是作慝，因此諸侯應該伐鼓用幣，前經之六月既爲七月，因此非正陽之月，所以《左傳》曰：「非常也。」但後人多以爲曆算無誤，所謂的「非常也。」只是指「蓋不鼓于朝，而鼓于社，不用幣而用牲，此所以謂之非常禮也。」此經的六月爲正陽之月，依禮應伐鼓用幣，但卻「鼓用牲於社」，《左傳》因此書之曰「非禮也。」依照周制：凡日食，天子伐鼓用牲於社，諸侯則伐鼓於朝，用幣於社，魯以諸侯而伐鼓於社，是僭越禮制，不用幣而用牲，更是僭禮，《春秋正傳》曰：

> 書日有食之，鼓用牲于社，誌儆戒也。非禮而無應天之誠，皆可見矣，左氏曰：「非禮也，日有食之，天子不舉，伐鼓于社，諸侯用幣于社，伐鼓于朝，以昭事神訓民事君，示有等威古之道也。」愚謂左氏以伐鼓用幣之儀，示等威之道爲禮，蓋亦禮之末耳，日有食之，陽道不競，君道不振之象也，先王克謹天戒，臣人克有常憲，百官修輔，此應天之實而禮之大者也。〔註37〕

《日講春秋解義》：「莊公兩以日食鼓用牲于社，既已非禮，今文公亦復如此，

〔註35〕　〔元〕托克托，《宋史》（上海：上海人民出版社，1999 年，景印文淵閣四庫全書本）卷70，頁31。

〔註36〕　〔西晉〕杜預注、〔唐〕孔穎達疏，《春秋左傳注疏》（台北：藝文印書館，2001年，景印清·嘉慶二十年江西南昌府學開雕重刊宋本）卷18～20，頁338。

〔註37〕　〔明〕湛若水，《春秋正傳》（上海：上海人民出版社，1999 年，景印文淵閣四庫全書本）卷18，頁29～30。

必以為先朝故事可舉而行，而不顧義之可否，因陋承誤妄亦甚矣。〔註 38〕」
因此《左傳》曰：「非禮也」，與經文一起譏諷魯的僭越，亂了天子諸侯的分
際，非訓民示君之道。

　　《左傳・襄公二十七年》：「十一月乙亥朔，日有食之。辰在申，司歷過
也，再失閏矣。〔註39〕」孔穎達疏：

> 此經言十二月，而傳言十一月，杜預以《長曆》推之，乙亥是十一
> 月朔，非十二月。傳曰：『辰在申，再失閏矣』，若是十二月，當為
> 辰在亥，以申為亥，則三失閏，非再失也，推歷與傳合，知傳是而
> 經誤也。」陳厚耀曰：「蓋由古歷疎闊，置閏失當之弊，姜岌一行已
> 有定說，孔子作春秋，但因時歷以書，非大義所關，故不必致詳也。
> 〔註40〕

因此失閏非大義所關，不應以此非聖人之心，而司歷的過失的說法似乎有之。
宋人葉夢得認為紀日之誤與失閏無關，《春秋三傳讞・春秋左傳讞》：

> 朔或有誤，以十一月為十二月者，若辰果在申，而再失閏，當自二
> 十五年失一閏，則二十六年與是歲，皆當以建亥為正月，不惟遞失
> 一月而四時易序，且二年矣。是月辰果在申，為再失閏，則明年當
> 以建戌為正月，經安得復以無冰為災乎，杜預為頓置兩閏之說，則
> 是歲當為十二月者，乃合天正，若然則前二年正月皆不正乎？經不
> 書閏，此常法也，苟有見焉則書。故文公不告月，葬齊景公，獨著
> 之頌，朔王正之大，前四時易序，而失天正者。二年既無見，今頓
> 置兩閏，又無異文，經果如是乎，杜預之言既非傳所載，則傳之為
> 妄不待攻而破也。〔註41〕

《讀左日鈔》：

> 《釋例》云：魯之司歷，漸失其閏，至此始覺有謬，遂頓置兩閏以
> 應天正，前閏建酉，後閏建戌，劉敞曰：頓置兩閏，眩聽駭俗非人

〔註38〕　〔清〕庫勒納、李光地，《日講春秋解義》（上海：上海人民出版社，1999 年，
　　　　　景印文淵閣四庫全書本）卷26，頁 4。

〔註39〕　〔西晉〕杜預注、〔唐〕孔穎達疏，《春秋左傳注疏》（台北：藝文印書館，2001
　　　　　年，景印清・嘉慶二十年江西南昌府學開雕重刊宋本）卷29〜40，頁 650。

〔註40〕　〔西晉〕杜預注、〔唐〕孔穎達疏，《春秋左傳注疏》（台北：藝文印書館，2001
　　　　　年，景印清・嘉慶二十年江西南昌府學開雕重刊宋本）卷29〜40，頁 643。

〔註41〕　〔北宋〕葉夢得，《春秋三傳讞・春秋左傳讞》（上海：上海人民出版社，1999
　　　　　年，景印文淵閣四庫全書本）卷6，頁 35〜36。

情也。周密曰：杜長曆置閏，疎密不齊，如此年則一歲兩閏，然前此二十一年、二十四年、二十六年皆有閏矣，何緣至此失閏之，再而獨置兩閏乎，此其立法殆不可曉。趙汸曰：傳言司曆過也，蓋指王朝曆官，猶桓十七年傳云：官失之耳。杜以爲魯之司曆，此實承劉歆之誤，劉說見漢志，愚謂長曆既可疑，則經書十二月未必爲誤。〔註42〕

皆認爲杜預按長曆之推算有誤，《左傳》解經有所誤差。

《左傳‧昭公七年》：

四月甲辰朔，日有食之。晉侯問於士文伯曰：「誰將當日食？」對曰：「魯、衛惡之。衛大，魯小。」公曰：「何故？」對曰：「去衛地如魯地，於是有災，魯實受之。其大咎其衛君乎！魯將上卿。」公曰：「《詩》所謂『彼日而食，于何不臧』者，何也？」對曰：「不善政之謂也。國無政，不用善，則自取謫于日月之災，故政不可不愼也。務三而已：一曰擇人，二曰因民，三曰從時。」〔註43〕……十一月，季武子卒。晉侯謂伯瑕曰：「吾所問日食，從矣。可常乎？」對曰：「不可。六物不同，民心不壹，事序不類，官職不則，同始異終，胡可常也？《詩》曰：『或燕燕居息，或憔悴事國』，其異終也如是。」公曰：「何謂六物？」對曰：「歲、時、日、月、星、辰，是謂也。」公曰：「多語寡人辰而莫同，何謂辰？」對曰：「日月之會是謂辰，故以配日。」〔註44〕

《左傳》用分野之說來說明日食將降禍於衛君與魯臣的預言。《左傳》詳細描寫了晉侯與士文伯關於日食是否可以影響人事的對談。透過士文伯說：「國無政，不用善，則自取謫于日月之災，故政不可不愼也。」傳達了天雖有變，卻不會主動及於人的思想，若國無善政才會「自取」災殃。日食爲史官所例書，今年食在朔，是食得其正，並非是異象，《左傳》只是藉由此次的日食與晉國君臣的對話，以天道警惕人事。

〔註42〕〔清〕朱鶴齡，《讀左日鈔》（上海：上海人民出版社，1999年，景印文淵閣四庫全書本）卷7，頁37。

〔註43〕〔西晉〕杜預注、〔唐〕孔穎達疏，《春秋左傳注疏》（台北：藝文印書館，2001年，景印清‧嘉慶二十年江西南昌府學開雕重刊宋本）卷41～53，頁760。

〔註44〕〔西晉〕杜預注、〔唐〕孔穎達疏，《春秋左傳注疏》（台北：藝文印書館，2001年，景印清‧嘉慶二十年江西南昌府學開雕重刊宋本）卷41～53，頁766。

是年十一月應了四月的預言，衛侯、季武子皆卒，晉侯問伯瑕關於日食是否可以經常用於占驗，伯瑕加以否定，與士文伯的說法南轅北轍。伯瑕認爲因爲歲、時、日、月、星、辰六種事物皆有不同，百姓的心志、事情的緩急、官員的優劣都不同，因此便會影響事情的結果，間接的反駁了天數應於人的論點，加強了以人爲本觀念。

《左傳・昭公十七年》：

> 夏，六月甲戌朔，日有食之。祝史請所用幣。昭子曰：「日有食之，天子不舉，伐鼓於社；諸侯用幣於社，伐鼓於朝，禮也。」平子禦之，曰：「止也。唯正月朔，慝未作，日有食之，於是乎有伐鼓用幣，禮也。其餘則否。」大史曰：「在此月也。日過分而未至，三辰有災，於是乎百官降物；君不舉，辟移時；樂奏鼓，祝用幣，史用辭。故〈夏書〉曰：『辰不集于房，瞽奏鼓，嗇夫馳，庶人走』，此月朔之謂也。當夏四月，是謂孟夏。」平子弗從。昭子退，曰：「夫子將有異志，不君君矣。」〔註45〕

日爲陽，是君王的象徵，因此古代的日食發生，象徵著王有災難的預兆。因此當遇到日食時，天子撤盛饌，以示憂患之心，伐鼓於社，以示逐陰救陽；諸侯則用幣帛祭祀於社，以爲祈禱，伐鼓於朝，以示救援，此乃周代禮制。六月甲戌朔，日食，祝史請求祈禱所需的幣帛，以爲祈禱於社之用，昭子認爲此合於禮，平子拒絕此議，認爲只有正月朔，陰氣未作，遇日食，才須伐鼓用幣之禮，今非正月，伐鼓用幣有所不妥。誤會了正月爲年初之正（征）月，不瞭解周代禮法的正月是指當陽之月，因此《詩經・六月》：「正月繁霜。〔註46〕」即周曆的六月，夏曆的四月，而非年初之正（征月），夏曆的四月是陰氣消散殆盡，純陽用事之月，正當人君之象，因此周曆六月和夏曆四月出現日食時，便要伐鼓用幣，以示援救人君，因爲平子不瞭解正月的意義，因此太史便出言糾正：「在此之月……當夏四月，謂之孟夏。」平子堅不肯接受太史的說法，因此昭子認爲他有異志，恐懷有不君君之心，認爲平子不肯發幣祭社，乃見君上受災而幸災樂禍的表現，藉天文以評人事。

〔註45〕 〔西晉〕杜預注、〔唐〕孔穎達疏，《春秋左傳注疏》（台北：藝文印書館，2001年，景印清・嘉慶二十年江西南昌府學開雕重刊宋本）卷41～53，頁834。

〔註46〕 〔漢〕毛亨傳、〔東漢〕鄭玄箋、〔唐〕孔穎達正義，《毛詩注疏》（台北：藝文印書館，2001年，景印清・嘉慶二十年江西南昌府學開雕重刊宋本）卷9～15，〈小雅〉頁393。

《春秋三傳讞‧春秋左傳讞》：

> 昭子之言，天子諸侯之禮是矣，而言用於正月，則太史與平子皆失
> 之。所謂正月者，建巳純陽之月，周之六月、夏之四月也。是時陽
> 已極，而陰未萌，故言慝未作。平子雖知其說而不盡其義，復以周
> 正數之謂，此六月非四月，故太史辨之曰：日過分而未至，謂過春
> 分而未夏至，此言正月則是，而謂禮必行於此月，則非。按夏書辰
> 弗集于房，以季秋言之，則先王之禮不獨在四月，凡食皆舉之矣。
> 經書日食三十六，其言鼓用牲于社者三而已，其二皆在六月，則見
> 襲用太史之言，獨行於建巳之月，為非也，其一在九月，則見其三
> 十三皆不舉，獨此一舉，為得禮以見正也，傳不知此而惑於太史之
> 言，故誤以莊二十五年援之為例，說已見前。〔註47〕

認為先王的禮制不只有在夏四月才舉行，只要是日食都可以行伐鼓用幣之
禮，因為在其他月份也曾有舉行過擊鼓用幣以逐日食之禮，是《左傳》不知
緣由而輕信太史的言論，且引莊公二十五年之例子來解釋，其實並非正確。
而經朱文鑫先生考證，此年的日食，當在周正九月，不在六月。〔註48〕

　　而朝堂之上議事，本就可各抒己見，若以不同之見解來作為忠誠度的參
考，則大可不必。

《左傳‧昭公二十一年》：

> 秋七月壬午朔，日有食之。公問於梓慎曰：「是何物也？禍福何
> 為？」對曰：「二至二分，日有食之，不為災。日月之行也，分，
> 同道也；至，相過也。其他月則為災，陽不克也，故常為水。」
> 於是叔輒哭日食。昭子曰：「子叔將死，非所哭也。」八月，叔輒
> 卒。〔註49〕

昭公問梓慎日食之事，乃因自古便以日食為災象，恐降災於國。二至乃冬至
夏至，二分言春分秋分，梓慎以此四個時間所發生的日食不為災作解釋，因
為日月之行，二分同道，二至相過，同道與相過，日月之體相交，相交則產
生日食，四分四過因為陰陽調和，故不為災，其他月份因陽氣不盛，便會發

〔註47〕　〔北宋〕葉夢得，《春秋三傳讞‧春秋左傳讞》（上海：上海人民出版社，1999
　　　　　年，景印文淵閣四庫全書本）卷8，頁5。
〔註48〕　朱文鑫，《天文考古錄‧春秋日食考》（台北：商務印書館，1982年），頁100。
〔註49〕　〔北宋〕葉夢得，《左傳事緯》（上海：上海人民出版社，1999年，景印文淵
　　　　　閣四庫全書本）卷12，頁32～33。

生水災。梓愼說其他月份則爲災，恐怕有不欲打破神道設教的傳統，因此用陰陽的互動調和來作爲解釋。

但梓愼之說卻多有破綻，《春秋分記》：「劉敞曰：梓愼曰：『二至二分日食不爲災』，非也。《詩》云：『十月之交，朔日辛卯，日有食之，亦孔之醜。』周之十月，夏之仲秋也。若不爲災，曷爲醜之？〔註50〕」而在事實上這也是極其無稽的論述。

《左傳・昭公二十四年》：「夏，五月乙未朔，日有食之。梓愼曰：『將水。』昭子曰：「旱也。日過分而陽猶不克，克必甚，能無旱乎？陽不克莫，將積聚也。〔註51〕」

《春秋輯傳》：「按梓愼、叔孫皆妄測天道，或傳者因時之旱而附會也。日食之示戒遠矣，非爲水旱也，日過分而陽猶不克，克必甚，此流行之氣也，日月陰陽之精也，以精之盛衰相爲虧蝕水旱之故，不相及也。〔註52〕」王樵認爲陰陽精氣的盛衰與虧蝕水旱是不相干的，是梓愼、叔孫甚至是《左傳》的牽強附會之說。《三傳辨疑》：「日食天變也，豈特水旱之應而已乎，左氏蓋見八月大雩，而爲此言耳。〔註53〕」也認爲《左傳》是爲了與八月的大雩相互關連，而將日食天變與水旱相應。《春秋正傳》：「愚謂或以爲水，或以爲旱，水旱之相去遠矣，二子皆臆說也。夫日者太陽之精，日食則陽氣不足，故虧而見食人君，法之宜益修剛德以弭之，此聖人立教之義也，若謂某災祥有某事應乃瞽史之言，非聖人之意也。〔註54〕」此說爲正，聖人是藉虧蝕以正人君朝綱，非以此臆測未來之水旱，故有言以某災祥相應某事者，必非聖人之意。

《左傳・昭公三十一年》：

> 十二月辛亥朔，日有食之。是夜也，趙簡子夢童子臝而轉以歌，旦占諸史墨，曰：「吾夢如是，今而日食，何也？」對曰：「六年及此

〔註50〕〔南宋〕程公說，《春秋分記》（上海：上海人民出版社，1999年，景印文淵閣四庫全書本）卷51，頁22。

〔註51〕〔西晉〕杜預注、〔唐〕孔穎達疏，《春秋左傳注疏》（台北：藝文印書館，2001年，景印清・嘉慶二十年江西南昌府學開雕重刊宋本）卷41～53，頁885。

〔註52〕〔明〕王樵《春秋輯傳》（上海：上海人民出版社，1999年，景印文淵閣四庫全書本）卷11，頁49。

〔註53〕〔元〕程端學，《三傳辨疑》（上海：上海人民出版社，1999年，景印文淵閣四庫全書本）卷18，頁35。

〔註54〕〔明〕湛若水，《春秋正傳》（上海：上海人民出版社，1999年，景印文淵閣四庫全書本）卷32，頁18。

月也，吳其入郢乎！終亦弗克。入郢必以庚辰，日月在辰尾。庚午

之日，日始有謫。火勝金，故弗克。」〔註55〕

辰尾乃龍尾，是東方蒼龍七宿之尾。當日月合朔在蒼龍之尾時，日食現象便會產生。《讀左日鈔》：

謫變氣也，庚午去辛亥四十二日，雖食在辛亥，更以始變爲占，午，南方楚位，庚，金也，疏金爲火妃，夫妻相得而強盛，是楚強之兆，雖被吳入，必不至亡，按辰尾居東吳，在楚東，又楚之讎敵惟吳，故知入郢必吳，金爲火妃，食在辛亥，亥水也，水數六，故知六年此日，吳入郢，午火勝庚金，楚氣猶壯，故知終亦不克，其謂辰在辛亥，而謫始庚午，理不可曉。〔註56〕

用五行的觀念來解釋楚吳的消長，雖言之有理，但查無根據。事實上吳雖強但越在其側，鎮日徇思以滅吳爲其大業，而終至滅吳，而楚雖衰但中國南方唯楚獨霸，吳無秦之地廣強暴，亦無齊之無後顧之憂，縱使楚都暫爲其所得，但國小兵寡，亦不可久留，擄掠而去，徒增兩國怨仇而已，因此吳無力滅楚，不須仰觀天象，稍加思考即可明瞭。

可見日食之時，天昏地暗，人們深受震撼，所以天子不舉盛饌，伐鼓於社以責群陰；諸侯用幣於社，伐鼓於朝以自責，希望藉此使大地重現光明，如果不依此禮進行禳救，就會遭人非議。〔註57〕

第二節　星異

《左傳‧莊公七年》：「夏，恆星不見，夜明也。星隕如雨，與雨偕也。〔註58〕」

夜明而導致恆星看不見，《左傳杜林合注》注曰：「日光不匿故夜明。〔註59〕」

〔註55〕〔西晉〕杜預注、〔唐〕孔穎達疏，《春秋左傳注疏》（台北：藝文印書館，2001年，景印清‧嘉慶二十年江西南昌府學開雕重刊宋本）卷41～53，頁930。
〔註56〕〔清〕朱鶴齡，《讀左日鈔》（上海：上海人民出版社，1999年，景印文淵閣四庫全書本）卷11，頁6。
〔註57〕莊師雅州，〈左傳占星析論〉，（收入《第五屆中國經學國際學術研討會論文集》，台北，政治大學中文系，2009年），頁226。
〔註58〕〔西晉〕杜預注、〔唐〕孔穎達疏，《春秋左傳注疏》（台北：藝文印書館，2001年，景印清‧嘉慶二十年江西南昌府學開雕重刊宋本）卷8～10，頁142。
〔註59〕〔明〕王道焜、趙如源，《左傳杜林合注》（上海：上海人民出版社，1999年，景印文淵閣四庫全書本）卷5，頁8。

古人認為是太陽在夜裡仍未西下，但事實上這是極不可能發生的事，如果將所謂的太陽看成同為恆星的超新星爆炸現象，則較能解釋為何夜裡仍有日光。超新星是指在短時間內亮度突然增大到幾千倍、幾萬倍、甚至幾百萬倍，後來又逐漸回降到原來亮度的恒星。超過原來亮度一千萬倍的新星稱為「超新星」。星隕乃指流星，流星現象的產生是星際空間分布的叫做流星體的細小物體飛進地球大氣層，跟大氣摩擦，燃燒發光而形成。通常所說的流星是指這種短時間發光的流星體。《楚辭‧九辯》：「願寄言夫流星兮，羌儵忽而難當。〔註60〕」而星隕如雨便是流星雨了，是地球在運行中和流星群相遇時，短時間內出現許多流星的現象。因其如下雨一樣，故名。《春秋》記載「夏四月辛卯」是四月初五日。法國的天文數學家俾俄（Jean Baptiste，1774～1862）在《中國流星》推定此為西元前六八七年三月十六日所發生的流星雨，並且斷定此次流星雨為世界上最早的天琴座流星雨之記載。莊師雅州認為超新星距離太遠，不可能使夜為之明，可能是流星雨的緣故，宋代的天關客星也只是在白天能看得到而已。

　　《左傳‧僖公十六年》：「十六年，春，隕石于宋五，隕星也。〔註61〕」《左傳》直言隕石乃為隕星，因為天上不會無故掉下石頭，所隕之石乃是天上之星在運轉時所掉落的碎片，解釋扼要及科學。疏曰：「若直言星也，則嫌是星使石隕故，重言隕星，以明所隕之石即是星也。」

　　《左傳‧文公十四年》：「有星孛入于北斗。周內史叔服曰：『不出七年，宋、齊、晉之君皆將死亂。〔註62〕』」《漢書‧文帝紀》文穎注曰：「孛、彗形象小異，孛星光芒短，其光四出，蓬蓬孛孛也。慧星光芒長，參參如埽彗。〔註63〕」《晉書‧天文志》：「孛亦彗屬，偏只曰彗，芒氣四出曰孛。〔註64〕」而也有人認為彗與孛無區別，清人惠士奇曰：「漢書注，文穎曰：孛星光芒短，其光四出，蓬蓬孛孛，然彗星光芒長，參參如掃帶，《春秋》志孛不志

〔註60〕〔東漢〕王逸注，《楚辭》（上海：商務印書館，1922年，《四部叢刊》上海涵芬樓借江南圖書館藏明繙宋本景印本）卷八，頁29。

〔註61〕〔西晉〕杜預注、〔唐〕孔穎達疏，《春秋左傳注疏》（台北：藝文印書館，2001年，景印清‧嘉慶二十年江西南昌府學開雕重刊宋本）卷12～17，頁235。

〔註62〕〔西晉〕杜預注、〔唐〕孔穎達疏，《春秋左傳注疏》（台北：藝文印書館，2001年，景印清‧嘉慶二十年江西南昌府學開雕重刊宋本）卷18～20，頁335。

〔註63〕〔北宋〕楊侃，《兩漢博聞》（上海：上海人民出版社，1999年，景印文淵閣四庫全書本）卷2，頁13。

〔註64〕〔唐〕房玄齡，《晉書》（上海：上海人民出版社，1999年，景印文淵閣四庫全書本）卷12，頁9。

彗，彗孛實一星，不得妄分長短。〔註65〕」而此顆光芒四射，帶著光亮的彗尾劃過北斗七星周圍的孛星，近世的天文學家多認爲即是著名的哈雷慧星，而查尋世界各國的史書，關於彗星的紀載記錄，均無如此之早，因此《左傳》應是最早紀錄哈雷彗星動向的文獻。自此記錄之後，我國凡是再遇到哈雷彗星出現，古籍上多以「孛」或「茀」稱之。自此到清末，歷二千餘年，我國見於書冊上的哈雷彗星記載，共有三十一次，堪稱世界最完備者。而彗星出，象人之生死，〔元〕程端學認爲：「就歷家之說理，或有之，然必指某事應某事，則泥矣。〔註66〕」

《左傳・昭公十年》：

> 春，王正月，有星出于婺女。鄭裨言於子產曰：「七月戊子，晉君將
> 死。今茲歲在顓頊之虛，姜氏、任氏實守其地，居其維首，而有妖
> 星焉，告邑姜也。邑姜，晉之姚也。天以七紀，戊子逢公以登，星
> 斯於是乎出，吾是以譏之。〔註67〕」

關於客星，莊師雅州曰：「所謂客星，又稱賓星，相當於今之『新星』或『超新星』，是一種爆發型的變星，其亮度驟增幾千倍甚至幾億倍，後來又慢慢減弱，宛如在天空作客一般，其見無期，其行無度，古人以『妖星』目之。〔註68〕「婺女」是二十八宿中的女宿，「顓頊之虛」便是玄枵，魯襄公二十八年所出現的虛宿即指此宿。顓頊住在北國，因此顓頊屬水德，國都的廢墟稱爲「顓頊之虛」，後來的天人感應思想便將玄枵的虛宿稱爲顓頊之虛。《太平御覽》：

> 客星居玄枵之維首邑，姜齊太公女，晉唐叔之母，星占婺女爲既嫁
> 之女，織女爲處女，邑姜齊之既嫁女，妖星在婺女，齊得歲，故知
> 禍歸邑姜，逢公殷諸侯，居齊地者，逢公將死，妖星出婺女，時非
> 歲星所在，故齊自當禍，而以戊子日卒。〔註69〕

〔註65〕〔清〕惠士奇，《惠氏春秋說》（上海：上海人民出版社，1999年，景印文淵閣四庫全書本）卷14，頁23。

〔註66〕〔元〕程端學，《三傳辨疑》（上海：上海人民出版社，1999年，景印文淵閣四庫全書本）卷11，頁25。

〔註67〕〔西晉〕杜預注、〔唐〕孔穎達疏，《春秋左傳注疏》（台北：藝文印書館，2001年，景印清・嘉慶二十年江西南昌府學開雕重刊宋本）卷41～53，頁781。

〔註68〕莊師雅州，〈左傳占星析論〉，刊載於《第五屆中國經學國際學術研討會論文集》（台北：政治大學中文系，2009年），頁227。

〔註69〕〔北宋〕李昉，《太平御覽》（上海：商務印書館，1936年，《四部叢刊》涵芬樓景印中華學藝社借照日本帝室圖書館察京都東福寺東京岩崎氏靜嘉堂文庫藏宋刊本）卷875，頁4。

是以分野的理論以行占卜。

《左傳・昭公十七年》：

> 冬，有星孛于大辰，西及漢。申須曰：「彗所以除舊布新也。天事恆
> 象，今除於火，火出必布焉，諸侯其有火災乎！」梓慎曰：「往年吾
> 見之，是其徵也。火出而見，今茲火出而章，必火入而伏，其居火
> 也久矣，其與不然乎？火出，於夏爲三月，於商爲四月，於周爲五
> 月。夏數得天，若火作，其四國當之，在宋、衛、陳、鄭乎！宋，
> 大辰之虛也；陳，大皡之虛也；鄭，祝融之虛也，皆火房也。星孛
> 及漢，漢，水祥也。衛，顓頊之虛也，故爲帝丘，其星爲大水，水，
> 火之牡也。其以丙子若壬午作乎！水火所以合也。若火入而伏，必
> 以壬午，不過其見之月。」鄭裨灶言於子產曰：「宋、衛、陳、鄭將
> 同日火。若我用瓘斝玉瓚，鄭必不火。」子產弗與。〔註70〕

大辰即心宿，大火星，孛是彗星之屬，其彗尾似掃帚狀，掃帚乃除塵之器，
因此彗星出有除舊佈新之象，大火星位置當二十八宿中的房、心、尾三星的
位置，《春秋》未明言孛星出現在大辰星的哪一個方位，《左傳》指出：「有星
孛于大辰，西及漢。」大辰位在天漢的西方，而今孛星出現在大辰之西，其
彗尾的光束向東射到天漢，因此曰：「即漢。」魯大夫申繻對此天象的看法是
認爲：彗星乃掃帚，掃帚既出，乃有除舊佈新之象，今彗星通過大辰及漢，
乃掃帚將火掃出其該在的本位，火既然被掃出，勢必蔓延散開，散佈於當星
分野的國家，故而此分野的國家勢必遭到火災的劫難，而這些國家即是宋、
衛、陳、鄭。古代好以天象來評斷人事，或以人事來命定天象，太史之官，
其職守在象日月星辰，並以其變異來警惕國君的施政，乃古神道設教的精神，
而其應驗的程度如何，反而是在其次的地位。而子產能體會到其中眞正的意
義，因此才會拒絕裨灶用瓘斝玉瓚以救鄭火的提議。《左傳》天象變異說起，
用分野理論承之，最後再用子產弗與的舉措作結，完整的說明經文只在記災，
而人事的變動乃在人的作爲。

《三傳辨疑》：

> 日星之變，人事所召災禍之來，固非一端，君臣但當改過修德，以
> 消天變耳，必指某事以實之，此漢儒之通弊，左氏見後書宋、齊、

〔註70〕〔西晉〕杜預注、〔唐〕孔穎達疏，《春秋左傳注疏》（台北：藝文印書館，2001
年，景印清・嘉慶二十年江西南昌府學開雕重刊宋本）卷41～53，頁838。

陳、鄭災而遂指以爲言耳，夫四國之災固在其中，而其所以災不止
於此。〔註71〕

《五禮通考》：「以爲天災流行，非禳所息故也。〔註72〕」

　　《左傳・昭公二十六年》：

齊有彗星，齊侯使禳之。晏子曰：「無益也，祇取誣焉。天道不諂，
不貳其命，若之何禳之？且天之有彗也，以除穢也。君無穢德，又
何禳焉？若德之穢，禳之何損？《詩》曰：『惟此文王，小心翼翼。
昭事上帝，聿懷多福。厥德不回，以受方國。』君無違德，方國將
至，何患於彗？《詩》曰：『我無所監，夏后及商。用亂之故，民卒
流亡。』若德回亂，民將流亡，祝、史之爲，無能補也。」公說，
乃止。〔註73〕

疏曰：「傳言齊有此星，而齊侯使禳之，明出齊之分野，出於玄枵之次也。彗
即孛也，文十四年有星孛入于北斗，十七年有星孛于大辰，彼皆書，此不書
者，時魯不見或陰不見。〔註74〕」《春秋三傳讞・春秋左傳讞》：

外災以告則書，星諸國之所共見也，故不待告而見於經，今不見
於經者，杜預以爲出齊之分野，魯不見，故不書。夫安有齊見，
而魯不見者乎？天變亦何嘗限以分野，有星孛于大辰，大辰宋地
也，何爲而亦書乎，彗即孛也，此蓋十七年大辰之變，誤記於此
爾。〔註75〕

疏雖說不書者，時魯不見或陰不見，但魯齊地近，且魯亦無久雨之災，因此
魯不書實乃怪異，故懷疑此年之彗星與昭公十七年同一事也。

　　晏嬰與子產都屬於那個時代的先進者，晏嬰也認爲彗星的出現與國運無
關，國君的德行乾淨無污穢，天命才會依歸。《大學衍義》：「晏子於是知天道
矣，古之應天者，惟有敬德而已，禱禳非所恃也。後世神怪之說，興以爲災

〔註71〕〔元〕程端學，《三傳辨疑》（上海：上海人民出版社，1999年，景印文淵閣
　　　　四庫全書本）卷18，頁5。

〔註72〕〔清〕秦蕙田，《五禮通考》（上海：上海人民出版社，1999年，景印文淵閣
　　　　四庫全書本）卷251，頁10。

〔註73〕〔西晉〕杜預注、〔唐〕孔穎達疏，《春秋左傳注疏》（台北：藝文印書館，2001
　　　　年，景印清・嘉慶二十年江西南昌府學開雕重刊宋本）卷41～53，頁904。

〔註74〕同上注。

〔註75〕〔北宋〕葉夢得，《春秋左傳讞》（上海：上海人民出版社，1999年，景印文
　　　　淵閣四庫全書本）卷8，頁20～21。

異，可以禳而去，於是人主不復有畏天之心，此爲害之大者也。〔註 76〕」此說之見地實爲深刻，晏嬰、子產之論未興於後世，使萬古如長夜。

〔註76〕 〔南宋〕眞德秀，《大學衍義》（上海：上海人民出版社，1999 年，景印文淵閣四庫全書本）卷 29，頁 10。

第五章　左傳中地質地貌災異

　　岩石圈爲人類賴以生存的基地。岩石圈是地球最外層平均厚度約 100000 公尺的帶有彈性的堅硬岩石板塊。由地殼和上地幔頂部組成。岩石圈下面是軟流圈。而中國位於東亞處於六大板塊〔註1〕的歐亞板塊。

　　地表形態的塑造過程也是岩石圈物質的迴圈過程，它們存在的基礎是岩石圈三大類岩石－岩漿岩、變質岩和沉積岩之間的相互變質轉化。

　　於地球內部壓力交互作用下，岩漿沿著岩石圈的薄弱地帶侵入岩石圈上部或沿著裂隙噴出地表，冷卻凝固形成岩漿岩。裸露地表的岩漿岩在風吹、雨打、日曬以及生物作用下，組件崩解成爲礫石、沙子和泥土。這些碎屑被風、流水等搬運後沉積下來，經過固結成岩作用，形成沉積岩。同時，這些已經生成的岩石，在一定的溫度和壓力下發生變質作用，形成變質岩。岩石在岩石圈深處或岩石圈以下發生重熔再生作用，又成爲新的岩漿。岩漿在一定的條件下再次侵入或噴出地表，形成新的岩漿岩，並與其他岩石一起再次接受外力的風化、侵蝕、搬運和堆積。如此，周而復始，使岩石圈的物質處於不斷的迴圈轉化之中。

　　今天放眼所及的山系和盆地，以及流水、冰川、風成地貌等，是岩石圈物質迴圈在地表留下的痕跡。

　　而對於地球岩石圈，除了表面形態外，是無法用肉眼直接觀測到的。它主要由地球的地殼和地幔圈中上地幔的頂部組成，從固體地球表面向下穿過

〔註 1〕岩石圈可分爲 6 大板塊：歐亞板塊、太平洋板塊、美洲板塊、非洲板塊、印度大洋洲板塊、南極洲板塊。還有一些較小板塊鑲嵌其間。板塊邊界有 4 種類型：海嶺洋脊板塊發散帶、島弧海溝板塊消減帶、轉換斷層帶和大陸碰撞帶。

地震波在近 33 公里處所顯示的第一個不連續面〔註2〕，一直延伸到軟流圈為止。岩石圈厚薄不一，平均厚度約為 100 公里。而在這個範圍內的運動會破壞人類賴以立足的岩層和大地面貌，損毀土地資源。這類災異包括地震、火山爆發、土石流、滑坡、崩坍等。而《左傳》中所記載的地質地貌災異則僅限於地震與山崩。

第一節　地震

一、中國最早的地震史料

　　最早記載了中國地區地震的文字是夏朝之前的非信史時代，帝舜三十五〔註3〕年的地震，此記載出於《墨子‧非攻下》：

> 子墨子曰：「子未察吾言之類，未明其故者也。彼非所謂攻，謂誅也。昔者三苗大亂，天命殛之，日妖宵出，雨血三朝，龍生於廟，犬哭乎市，夏冰，地坼及泉，五穀變化，民乃大振。高陽乃命玄宮，禹親把天之瑞令，以征有苗，四電誘祇，有神人面鳥身，若瑾以侍，搤矢有苗之祥，苗師大亂，後乃遂幾。」〔註4〕

《太平御覽》對此次事件也有提到：「墨子曰：『三苗欲滅時，地震泉湧。』

〔註2〕莫氏不連續面（或譯莫霍介面）是地球的地殼與地函的分介面。莫氏不連續面首先在 1909 年由一位克羅埃西亞地震學家莫霍洛維奇（Andrija Mohorovičić）發現。他觀察到地震波（特別是 P 波）在此處波速會突然加快。莫氏不連續面的位置不定，可淺至中洋脊下方約 5 公里處，也可深至大陸地殼下方約 75 公里處。1950 年代晚期到 1960 年代早期之間，美國國家科學基金會（National Science Foundation）執行委員會（executive committee）曾採納一項提案，計畫在海洋的海床上鑽孔以到達此處。這個計畫稱為 Project Mohole。然而，該計畫從來沒有得到足夠的支持，該提案也在 1967 年時被美國國會取消。2007 年 9 月，全球最大的日本海洋探測船「地球號」開始在南海海槽相對較薄的海層勘探，目標將是莫氏不連續面。整項計畫預計到 2012 年完成。

〔註3〕關於此次地震發生的時間，中華人民共和國中國地震歷史資料編輯委員會總編室根據《今本竹書記年》卷上「三十五年，帝命夏后征有苗，有苗氏來朝」，認定地震在帝舜三十五年。《中國地震歷史資料匯編》徵求意見稿終將地震時間定為約公元前 2221 年，由於對待中國第一條地震史料特別慎重，故該書正式出版時地震時間定為約公元前 23 世紀。

〔註4〕〔春秋〕墨翟，《墨子》（上海：商務印書館，1922 年，《四部叢刊》上海涵芬樓景印明嘉靖癸丑刊本）卷5，頁 21～22。

〔註5〕」對於這次地震所發生的確切地點，若從《太平御覽》的紀錄中來推斷，似乎應該在三苗一代，而三苗活動的地區當爲今湖南省的範圍。但有其他學者對於地點持不同的看法，認爲《墨子》所云：「龍生廟，犬哭乎市。」之景，應當發生於國都〔註6〕。帝舜定都於蒲坂，即今山西永濟西南的蒲州。

後者的意見當與事實較爲接近。三苗乃古書上的蠻荒之地。而地震發生時所描述的現象，有許多地方與三苗之地不同。「龍生廟」，是說龍捲風在廟宇附近發生。古代的廟是祭奠祖先之地。遠在4000多年前，黃河流域的文化領先於其他地區，當時的廟宇不僅數量較多，而且也已十分的講究，宇殿高大且粗獷雄偉。經鄭州二里頭文化遺址考證，當時的廟宇大小約有一萬平方公尺。另外還有考據發現，湖南省境內這段時期的考古遺物數量不多，建築大多也比較矮小。「犬哭乎市」中的「市」，乃指「市場」、「集市」之市，顯示已經有一定規模的商業活動。此次事件也可稱之爲中國最早的地震前動物異常現象記載。市場是代表人類社會文明的一個重要標誌。用「廟」、「市」來推論地震發生於夏朝的首都是十分合理的，若將其搬到「三苗」的蠻荒之地，似乎難以圓其說。

而地震並非發生於「三苗」之地的另一個證據是《墨子》：「乃命禹以征有苗……苗師大亂，後乃遂幾。」夏朝定都於山西，禹是從首都或在其他地方接到出征的指示後出發去攻打三苗，因此依照邏輯來看，地震並非發生於「三苗」之地。

令人玩味的地方是，三苗大亂爲何要與地震放在一起？中國古代往往將「天災人禍」歸於一談，將彼此相互關連，最少也有著暗示的作用。而政治與自然災異在時間上接近時，古人便會將其記載於書上，作爲一種證據。「三苗大亂，天命殛之，日妖宵出……」「殛」乃殺也，「三苗」起事，已經引起政權的極大恐慌，接著又是日食地震，更使得人心惶惶不可終日。從現代的角度來看，往往將之責爲「迷信」，但當時的科學技術十分的落後，將彼此無關的天災與人禍混爲一談其實是可以諒解的。

〔註5〕〔北宋〕李昉，《太平御覽》（上海：商務印書館，1936年，《四部叢刊》涵芬樓景印中華學苑社借照日本帝室圖書館藏京都東福寺東京岩崎氏靜嘉堂文庫藏宋刊本）卷880，頁13。

〔註6〕中國地震歷史資料編輯委員會總編室，《中國地震資料匯編》（北京：科學出版社，1980年），卷1。

二、周代的地震思想

中國是世界上地震史料最豐富、最悠久的國家。我國從四千年前便出現了可考的文字記載，自殷代〔註7〕開始，歷代朝廷都設有史官，以輯記國家大事，因科學不發達，對於地震的現象只好迷信的將其視之為天誡。於是，凡疆土之內發生有感的地震，只要感覺到了，史官便當作災祥大事慎重的記載下來，但對於地震的成因卻少有提及。在古代，地震是一種不知來由、無法預測的可怕自然現象，從君王以至庶民習慣地用違反神意，遭神懲罰來加以解釋。可是周幽王的大夫伯陽甫卻用陰陽二氣的運行秩序來說明地震的原因：

> 幽王二年，西周三川皆震。伯陽甫曰：「周將亡矣。夫天地之氣，不
> 失其序，若過其序，民亂之也。陽伏而不能出，陰迫不能烝，於是
> 有地震。今三川實震，是陽失其所而鎮陰，陽失而在陰，川源必塞，
> 源塞，國必亡。夫水土演而民用也，水土無所演，民乏財用，不亡
> 何待？」〔註8〕

明確的提出地震的發生是因為天地的陰陽之氣次序顛倒混亂所致，本來應該升騰的陽氣因為陰氣的壓迫而失其所在處於下位，故而引發了土地的震動。

在《太平御覽》中有提到莊子對地震成因的論述：「莊子曰：『天地非不廣且大也，人所容足耳，又曰海水三歲一周，流波相薄故地動。』〔註9〕」將地震的成因歸之於海水相互激盪所導致，此兩種說法雖其結論缺乏科學的依據，但是主觀的以自然本身的原因來合理化此自然現象，實乃蒙昧時期難能可貴的思想。

三、左傳中的地震

《春秋》經中提到地震的次數有五次，而《左傳》為其注解的次數卻只有一次，《春秋》經第一次記載地震於文公九年（B.C.618），《春秋》：「九月癸酉，地震。」《左傳》對此並沒有注解，而《公羊傳》：「地震者何？動地也，何以書？記異也。〔註10〕」，《穀梁傳》：「震，動也，地不震者也，震，顧謹

〔註7〕 西元前1401年商王庚遷殷，改國號為殷。
〔註8〕 〔東吳〕韋昭注，《國語》（上海：商務印書館，1922年，《四部叢刊》上海涵芬樓借杭州葉氏藏明金李刊本）卷1，頁22。
〔註9〕 〔北宋〕李昉，《太平御覽》（上海：商務印書館，1936年，《四部叢刊》涵芬樓景印中華學藝社借照日本帝室圖書館藏京都東福寺東京岩崎氏靜嘉堂文庫藏宋刊本）卷36，頁14。
〔註10〕 〔東漢〕何休注、〔唐〕徐彥疏，《春秋公羊傳注疏》（台北：藝文印書館，2001年，景印清‧嘉慶二十年江西南昌府學開雕重刊宋本）卷13～14，〈文公〉，頁171。

而日之也。〔註 11〕」地震屬於災異，災異所以示警。因此國家的史官按例必須書於書策，這是從有史以來皆然的作法，不只《春秋》才會記載異象，因為已經載於《春秋》，且並沒有造成嚴重的災害，因此左傳對此沒有注釋是對的，而《公羊傳》、《穀梁傳》也只記異，表示地震並沒有造成損失。《春秋‧襄公十六年》（B.C.557）：「五月甲子，地震。」《左傳》對此並無說法，表示亦沒有造成損害。《春秋‧昭公十九年》（B.C.523）：「己卯，地震。」同樣也沒有說法。《春秋‧昭公二十三年》（B.C.519）：「八月乙未，地震。」《左傳》藉著此一地震預言子朝及敬王之成敗：「八月丁酉，南宮極震。萇弘謂劉文公曰：『君其勉之！先君之力可濟也。周之亡也，其三川震。今西王之大臣亦震，天棄之矣。東王必大克。』」〔註 12〕經書云八月乙未地震，《左傳》云八月丁酉南宮極震，地震相隔了兩日，杜預認為：「經書乙未地動，魯地也，丁酉南宮極震，周地亦震也。」孔穎達認為：「周魯相去千里，故震日不同。」這兩種說法皆非常合理。萇弘因為南宮極之為地震而死，向劉文公（蚡）說：「這一個震象，顯示出了你父親想立王子猛而未果的志向，你可以替你父親努力達成了。在西周幽王將亡的時候，涇水、渭水、洛水三川出現了地震的徵兆，今西王的大臣南宮極也同樣遇震災而死，是上天摒棄西王的徵兆，東王一定能大勝。」因此地震的出現可以應用於預言，地震的出現成了政爭的工具。最後一次《春秋》經記載地震為哀公三年（B.C.429）：「夏四月甲午，地震。」三傳對此皆無看法，可見此一地震也只是一個單純的異象。

四、爲何左傳地震的記載不多

　　《左傳》中出現的地震記載不多，其程度也沒有之前幾個朝代的災情慘烈，造成重大的傷亡，恐怕是因為春秋時的的地層活動較不頻繁。西漢成帝時的大臣梅福曾向皇帝上書曰：「建始以來，日食地震，以率言之，三倍春秋。〔註13〕」建始是漢成帝的第一個年號，從公元前 32 年開始。梅福上書的確切

〔註11〕　〔東晉〕范甯注、〔唐〕楊士勛疏，《春秋穀梁傳注疏》（台北：藝文印書館，2001 年，景印清‧嘉慶二十年江西南昌府學開雕重刊宋本）卷 10～11，〈文公〉，頁 107。

〔註12〕　〔西晉〕杜預注、〔唐〕孔穎達疏，《春秋左傳注疏》，（台北：藝文印書館，2001 年，景印清‧嘉慶二十年江西南昌府學開雕重刊宋本）卷 41～53，〈昭公〉，頁 878。

〔註13〕　〔東漢〕班固，《前漢書》（上海：上海人民出版社，1999 年，景印文淵閣四庫全書本）卷 67，頁 14。

時間，應爲永始三年（公元前 14 年）〔註14〕，而梅福所稱的「三倍」，因無確切的資料可以佐證，因此解釋爲「多倍」理應較爲合理，因爲古代的人對數字的使用較爲寬鬆，常常用「三」、「九」表示多義。

　　梅福會上此書，理應是以《春秋》記載的地震事件，拿來與當時各地官吏向朝廷上報的奏文中所記載的地震互相比較，因此才得出此結果。但另一方面有可能是因爲春秋時期的政府組織鬆散，各地的地震資料無法彙整，且《春秋》經偏重魯史，才顯得春秋時的的地震次數偏少，亦不無可能。但因爲此一觀點是梅福向朝廷正式提出的，並記錄至正史當中，因此這一觀點不僅是梅福的觀點，亦代表當時的官方看法，故而春秋時期的地層活動偏少的可能性似乎相當的大。

第二節　山崩

　　地球的型態處於一直變換的狀況中，因此，中國古代便有相當多的記載，並且對變動的規律性很早就有了認識。《周易‧謙卦‧爻辭》便曾提到：「地道變盈而流謙」〔註15〕這是指山與河、高與下是可以變換的地表型態變化規律。《詩經‧小雅‧十月之交》中記錄了周幽王六年（公元前 776 年）一次激烈的地層變動異象：「燁燁震電，不寧不令。百川沸騰，山冢崒崩。高岸爲谷，深谷爲陵。〔註16〕」因而在古代很早便出現了「滄海桑田」的觀念。到了唐代此觀念便深植人心，被詩人、史學家廣泛的使用。〔註17〕

　　中國古代關於山崩、地裂的現象時有所聞，也較複雜。其造成的原因也有地層內部的原因與外在人爲的因素，不過絕大多數的因素是內部的原因，即地殼的作用力所造成，也是新構造運動的現象。

〔註14〕中國地震歷史資料編輯委員會總編室，《中國地震資料匯編》（北京：科學出版社，1983 年 11 月），卷 1。

〔註15〕〔魏〕王弼注、韓康伯注〔唐〕孔穎達正義，《周易注疏》（台北：藝文印書館，2001 年，景印清‧嘉慶二十年江西南昌府學開雕重刊宋本）卷 2，〈謙〉，頁 47。

〔註16〕〔漢〕毛亨傳、〔東漢〕鄭玄箋、〔唐〕孔穎達正義，《毛詩注疏》（台北：藝文印書館，2001 年，景印清‧嘉慶二十年江西南昌府學開雕重刊宋本）卷 9～15，頁 397。

〔註17〕宋正海、郭永芳、陳瑞平，《中國古代海洋學史》（北京：海洋出版社，1989），頁 145。

一、山川的崇拜

《公羊傳》:「三望者何？望祭也。然則曷祭？祭泰山、河海。曷爲祭泰山、河海？山川有能潤于百里者，天子秩而祭之。觸石而出，膚寸而合，不崇朝而遍雨乎天下者，唯泰山爾。〔註18〕」周天子規定天下山川的等級，以及祭祀規模的隆省與祭品數量的多寡，訂定山川的祭祀權與祭祀的地點。《史記》:「周官曰:『冬日至，祀天於南郊，迎長日之至，夏日至祭地祇，皆用樂舞，而神乃可得而禮也，天子祭天下名山大川、五岳，視三公，四瀆，視諸侯。諸侯祭其疆內名山大川，四瀆者，江、河、淮、濟也。〔註19〕」五岳是指中岳嵩山、東岳泰山、西岳華山、南岳衡山、北岳恆山。而四瀆便是長江、黃河、淮河、濟水。天子祭祀的地點叫做明堂、辟雍，諸侯祭祀的地點叫做泮宮。由此可見，山川祭權爲天子、諸侯所分享，並且等級化、制度化，而卿大夫以下貴族是沒有祭祀山川權力的。〔註20〕

泰山的封禪大典是周天子所獨有的祭權，《左傳・隱公八年》:「鄭伯請釋泰山之祀而祀周公，以泰山之祊易許田。三月，鄭伯使宛來歸祊，不祀泰山也。〔註21〕」楊伯峻先生注曰:「鄭桓公爲周宣王母弟，因賜之以祊，使于天子祭泰山時，爲助祭湯沐之邑。〔註22〕」鄭國交換的理由乃「鄭莊公或者見周王泰山之祀廢棄已久，助祭湯沐之邑無所用之。」證明了最晚到西周宣王時期，周王還有權力行泰山封禪大典。直到周平王東遷洛陽之後，周王室的權勢已大不如前，不時的向諸侯求車、求賵、求金，怎麼可能還有臉面與能力到泰山行祭典。

而諸侯只能祭祀在自己封疆之內的山川。《公羊傳・僖公三十一年》曰:「諸侯山川有不在其封內者，則不祭也。〔註23〕」根據《左傳・哀公六年》:

〔註18〕　〔東漢〕何休注、〔唐〕徐彥疏，《春秋公羊傳注疏》（台北:藝文印書館，2001年，景印清・嘉慶二十年江西南昌府學開雕重刊宋本），卷10～12，〈僖公三十一年〉，頁156。

〔註19〕　〔漢〕司馬遷，《史記》（上海:上海人民出版社，1999年，景印文淵閣四庫全書本）卷28，〈封禪書第六〉，頁3。

〔註20〕　李瑞蘭主編，《中國社會通史・先秦卷》（太原:山西教育出版社，1996年），頁541。

〔註21〕　〔西晉〕杜預注、〔唐〕孔穎達疏，《春秋左傳注疏》（台北:藝文印書館，2001年，景印清・嘉慶二十年江西南昌府學開雕重刊宋本）卷2～4，頁73。

〔註22〕　楊伯峻《春秋左傳注》（台北:洪葉文化事業有限公司，1993年），頁58。

〔註23〕　〔東漢〕何休注、〔唐〕徐彥疏，《春秋公羊傳注疏》（台北:藝文印書館，2001年，景印清・嘉慶二十年江西南昌府學開雕重刊宋本）卷10～12，頁156。

昭王有疾，卜曰：「河爲祟。」王弗祭。大夫請祭諸郊。王曰：「三
代命祀，祭不越望。江、漢、雎、漳，楚之望也。禍福之至，不是
過也。不穀雖不德，河非所獲罪也。」遂弗祭。孔子曰：「楚昭王知
大道矣。其不失國也，宜哉！〈夏書〉曰：『惟彼陶唐，帥彼天常，
有此冀方。今失其行，亂其紀綱，乃滅而亡。』又曰：『允出兹在兹。』
由己率常，可矣。」〔註24〕

　　說明楚王不願違禮越境祭祀，但另一方面也顯示出楚王極度自信，不以鬼神
爲懼。用周代的禮制拒絕群臣的建議，也只是一面擋箭牌，因楚一直想取周
而代之，怎會遵守周朝的禮法。

　　依周代的禮制，卿大夫是沒有祭祀山川的權力。但到了東周，周天子的
控制力已經失控，到了春秋末年，魯國大夫季氏已多有越禮之舉。《論語》：「季
氏旅於泰山。〔註25〕」，「旅」即是當時的一種祭祀名稱。祭祀名山大川，稱
爲旅祭。孔子對於此種僭越的行徑與越禮的作爲，進行的嚴厲的譴責。

　　周代的山川神靈具兩種不同的屬性，一是自然屬性，一是社會屬性。自
然屬性主要是在興雲播雨，《荀子·勸學》曰：「積土成山，風雨興焉。〔註26〕」
《尚書大傳·略說》：「山……出雲風以通乎天地之間，陰陽和會，雨露之澤，
萬物以成，百姓以饗。〔註27〕」《禮記·祭法》：「山林、川谷、丘陵，能出雲，
爲風雨。〔註28〕」《公羊傳·僖公三十一年》：「……觸石而出，膚吋而合，不
崇朝而遍雨乎天下者，爲泰山爾。〔註29〕」意思是說，碰一下石頭，石頭就
從石縫中冒出來，一點一點的匯合在一起，不到一個早晨天下就普降大雨的，
只有泰山而已。《韓詩外傳·卷三》：「夫山者。……出雲道風，縱乎天地之

〔註24〕　〔西晉〕杜預注、〔唐〕孔穎達疏，《春秋左傳注疏》（台北：藝文印書館，
　　　　2001 年，景印清·嘉慶二十年江西南昌府學開雕重刊宋本）卷 57～60，頁
　　　　1007。
〔註25〕　〔魏〕何晏注、〔宋〕邢昺疏，《論語注疏》（台北：藝文印書館，2001 年，景
　　　　印清·嘉慶二十年江西南昌府學開雕重刊宋本）卷 3，〈八佾〉，頁 26。
〔註26〕　〔戰國〕荀況，《荀子》（上海：商務印書館，1922 年，《四部叢刊》上海涵芬
　　　　樓景印古逸叢書本）卷 1，頁 6。
〔註27〕　〔東漢〕鄭玄，《尚書大傳》（上海：商務印書館，1922 年，《四部叢刊》上海
　　　　涵芬樓藏左海文集）卷 5，頁 23。
〔註28〕　〔東漢〕鄭玄注、〔唐〕孔穎達疏，《禮記注疏》（台北：藝文印書館，2001
　　　　年，景印清·嘉慶二十年江西南昌府學開雕重刊宋本）卷 23，頁 796。
〔註29〕　〔東漢〕何休注、〔唐〕徐彥疏，《春秋公羊傳注疏》（台北：藝文印書館，2001
　　　　年，景印清·嘉慶二十年江西南昌府學開雕重刊宋本）卷 10～12，頁 156。

間……。〔註30〕」諸說可證明時人皆認爲山川和雲雨之間有密切的關連。

　　周代山川神靈的社會屬性主要表現爲政治權能與監盟權能。〔註31〕山川神靈的政治權能主要是表現在，山川是國家的根本，山川能左右國家的政治發展。《詩經·大雅·嵩高》曰：「崧高維嶽，駿極于天。維嶽降神，生甫及申。維申及甫，維周之翰。四國于蕃，四方于宣。〔註32〕」仲山甫和申伯都是周宣王的股肱大臣，在中興光復王室的過程中都建有大功，實乃國家的基石。詩中將仲山甫與申伯的出生歸功於是嵩山的降靈，此一說法大概源於自古流傳下來的嵩山崇拜。

　　山川神靈的另一個重要權能便是監盟。以山川爲誓是春秋時期流行的盟誓形式。《左傳·襄公十一年》：

> 秋，七月，同盟于亳。范宣子曰：「不愼，必失諸侯。諸侯道敝而無成，能無貳乎？」乃盟。載書曰：「凡我同盟，毋蘊年，毋壅利，毋保姦，毋留慝，救災患，恤禍亂，同好惡，獎王室。或間茲命，司愼、司盟，名山、名川，群神、群祀，先王、先公，七姓十二國之祖，明神殛之，俾失其民，隊命亡氏，踣其國家。」〔註33〕

《左傳·定公三年》：「蔡侯歸，及漢，執玉而沈，曰：『余所有濟漢而南者，有若大川！〔註34〕』」這都說明了名山大川的神靈與其他眾神都是盟誓的見證人，名山大川在當時既有監督諸侯貴族的作用，同時又有懲罰違背誓言之人的權力。

二、左傳中的山崩

　　《春秋》對於山崩的記載共二次，《左傳》都有對《春秋》的記載加以解說。《春秋·僖公十四年》（B.C.646）：「秋八月辛卯，沙鹿崩。」《左傳》：「秋，

〔註30〕　〔漢〕韓嬰，《韓詩外傳》（上海：商務印書館，1922年，《四部叢刊》上海涵芬樓藏明沈氏野竹齋刊本）卷3，頁32。

〔註31〕　李瑞蘭主編，《中國社會通史·先秦卷》（太原：山西教育出版社，1996年），頁543。

〔註32〕　〔漢〕毛亨傳、〔東漢〕鄭玄箋、〔唐〕孔穎達正義《毛詩注疏》（台北：藝文印書館，2001年，景印清·嘉慶二十年江西南昌府學開雕重刊宋本）卷16～18，頁659。

〔註33〕　〔西晉〕杜預注、〔唐〕孔穎達疏，《春秋左傳注疏》（台北：藝文印書館，2001年，景印清·嘉慶二十年江西南昌府學開雕重刊宋本）卷29～40，頁545。

〔註34〕　〔西晉〕杜預注、〔唐〕孔穎達疏，《春秋左傳注疏》（台北：藝文印書館，2001年，景印清·嘉慶二十年江西南昌府學開雕重刊宋本）卷54～56，頁944。

八月辛卯，沙鹿崩。晉卜偃曰：『期年將有大咎，幾亡國。』」杜預注曰：「沙鹿，山名，陽平元城縣東有沙鹿土山，在晉地災，害繫於所災所害，故不繫國。」左傳本文未明說沙鹿是否在晉地，而用晉卜偃為暗示。而卜偃所說：「將有大咎，幾亡國」，乃明指明年的秦晉韓原之戰，晉侯為秦軍所捕獲。而卜偃所言乃為預言，是《左傳》的浮誇之筆，之後雖然成真，但也只能將其視為迷信，而無必然之關係。

另一次的山崩發生於成公五年（B.C.586），《春秋》只單純的紀錄：「梁山崩。」《左傳》卻記載了一名默默無聞的平民藉著此事，客觀且平實的道出了山崩的原因與為君之道：

> 梁山崩，晉侯以傳召伯宗。伯宗辟重，曰：「辟傳！」重人曰：「待我，不如捷之速也。」問其所。曰：「絳人也。」問絳事焉。曰：「梁山崩，將召伯宗謀之。」問將若之何。曰：「山有朽壞而崩，可若何？國主山川，故山崩川竭，君為之不舉、降服、乘縵、徹樂、出次，祝幣，史辭以禮焉。其如此而已。雖伯宗，若之何？」伯宗請見之。不可。遂以告，而從之。〔註35〕

梁山在晉境，梁山崩塌，晉侯以傳車召伯宗諮詢因應的方法。當伯宗乘著傳車前往時，路上遇到大車阻道，乃命令其避開。此時庶人的回答不卑不亢、善於機變，因此引起了伯宗的好奇，認為此人必不簡單，因此向其徵詢如何與君王對應。而這位以壓送重車為業的下層平民居然能知道山崩川竭是自然的現象，不將其導因於鬼神禍福之說，認為國君遇到此事只須減繕撤樂、降服出居，令祝陳玉帛，史告自責之辭，以禮祭之即可。《三傳辨疑》：「左氏載絳人之語，於禮文備矣。而未紀其實。夫降服、乘縵、徹樂、出次、祝幣、史辭六者禮之文也。古之遭變異而外為此文者，必有恐懼修省欲銷去之實也，徒舉其文，而無實以先之，何足以弭災變乎。〔註36〕」《左傳》雖未言其實，但是否也是因為瞭解山崩與修省之道無涉，故而不提，並且從此人口中得知這次的山崩並未造成嚴重的災害，因此國君能做的也只有如此而已。此外，對此自然的現象，伯宗又有何辦法？伯宗聽後便要引見此人，卻被此人拒絕，

〔註35〕〔西晉〕杜預注、〔唐〕孔穎達疏，《春秋左傳注疏》（台北：藝文印書館，2001年，景印清・嘉慶二十年江西南昌府學開雕重刊宋本）卷25～28，〈成公〉，頁439。

〔註36〕〔元〕程端學，《三傳辨疑》（上海：上海人民出版社，1999年，景印文淵閣四庫全書本）卷13，頁17～18。

但伯宗依其言告晉侯，晉侯也從善如流。雖然這只是一個小小的事件，但卻可以看出當時也有有識之平民、正直的貴族、與善納之君，並非事事以鬼神為先。可見當時的晉國能在春秋時期稱霸多時並非沒有道理，因晉國自國君已至平民皆有一定的水準。孟子也曾說過：「是故知命者，不立乎巖牆之下。〔註37〕」顯見當時對於崩塌的現象並不為怪。

〔註37〕〔東漢〕趙岐注、〔宋〕孫奭疏，《孟子注疏》（台北：藝文印書館，2001年，景印清・嘉慶二十年江西南昌府學開雕重刊宋本）卷13，〈盡心上〉，頁228。

第六章 左傳中的氣象水文災異

　　水是大氣層中對生物最為重要也極度活躍的元素，也是造成氣象水文災害的的最主要角色。大氣圈與水圈中所產生的水災、旱災、風災、冰災、雪災、雹災、雷災以及海洋的災害，全都與水脫不開關係，而且相互滲透，彼此激發。

第一節　氣象崇拜

一、風神的崇拜

　　當時的人對風的認識各不相同。從諸子的看法中可知一二。《莊子・逍遙遊》：「夫大塊噫氣，其名為風。〔註1〕」《淮南子・天文篇》：「天之偏氣，怒者為風。〔註2〕」

　　風的種類也有多種，《爾雅・釋天》：「南風謂之凱風，東風謂之谷風，北風謂之涼風，西風謂之泰風。〔註3〕」將風分為四個方向。《淮南子・墜形篇》：「何謂八風？東北曰炎風，東方曰條風，東南曰景風，南方曰巨風，西南曰涼風，西方曰颶風，西北曰麗風，北方曰寒風。〔註4〕」《左傳・隱公五年》：

〔註1〕〔西晉〕郭象注，《南華真經》（上海：商務印書館，1922年，《四部叢刊》上海涵芬藏名世德堂刊本）卷1，頁37。

〔註2〕〔漢〕劉安等撰，《淮南子》（上海：商務印書館，1922年，《四部叢刊》上海涵芬樓景印劉泖生影寫北宋本）卷3，頁2。

〔註3〕〔西晉〕郭璞注、〔北宋〕邢昺疏，《爾雅注疏》（台北：藝文印書館，2001年，景印清・嘉慶二十年江西南昌府學開雕重刊宋本）卷6，頁96。

〔註4〕〔漢〕劉安等撰，《淮南子》（上海：商務印書館，1922年，《四部叢刊》上海涵芬樓景印劉泖生影寫北宋本）卷4，頁2～3。

「九月，考仲子之宮將萬焉。公問羽數於众仲。對曰：『天子用八，諸侯用六，大夫四，士二。夫舞所以節八音而行八風，故自八以下。』公從之。於是初獻六羽－始用六佾也。〔註 5〕」杜預注曰：「八方之風，謂東方谷風，東南清明風，南方凱風，西南涼風。西方閶闔風，西北不周風，北方廣莫風，東北方融風。」《呂氏春秋・有始覽》：「何謂八風？東北曰炎風，東方曰滔風，東南曰熏風，南方曰巨風，西南曰凄風，西方曰飂風，西北曰厲風，北方曰寒風。〔註6〕」八方的風有不同稱謂，四季的風亦分明，可知在當時的觀念中，風是富於變化的。

而風又是如何產生的？《楚辭・九章・悲回風》中有「依風穴以自息兮。〔註7〕」的詩句。「風穴」一詞，黃壽祺先生、梅桐生先生注：「神話中有飄風居住的地方。〔註8〕」《淮南子・覽冥篇》曰：「羽翼弱水，暮宿風穴。〔註9〕」這裡的「風穴」是指「北方寒風從地出也。」

周人眼中風也跟人一樣，有善惡兩種性格。對季節風而言，春風是代表善的。《禮記・月令》：「孟春之月……東風解凍。〔註10〕」東風使結冰的河流解凍，萬物得以復生。就方位而言，南風也被認為是善的，正所謂：「南風長養，萬物喜樂，故曰凱風。〔註11〕」〈樂記〉言：『昔者舜作五絃之琴，以歌南風。〔註12〕』《孔子家語・辯樂》亦說：「昔者舜彈五弦之琴，造南風之詩。其詩曰：『南風之薰兮，可以解吾民之慍兮；南風之時兮，可以阜吾民之財兮。』」鄭玄注曰：「南風，長養之風也。」相反的，風也能給人們帶來災害。周武王伐紂時，曾遭大風折蓋。《史記・天官書》：「風從南方來，大旱；西南，小旱；

〔註 5〕 〔西晉〕杜預注、〔唐〕孔穎達疏，《春秋左傳注疏》（台北：藝文印書館，2001年，景印清・嘉慶二十年江西南昌府學開雕重刊宋本）卷 2～4，〈隱公〉，頁61。

〔註 6〕 〔魏〕王肅，《孔子家語》（上海：商務印書館，1922 年，《四部叢刊》上海涵芬樓借江南圖書館藏明繙宋本景印本）卷8，頁 13。

〔註 7〕 〔東漢〕王逸注，《楚辭》（上海：商務印書館，1922 年，《四部叢刊》上海涵芬樓借江南圖書館藏明繙宋本景印本）卷8，頁 84。

〔註 8〕 黃壽祺，《楚辭全釋》（貴陽：貴州人民出版社，1984 年）頁 44。

〔註 9〕 〔漢〕劉安等撰，《淮南子》（上海：商務印書館，1922 年，《四部叢刊》上海涵芬樓景印劉泖生影寫北宋本）卷 6，頁 9。

〔註10〕 〔明〕黃道周，《月令明義》（上海：上海人民出版社，1999 年，景印文淵閣四庫全書本）卷首，頁 1～2。

〔註11〕 《詩經・邶風・凱風》「正義」引《爾雅》李巡注。

〔註12〕 〔東漢〕鄭玄注、〔唐〕孔穎達疏，《禮記注疏》（台北：藝文印書館，2001年，景印清・嘉慶二十年江西南昌府學開雕重刊宋本）卷 19 卷，頁 672。

西方，有兵；西北，戎菽爲，小雨，趣兵；北方，爲中歲；東北，爲上歲；東方，大水；東南，民有疾疫，歲惡。〔註13〕」皆是其例。

　　正因風有善惡二體，人們對其崇敬，卻又怕受其害。也因其有善惡，便認爲風定爲神靈所操控，因而形成的風神的觀念。〔註14〕既然風爲神靈，則必有其名。烏丙安先生：「古典文獻早有風師、風伯、風姨」〔註15〕，另外還有飛廉、山獳等。風師，謂箕星之神。古人認爲，箕星閃爍不定時，便會起風。《星經》：「箕四星，天子后也，箕后動，有風期三日也。」而月亮也是改變風向的一個要素，當月亮運行到箕星的位置時，也會風起沙揚。《孫子兵法・火攻篇》：「月在箕、壁、翼也，凡此四宿者，風起之日也。」事實上天體是無法直接影響地球大氣的運作的，只是天體運行的規律正好配合著節氣的轉換，經過長期經驗的累積，古人便認爲箕星能預知風的起落，故奉之爲司風之神。《春秋緯》：「月離于箕風揚沙，故知風神箕也。〔註16〕」

　　關於風伯的記載頗多。《韓非子・十過》：「昔者黃帝合鬼神于西泰山之上，……風伯進掃。〔註17〕」《山海經・大荒北經》：「蚩尤作兵伐黃帝。黃帝乃令應龍攻之冀州之野。應龍畜水。蚩尤請風伯雨師縱大風雨。〔註18〕」《淮南子・本經篇》：「（羿）繳大風於青丘之澤。〔註19〕」高誘注：「大風、風伯也，能壞人屋舍，羿于青丘之澤繳遮使不爲害也。」

　　飛廉，一般認爲是古代楚人的風神，其主體形象爲鳥。〔註20〕《楚辭・離騷》：「後飛廉使奔屬。〔註21〕」王逸注曰：「飛廉，風伯也。」，可知飛廉也是風伯一類的掌風之神。洪興祖補注：「應劭曰：『飛廉，神禽，能致風雲。』

〔註13〕〔漢〕司馬遷，《史記》（上海：上海人民出版社，1999年，景印文淵閣四庫全書本）卷27，頁43。

〔註14〕何星亮，《中國自然神與自然崇拜》（上海：上海三聯書店，1995年），頁311。

〔註15〕烏丙安，《中國民間信仰》（上海：上海人民出版社，1995年），頁32。

〔註16〕〔南宋〕王應麟，《六經天文編》（上海：上海人民出版社，1999年，景印文淵閣四庫全書本）卷下，頁27。

〔註17〕〔戰國〕韓非，《韓非子》（上海：商務印書館，1922年，《四部叢刊》上海涵芬樓藏黃蕘圃校宋本）卷3，頁5。

〔註18〕〔西晉〕郭璞注，《山海經》（上海：商務印書館，1922年，《四部叢刊》上海涵芬樓借江安傅氏雙鑑樓藏明成化庚寅刊本）卷17，頁7。

〔註19〕〔漢〕劉安等撰，《淮南子》（上海：商務印書館，1922年，《四部叢刊》上海涵芬樓景印劉泖生影寫北宋本）卷8，頁10。

〔註20〕何星亮，《中國自然神與自然崇拜》（上海：上海三聯書店，1995年），頁313。

〔註21〕〔東漢〕王逸注《楚辭》，（上海：商務印書館，1922年，《四部叢刊》上海涵芬樓借江南圖書館藏明繙宋本景印本）卷1，頁57。

晉灼曰：『飛廉鹿身，頭如雀，有角，而蛇尾豹文。』」

　　山**獋**的形象是人頭犬身，亦爲古代的風神之一。《山海經・北山經》：「有獸焉，其狀如犬而人面，善投，見人則笑，其名曰山**獋**，其行如風，見則天下大風。〔註22〕」另《山海經圖贊・北山經圖贊》也曰：「行如矢激，是惟氣精，出則風作。〔註23〕」

　　古人對抗風神的方式便是殺牲畜來祭祀風神。《周禮・大宗伯》鄭玄注曰：「披磔牲以祭，若今時磔狗祭以止風。〔註24〕」《公羊傳・僖公三十一年》正義引李巡曰：「祭風以牲頭蹄及皮破之以祭，故曰磔。〔註25〕」《本草剛目》：「白鷄左翅燒灰，揚之，風立至；以黑犬皮毛燒灰，揚之，風立止也。〔註26〕」這種巫術的儀式正是藉著殺死風神神犬或其同類來震攝風神，希望令風神因憐憫自己的同類而停止風害。

二、雲神的崇拜

　　《周易・乾》：「大哉乾元！……雲行雨施，品物流行。〔註27〕」，展現出在原始時代，人們經過多年的觀察，認識到雲與雨有密不可分的因果關係，自然界因雲而生雨，而雨水又催生了萬物。故雲雨對當時賴以維生的農牧產業有著絕對的影響力。

　　既然雲能生雨而滋養萬物，故雲也一定有著神靈的影子，因此便有了擬人化的雲神。周代的雲神名爲「中君」。此名出自《楚辭・九歌》。顏師古在《漢書》中注曰：「雲中君謂雲神也。〔註28〕」而屈原之作《雲中君》一篇即

〔註22〕　〔西晉〕郭璞注，《山海經》（上海：商務印書館，1922年，《四部叢刊》上海涵芬樓借江安傅氏雙鑑樓藏明成化庚寅刊本）卷3，頁9。

〔註23〕　〔北宋〕李昉，《太平御覽》（上海：商務印書館，1936年，《四部叢刊》涵芬樓景印中華學苑社借照日本帝室圖書館寮京都東福寺東京岩崎氏靜嘉堂文庫藏宋刊本）卷912，頁10。

〔註24〕　〔東漢〕鄭玄注、〔唐〕賈公彥疏，《周禮注疏》（台北：藝文印書館，2001年，景印清・嘉慶二十年江西南昌府學開雕重刊宋本）卷17～27，頁267。

〔註25〕　〔東漢〕鄭玄注、〔唐〕賈公彥疏，《周禮注疏》（台北：藝文印書館，2001年，景印清・嘉慶二十年江西南昌府學開雕重刊宋本）卷28～33，〈夏官司馬第四〉，頁456。

〔註26〕　〔明〕李時珍《本草剛目》（上海：上海人民出版社，1999年，景印文淵閣四庫全書本）卷48，頁15。

〔註27〕　〔魏〕王弼注、韓康伯注〔唐〕孔穎達正義《周易注疏》，（台北：藝文印書館，2001年，景印清・嘉慶二十年江西南昌府學開雕重刊宋本）卷1，頁2。

〔註28〕　〔東漢〕班固，《前漢書》（上海：上海人民出版社，1999年，景印文淵閣四庫全書本）卷25上，頁19。

爲祭祀雲神的作品。

雲神又有其他的別名如：「豐隆」、「雲師」、「屏翳」等。《楚辭‧九歌‧雲中君》王逸注曰：「雲神，豐隆也。〔註 29〕」《楚辭‧離騷》：「吾令豐隆乘雲兮〔註 30〕」注曰：「豐隆，雲師」洪祖興《楚辭補注》：「雲神，豐隆也，一曰屏翳。〔註 31〕」雲中君的形象《楚辭‧九歌‧雲中君》中有詳細的描述：

> 浴蘭湯兮沐芳，華采衣兮若英。靈連蜷兮既留，爛昭昭兮未央。蹇將憺兮壽宮，與日月兮齊光。龍駕兮帝服，聊翱游兮周章。靈皇皇兮既降，焱遠舉兮雲中。覽冀州兮有餘，橫四海兮焉窮。思夫君兮太息，極勞心兮忡忡。〔註 32〕

雲中君是傳說中的神名。出現於《楚辭‧九歌》及《漢書‧郊祀志上》。雖然字面上稱之爲雲中的神，但歷代對其身份，諸說不一。王逸、顏師古注謂爲雲神，王闓運《楚辭釋》謂爲雲夢澤水神，郭沫若《九歌今譯》謂爲女神，姜亮夫《屈原賦校注》謂爲月神。〔註 33〕

三、雨神的崇拜

周代以農業爲生計，植物的生長非水不可，按時的下雨供給是極爲重要的，故雨神的崇拜在周代便成爲最重要也是最大眾化的一種崇拜。

《爾雅‧釋天》：「久雨謂之淫。〔註 34〕」《爾雅‧釋天》：「甘雨時降，萬物以嘉。〔註 35〕」說明了下雨的雨量多寡是很重要的，雨多便會造成水災，雨少便會成旱，適量可使萬物滋長。《詩經‧小雅‧信南山》：「既優既渥，既

〔註 29〕　〔東漢〕王逸注《楚辭》，（上海：商務印書館，1922 年，《四部叢刊》上海涵芬樓借江南圖書館藏明繙宋本景印本）卷 2，頁 11。

〔註 30〕　〔東漢〕王逸注《楚辭》，（上海：商務印書館，1922 年，《四部叢刊》上海涵芬樓借江南圖書館藏明繙宋本景印本）卷 1，頁 63。

〔註 31〕　〔東漢〕王逸注《楚辭》，（上海：商務印書館，1922 年，《四部叢刊》上海涵芬樓借江南圖書館藏明繙宋本景印本）卷 2，頁 11。

〔註 32〕　〔明〕陳第，《屈宋古音義》（上海：上海人民出版社，1999 年，景印文淵閣四庫全書本）卷 2，頁 18。

〔註 33〕　《漢語大詞典》，（香港：商務印書館有限公司，2003 年，繁體 2.0 版）「雲中君」條目。

〔註 34〕　〔西晉〕郭璞注、〔宋〕邢昺疏，《爾雅注疏》（台北：藝文印書館，2001 年，景印清‧嘉慶二十年江西南昌府學開雕重刊宋本）卷 6，頁 96。

〔註 35〕　〔東漢〕王逸注《楚辭》，（上海：商務印書館，1922 年，《四部叢刊》上海涵芬樓借江南圖書館藏明繙宋本景印本）卷 2，頁 11。

霑既足，生我百穀。〔註36〕」顯見周代的人對雨水與農作物之間的關係已經非常的清楚，察覺到雨水對農作物的關鍵性，唯有適當的雨水，方能提供農作物良好的生長環境。

但風調雨順的好年畢竟不是常態，這也就引導了周人往神靈主宰了雨水的方向去探索思考。故而雨神、雷神的形象便栩栩如生的出現，而這掌管下雨的神靈除了人形之外多為動物的形象。

（一）人類形

《山海經・海外東經》：「雨師妾在其北。〔註37〕」郭璞注：「雨師，謂屏翳也。」《左傳・昭公十八年》：「禳火于玄冥、回祿。〔註38〕」杜預注：「玄冥，水神。」張衡《思玄賦》：「前長離使拂羽兮，委水衡乎玄冥。〔註39〕」但應劭《風俗通・祀典・雨師》卻說其為雨師〔註40〕，可見雨神與水神之關係非常密切，也往往是不分的。《楚辭・天問》：「蓱號起雨。〔註41〕」王逸注：「蓱，蓱翳，雨師名也……言雨師號呼，則雲起而雨下。」《史記・留侯世家》：「願棄人間事，欲從赤松子游耳。〔註42〕」《列仙傳》：「神農時雨師也，能入火自燒，崑崙山上隨風雨上下也。〔註43〕」這些都是傳說中成人形的雨神，他們共同的稱號都為「雨師」。

（二）龍蛇形

《淮南子・墜形篇》：「黃龍入藏生黃泉，黃泉之埃上為黃雲。」，「青龍

〔註36〕　〔漢〕毛亨傳、〔東漢〕鄭玄箋、〔唐〕孔穎達正義，《毛詩注疏》（台北：藝文印書館，2001年，景印清・嘉慶二十年江西南昌府學開雕重刊宋本）卷9～15，頁454。

〔註37〕　〔西晉〕郭璞注，《山海經》（上海：商務印書館，1922年，《四部叢刊》上海涵芬樓借江安傅氏雙鑑樓藏明成化庚寅刊本）卷9，頁4。

〔註38〕　〔西晉〕杜預注、〔唐〕孔穎達疏，《春秋左傳注疏》（台北：藝文印書館，2001年，景印清・嘉慶二十年江西南昌府學開雕重刊宋本）卷41～53，頁840。

〔註39〕　〔南朝梁〕蕭統編，《六臣註文選》（上海：商務印書館，1922年，《四部叢刊》上海涵芬樓藏宋刊本）卷15，頁39。

〔註40〕　〔東漢〕應劭，《風俗通》（上海：商務印書館，1922年，《四部叢刊》上海涵芬樓借印古里瞿氏鐵琴銅劍樓藏元大德刊本）卷8，頁8。

〔註41〕　〔東漢〕王逸注，《楚辭》（上海：商務印書館，1922年，《四部叢刊》上海涵芬樓借江南圖書館藏明繙宋本景印本）卷3，頁35。

〔註42〕　〔漢〕司馬遷，《史記》（上海：上海人民出版社，1999年，景印文淵閣四庫全書本）卷55，15頁。

〔註43〕　〔漢〕劉向，《列仙傳》（上海：上海人民出版社，1999年，景印文淵閣四庫全書本）卷上，頁1。

入藏生青泉，青泉之埃上爲青雲。……赤龍入藏生赤泉，赤泉之埃上爲赤雲。」「白龍入藏生白泉，白泉之埃上爲白雲。」「玄龍入藏生玄泉，玄泉之埃上爲玄雲。」〔註44〕說明了民間相信龍是天上的水與地面上之水的聯繫者，可以將地上的水輸送到天上，再將天上的水灑落地面。〔註45〕而下雨時天上所出現曲折如蛇形的雷電，或許也可以解釋爲何龍的身軀與蛇相同。

（三）蝦蟆

蛙類動物是兩棲類，對水特別的依賴。因其用皮膚呼吸，因此對空氣中濕度的變化特別的敏感，故對下雨前空氣中濕度陡增的現象反應明顯，每每於下雨前大量出現活動。當時的人不明就裡，將下雨前的蛙鳴當作對雨神的呼喚。西漢《焦氏易林》中提到：「蝦蟆群聚，從天請雨；雲雷疾聚，應時輒下，得其願所。〔註46〕」此現象跟求雨的祭祀雷同，因此蝦蟆便被當能呼風喚雨的動物神靈。

（四）豬

豬會被當成雨水之神也是跟牠的行爲舉止有關。《詩經・小雅・漸漸之石》：「有豕白蹢，烝涉波矣。月離于畢，俾滂沱矣。〔註47〕」意思是說白蹄子的大肥豬，群體跑到水裡的時候，月亮便會靠近畢星，大雨也跟著滂沱而下。顯示周代的人已知道豬有喜於淤泥中浴身的習慣，而唯有下大雨才能產生淤泥，故而將豬的此行爲與下雨做了連結。《淮南子・本經篇》：「禽封豨於桑林。〔註48〕」高誘注：「封豨，大豕，楚人謂豕爲豨也。」丁山先生認爲：「羿封豨，即殺淫雨之神。〔註49〕」聞一多先生、孫作雲先生都認爲：「河伯就是封豨，河之伯以豬爲名。〔註50〕」

〔註44〕 〔漢〕劉安等撰，《淮南子》（上海：商務印書館，1922 年，《四部叢刊》上海涵芬樓景印劉泖生影寫北宋本）卷 4，頁 21～22。

〔註45〕 何星亮，《中國自然神與自然崇拜》（上海：上海三聯書店，1992 年），頁 272。

〔註46〕 〔漢〕焦贛，《焦氏易林》（上海：商務印書館，1922 年，《四部叢刊》涵芬樓借印北京圖書館藏元刊殘本烏程蔣氏密韻樓藏影元寫本）卷 7，頁 136。

〔註47〕 〔漢〕毛亨傳、〔東漢〕鄭玄箋、〔唐〕孔穎達正義，《毛詩注疏》（台北：藝文印書館，2001 年，景印清・嘉慶二十年江西南昌府學開雕重刊宋本）卷 9～15，頁 522。

〔註48〕 〔漢〕劉安等撰，《淮南子》（上海：商務印書館，1922 年，《四部叢刊》上海涵芬樓景印劉泖生影寫北宋本）卷 8，頁 10。

〔註49〕 丁山，《中國古代宗教與神話考》（上海：龍門聯合書局，1961 年），頁 268。

〔註50〕 聞一多，《古典新義》（上海：上海古籍出版社，1954 年）頁 49。
孫作雲，《后羿傳說叢考》（收入《中國學報》第 3～5 期，1944 年）卷 1。

第二節　水文災害

一、水災

上古時代，人類的生產力不高，當時的人大多只能進行採集、漁獵與初階的農業活動，在生活上常常受到自然界萬物的威脅，諸如洪水與猛獸等，都能致人於死，人類只能進行消極的防禦，因此《孟子・滕文公下》：「昔者禹抑洪水而天下平，周公兼夷狄、驅猛獸而百姓寧。〔註 51〕」故而有「洪水猛獸」的成語。

（一）春秋前的水患

中國最早文字記載的的大規模水災記載可以追溯到西元前二十一世紀的帝堯時期。在當時黃河流域便已開始了經常性的氾濫，《尚書・堯典》：「湯湯洪水方割，蕩蕩懷山襄陵，浩浩滔天。〔註 52〕」《孟子・滕文公上》：「當堯之時，天下猶未平，洪水橫流，氾濫於天下。〔註 53〕」洪水來勢洶洶，漫山遍野而來，滔天的濁浪沖倒房屋，淹沒大片的莊稼，人群和牲畜當然也無法倖免於難。《孟子・滕文公上》：「禹疏九河，瀹濟、漯而注諸海；決汝、漢，排淮、泗，而注之江，然後中國可得而食也。當是時也，禹八年於外，三過其門而不入。〔註 54〕」大禹解決了水患，成了人人世代稱頌的英雄。

雖然大禹是傳說中的人物，但從史料中幾乎可確定在四千多年前中國確實經歷了一場巨大的水災。《管子・山權數》：「湯七年旱，禹五年水，民之無糴賣子者。〔註 55〕」《墨子・七患》：「禹七年水。〔註 56〕」《孟子・

〔註51〕〔東漢〕趙岐注、〔宋〕孫奭疏，《孟子注疏》（台北：藝文印書館，2001年，景印清・嘉慶二十年江西南昌府學開雕重刊宋本）卷6，頁117。

〔註52〕〔漢〕孔安國傳、〔唐〕孔穎達疏，《尚書注疏》（台北：藝文印書館，2001年，景印清・嘉慶二十年江西南昌府學開雕重刊宋本）卷二，〈虞書・堯典〉，頁21。

〔註53〕〔東漢〕趙岐注、〔宋〕孫奭疏，《孟子注疏》（台北：藝文印書館，2001年，景印清・嘉慶二十年江西南昌府學開雕重刊宋本）卷5，頁97。

〔註54〕〔東漢〕趙岐注、〔宋〕孫奭疏，《孟子注疏》（台北：藝文印書館，2001年，景印清・嘉慶二十年江西南昌府學開雕重刊宋本）卷5，頁97。

〔註55〕〔唐〕房玄齡注，《管子》（上海：商務印書館，1922年，《四部叢刊》上海涵芬樓借常熟瞿氏鐵琴銅劍樓藏宋刊本景印本）卷22，頁18。

〔註56〕〔春秋〕墨翟，《墨子》（上海：商務印書館，1922年，《四部叢刊》上海涵芬樓景印明嘉靖癸丑刊本）卷1，頁23。

滕文公上》：「禹八年於外，三過其門而不入。〔註57〕」《莊子‧秋水》：「禹之時，十年九潦。〔註58〕」《荀子‧富國》：「禹十年水。〔註59〕」《太平御覽》：「禹於是疏河決江，十年不闚其家。〔註60〕」《史記‧夏本紀》：「禹傷先人父鯀功之不成受誅，乃勞身焦思居外十三年，過家門不敢。〔註61〕」《史記‧河渠書》：「禹抑洪水十三年，三過家不入門。〔註62〕」雖然各書所記載的災害時間多有出入，但顯示出了洪水滔天的時間持續很久，若再加上堯帝命鯀治水的時間，《史記‧夏本紀》：「用鯀治水九年，而水不息，功用不成。〔註63〕」可知夏禹洪水期肆虐了頗長的一段時日，乃至堯、舜、禹數代人的時間。而大禹的治水行動也面臨了相當艱鉅困境，並耗費了巨大的人、物力與時間。

　　到了商代水災亦造成了王朝的災難，對人群聚集的城市造成了毀滅性的打擊。商代的王朝首都遷徙非常頻繁，可能的原因之一便是爲了躲避黃河的水患。雖然確切的原因至今無人知曉，但躲避洪水似乎也是一個合理的懷疑。《水經注》：「帝祖乙自相徙此爲河所毀，故書敘曰：『祖乙圮于耿。』杜預曰：『平陽皮氏，縣東南，耿鄉是也。盤庚以耿在河北，迫近山川，乃自耿遷亳』〔註64〕」，耿（邢，今河南溫縣東），一說耿是祖乙所立的都城，可知殷人的祖先曾經因爲河水氾濫而毀壞都城，嚴重到不得不遷移都市的程度。

〔註57〕　〔東漢〕趙岐注、〔宋〕孫奭疏，《孟子注疏》（台北：藝文印書館，2001年，景印清‧嘉慶二十年江西南昌府學開雕重刊宋本）卷5，頁97。

〔註58〕　〔西晉〕郭象注，《南華眞經》（上海：商務印書館，1922年，《四部叢刊》上海涵芬藏名世德堂刊本）卷6，頁50。

〔註59〕　〔戰國〕荀況，《荀子》（上海：商務印書館，1922年，《四部叢刊》上海涵芬樓景印古逸叢書本）卷6，頁36。

〔註60〕　〔北宋〕李昉，《太平御覽》（上海：商務印書館，1936年，《四部叢刊》涵芬樓景印中華學藝社借照日本帝室圖書館寮京都東福寺東京岩崎氏靜嘉堂文庫藏宋刊本）卷82，頁10。

〔註61〕　〔漢〕司馬遷，《史記》（上海：上海人民出版社，1999年，景印文淵閣四庫全書本）卷2，頁3。

〔註62〕　〔清〕胡渭，《禹貢錐指》（上海：上海人民出版社，1999年，景印文淵閣四庫全書本）卷1，頁15。

〔註63〕　〔漢〕司馬遷，《史記》（上海：上海人民出版社，1999年，景印文淵閣四庫全書本）卷2，頁2。

〔註64〕　〔北魏〕酈道元，《水經注》（上海：商務印書館，1922年，《四部叢刊》上海涵芬樓景印武英殿聚珍版本）卷83，頁14。

　　《太平御覽》：「自契至于成湯，八遷，湯始居亳（河南鄭州）。〔註65〕」
時間約西元前 1568。《太平御覽》：「《紀年》曰：『仲丁即位，元年，自亳遷于
囂。』《帝王世紀》曰：『仲丁陟囂，或曰敖，今河南之敖倉是也。〔註66〕」
第九代國王仲丁即位後又行遷都，遷至今河南滎陽，時間約西元前 1542 年。
到了第十二代國王《太平御覽》：「《紀年》曰：『河亶甲整即位，自囂遷于相。
〔註67〕」地點約在河南內黃東南，時間約西元前 1533 年。第十三代國王《太
平御覽》：「《紀年》曰：『祖乙勝即位，是爲中宗，居庇。〔註68〕」庇在今山
東費縣，時間約西元 1440 年。第十七代國王《太平御覽》：「《紀年》曰：『南
庚更自庇遷于奄。〔註 69〕」，奄乃今山東曲阜。商朝的最後一次遷都是在盤
庚，《太平御覽》：「《書》曰：『盤庚五遷，將治亳殷。〔註 70〕」時間約在西
元前 1384 年。遷都的過程中，盤庚曾經對臣民發表過三次的談話，《尚書‧
盤庚》即是演講的紀錄。《尚書‧盤庚》：「盤庚作，惟涉河以民遷。〔註71〕」
說明了盤庚帶領臣民從奄渡過黃河，遷移到殷。《尚書‧盤庚》：「爾惟自鞠自
苦：若乘舟，汝弗濟，臭厥載。爾忱不屬，惟胥以沈。不其或稽，自怒曷瘳？
汝不謀長，以思乃災；汝誕勸憂。〔註72〕」其中提到了乘舟渡河，雖是比喻，

〔註65〕〔北宋〕李昉，《太平御覽》（上海：商務印書館，1936 年，《四部叢刊》涵芬
　　　　樓景印中華學藝社借照日本帝室圖書館察京都東福寺東京岩崎氏靜嘉堂文庫
　　　　藏宋刊本）卷83，頁 5。

〔註66〕〔北宋〕李昉，《太平御覽》（上海：商務印書館，1936 年，《四部叢刊》涵芬
　　　　樓景印中華學藝社借照日本帝室圖書館察京都東福寺東京岩崎氏靜嘉堂文庫
　　　　藏宋刊本）卷83，頁 13。

〔註67〕〔北宋〕李昉，《太平御覽》（上海：商務印書館，1936 年，《四部叢刊》涵芬
　　　　樓景印中華學藝社借照日本帝室圖書館察京都東福寺東京岩崎氏靜嘉堂文庫
　　　　藏宋刊本）卷83，頁 14。

〔註68〕〔北宋〕李昉，《太平御覽》（上海：商務印書館，1936 年，《四部叢刊》涵芬
　　　　樓景印中華學藝社借照日本帝室圖書館察京都東福寺東京岩崎氏靜嘉堂文庫
　　　　藏宋刊本）卷83，頁 14。

〔註69〕〔北宋〕李昉，《太平御覽》（上海：商務印書館，1936 年，《四部叢刊》涵芬
　　　　樓景印中華學藝社借照日本帝室圖書館察京都東福寺東京岩崎氏靜嘉堂文庫
　　　　藏宋刊本）卷83，頁 15。

〔註70〕〔北宋〕李昉，《太平御覽》（上海：商務印書館，1936 年，《四部叢刊》涵芬
　　　　樓景印中華學藝社借照日本帝室圖書館察京都東福寺東京岩崎氏靜嘉堂文庫
　　　　藏宋刊本）卷83，頁 16。

〔註71〕〔漢〕孔安國傳、〔唐〕孔穎達疏，《尚書注疏》（台北：藝文印書館，2001
　　　　年，景印清‧嘉慶二十年江西南昌府學開雕重刊宋本）卷9，〈商書〉，頁 129。

〔註72〕〔漢〕孔安國傳、〔唐〕孔穎達疏，《尚書注疏》（台北：藝文印書館，2001
　　　　年，景印清‧嘉慶二十年江西南昌府學開雕重刊宋本）卷9，〈商書〉，頁 130。

但可能是指原屬地奄邑所遭受的水患，因此盤庚才急於遷都。有脫離水災，遷移到遠遠的北方去的意思。〔註73〕

商人活動的範圍多在今黃河下游的山東、河南一帶。出土的殷代甲骨文中有一卜辭說：「洹弗其作茲邑禍。」洹，水名。《山海經‧北山經》：「又北三百里，曰神囷之山……黃水出焉，而東流注于洹。〔註74〕」從甲古文卜辭中可得知洹河經常造成災患，造成了商王的的憂慮，深怕下一個受害的城是就是這個都城。甲骨文中的「災」字的字樣，就顯示出了人們對水火的懼怕。另外可以從商代甲古文上所留下的卜問水災的卜辭文字上得到證明，「丙子卜，爭貞；寮于河沈五牛。」，牛在上古時代雖尚未用於耕作，但亦是重要且稀有的食物來源，為了得到神靈的保佑居然需要「沈五牛」以作為祭祀的祭品，可見當時水患危害之巨。商代由於初步的城市聚落形成，人口開始集中於某些地方，因此水災對社會的破壞逐漸加劇。

春秋戰國時期，因為書寫記錄工具的進步，關於水災的記載逐漸增加，黃河第一次改道始於周定王五年（西元前 602 年）。《春秋大事表》：「周定王五年，河徙自宿胥口，東行漯川，與禹河故道南北相去幾四百里，案定王五年己未為魯宣公七年。〔註75〕」《五禮通考》：「周定王五年，河徙之後，禹河故道堙廢。〔註76〕」《治河奏績書》：「定王五年，河徙砱礫，此河失故道之始也。〔註77〕」《河防一覽》：

> 禹以治河稱神，而自夏及商為年不甚久遠，而盤庚遂有播遷之患，至周定王五年以後，則或南或北遷徙不常，而馴欲以區區隄壩之工遂為長久之策乎。且自河南而上，秦晉之間，何嘗有隄哉，任之而已，馴應之曰：「成功不難，守成為難，使禹之成業世世守之，盤庚不必遷也，周定王以後河必不南徙也，人亡歲久王迹熄，而文獻無

〔註73〕 顧頡剛、劉起釪，《〈盤庚〉三篇校釋譯論》，（北京：《歷史學》，1979 年）創刊號，頁 40～63。

〔註74〕 〔西晉〕郭璞注，《山海經》（上海：商務印書館，1922 年，《四部叢刊》上海涵芬樓借江安傅氏雙鑑樓藏明成化庚寅刊本）卷 3，頁 2。

〔註75〕 〔清〕顧棟高，《春秋大事表》（上海：上海人民出版社，1999 年，景印文淵閣四庫全書本）卷 8 下，頁 35。

〔註76〕 〔清〕秦蕙田，《五禮通考》（上海：上海人民出版社，1999 年，景印文淵閣四庫全書本）卷 201，頁 10。

〔註77〕 〔清〕靳輔，《治河奏績書》（上海：上海人民出版社，1999 年，景印文淵閣四庫全書本）卷 1，頁 41。

徵，故業毀。而意見雜出，又何怪乎河之無常也。」〔註78〕
可知自夏至周水患從無止息，而商人遷都，與水患有關應無疑義。

（二）左傳中的水災

《桓公・元年》：「秋，大水。凡平原出水為大水。〔註79〕」認為水淹平地就可謂大水。因此《春秋》：「秋大水。〔註80〕」並非單純的只出現巨大的水流，而是大水造成災害。

1、水災與農業

《左傳・莊公七年》：「秋大水，秋，無麥、苗，不害佳穀也。〔註81〕」周代曆法的秋天，即是夏曆的夏天，大水指洪水或水災。《管子・七臣七主》：「四者俱犯，則陰陽不和，風雨不時，大水漂州流邑。〔註82〕」《禮記・月令》：「季秋行夏令，則其國大水。〔註83〕」孔穎達疏：「其國大水，天災。」苗為尚未開花結實的禾類植物。《詩經・王風・黍離》：「彼黍離離，彼稷之苗。〔註84〕」孔穎達疏：「苗，謂禾未秀。」《公羊傳・莊公七年》：「無麥苗，無苗。〔註85〕」何休注：「苗者，禾也。生曰苗，秀曰禾。」孟子曰：「宋人有閔其苗之不長而揠之者。〔註86〕」便是其解。《左傳》曰：「不害嘉穀也。〔註87〕」杜預注：「黍稷尚可更種，故曰不害嘉穀。」說明了雖然麥與苗皆

〔註78〕〔明〕潘季馴，《河防一覽》（上海：上海人民出版社，1999 年，景印文淵閣四庫全書本）卷 2，頁 40。

〔註79〕〔西晉〕杜預注、〔唐〕孔穎達疏，《春秋左傳注疏》（台北：藝文印書館，2001年，景印清・嘉慶二十年江西南昌府學開雕重刊宋本）卷 5～7，頁 88。

〔註80〕同上注。

〔註81〕〔西晉〕杜預注、〔唐〕孔穎達疏，《春秋左傳注疏》（台北：藝文印書館，2001年，景印清・嘉慶二十年江西南昌府學開雕重刊宋本）卷 8～10，頁 142。

〔註82〕〔唐〕房玄齡注，《管子》（上海：商務印書館，1922 年，《四部叢刊》上海涵芬樓借常熟翟氏鐵琴銅劍樓藏宋刊本景印本）卷 17，頁 5。

〔註83〕〔東漢〕鄭玄注、〔唐〕孔穎達疏，《禮記注疏》（台北：藝文印書館，2001年，景印清・嘉慶二十年江西南昌府學開雕重刊宋本）卷 6，頁 338。

〔註84〕〔漢〕毛亨傳、〔東漢〕鄭玄箋、〔唐〕孔穎達正義，《毛詩注疏》（台北：藝文印書館，2001 年，景印清・嘉慶二十年江西南昌府學開雕重刊宋本）卷 4，頁 147。

〔註85〕〔東漢〕何休注、〔唐〕徐彥疏，《春秋公羊傳注疏》（台北：藝文印書館，2001年，景印清・嘉慶二十年江西南昌府學開雕重刊宋本）卷 6～9，頁 81。

〔註86〕〔東漢〕趙岐注、〔宋〕孫奭疏，《孟子注疏》（台北：藝文印書館，2001 年，景印清・嘉慶二十年江西南昌府學開雕重刊宋本）卷 3，〈公孫丑上〉，頁 53。

〔註87〕〔西晉〕杜預注、〔唐〕孔穎達疏，《春秋左傳注疏》（台北：藝文印書館，2001年，景印清・嘉慶二十年江西南昌府學開雕重刊宋本）卷 8～10，頁 142。

受大水淹沒，但受災比較嚴重的是麥，而黍稷因為才剛初生，雖然也同樣遭殃，但仍然可以補種，於年歲並無大害，之後仍可收成，故曰不害嘉穀。《春秋三傳讞》：

> 周之秋，夏之建午、建未、建申之月也。建午麥之已成，建未、建申稻之苗而欲秀之時也。而水敗之，故書無麥苗，無者盡而不餘之辭也，安得為不害嘉穀哉？杜預謂黍稷尚可更種，按九穀皆穀也，而經獨記麥苗，則非此二穀不足言豐凶盈虛矣，不害嘉穀非經書本意也。〔註88〕

葉夢得認為《左傳》並沒有清楚的傳達經書的意思，在當時水災仍然造成的農業重大的災害。

2、國際間的弔問

《左傳・莊公十一年》：

> 秋，宋大水。公使弔焉，曰：「天作淫雨，害於粢盛，若之何不弔？」對曰：「孤實不敬，天降之災，又以為君憂，拜命之辱。」臧文仲曰：「宋其興乎！禹、湯罪己，其興也悖焉；桀、紂罪人，其亡也忽焉。且列國有凶，稱孤，禮也。言懼而名禮，其庶乎！」既而聞之曰公子御說之辭也。臧孫達曰：「是宜為君，有恤民之心。〔註89〕」

《左傳》說明了此次的大水，乃是因為大雨宣洩不及而造成的水災，連要用來盛於祭器內的穀物都有損害，更遑論一般人民的莊稼，可知宋國此次災情之慘重。魯莊公前去弔問，以明「外災不書」，此次是因為魯莊公弔災恤鄰之故，才見於史冊，用側敘的方式來表達經義。宋國與魯國之間曾發生糾紛，魯莊公藉宋災前去慰問，證明了莊公不計前仇。宋閔公也依禮答謝，用凶禮時的稱謂自稱，孔穎達疏：「無凶則常稱寡人，有凶則稱孤也。」雖此語乃公子御教宋閔公的，但也顯示出宋閔公肯納建言，公子御有愛護體恤百姓之心，也為公子御之後的成功即位埋下伏筆。

3、水災與祭祀

《左傳・莊公二十五》：「秋，大水，鼓、用牲于社、于門，亦非常也。

〔註88〕〔北宋〕葉夢得，《春秋三傳讞・春秋左傳讞》（上海：上海人民出版社，1999年，景印文淵閣四庫全書本）卷2，頁16。

〔註89〕〔西晉〕杜預注、〔唐〕孔穎達疏，《春秋左傳注疏》（台北：藝文印書館，2001年，景印清・嘉慶二十年江西南昌府學開雕重刊宋本），卷8～10，頁152。

凡天災，有幣，無牲。非日、月之眚不鼓。〔註90〕」用幣是請命之禮，請命之禮是請求保全生命或解除困苦的祭祀。《尚書·湯誥》：「聿求元聖，與之戮力，以與爾有眾請命。〔註91〕」孔傳：「謂伊尹放桀，除民之穢，是請命。」用牲是享神之儀。因此《左傳》認爲若遭天災只能夠用幣爲民請命，不應該用牲來享神。《五禮通考》：

> 天災日月食大水也，祈請而已，不用牲也，疏傳言亦非常，亦上日食也，天之見異，所以譴告人君，欲改過修善，非爲求人飲食，既遇天災，隨時即告，唯當請告而已，是故有幣無牲，若乃亢旱，歷時霖雨不止，然後禱祀羣神，求弭災沴者，設禮以祭，祭必有牲，詩〈雲漢〉之篇，美宣王爲旱禱，請自郊徂宮無所不祭，云靡神不舉，靡愛斯牲，是其爲旱禱祭皆用牲也，祭法曰埋少牢。於泰昭，祭時也，相近於坎壇祭寒暑也，王宮祭日也，夜明祭月也，幽禜祭星也，雩禜祭水旱也，鄭云凡此以下皆祭用少牢，寒暑不時則或禳之，或祈之，是說祈禱之祭皆用牲。〔註92〕

伐鼓是兵象，日食時伐鼓於社，是爲了助陽氣攻陰氣，而水災時伐鼓是爲了攻何？因此才說「非日、月之眚不鼓。」《五禮通考》：「眚猶災也，月侵日爲陰陽逆順之事，賢聖所重，故特鼓之，疏周禮大僕職云，凡軍旅田役，贊王鼓，救日月亦如之是，日食月食皆有鼓也。〔註93〕」因此《左傳》認爲經書的書法，與辛未朔日食鼓，用牲於社同樣是譏諷莊公非禮，因此說：「亦非常也。」

4、軍事與水災

《左傳·襄公二十四年》：「會于夷儀，將以伐齊。水，不克。〔註94〕」晉平公和魯、宋、衛、鄭、曹、莒、邾、滕、薛、杞、小邾等十一個諸侯國

〔註90〕 〔西晉〕杜預注、〔唐〕孔穎達疏，《春秋左傳注疏》（台北：藝文印書館，2001年，景印清·嘉慶二十年江西南昌府學開雕重刊宋本），卷8～10，頁174。

〔註91〕 〔漢〕孔安國傳、〔唐〕孔穎達疏，《尚書注疏》（台北：藝文印書館，2001年，景印清·嘉慶二十年江西南昌府學開雕重刊宋本）卷8，頁112。

〔註92〕 〔清〕秦蕙田，《五禮通考》（上海：上海人民出版社，1999年，景印文淵閣四庫全書本）卷22，頁24。

〔註93〕 〔清〕秦蕙田，《五禮通考》（上海：上海人民出版社，1999年，景印文淵閣四庫全書本）卷22，頁25。

〔註94〕 〔清〕秦蕙田，《五禮通考》（上海：上海人民出版社，1999年，景印文淵閣四庫全書本）卷22，頁24。

在夷儀會見，準備向齊國進攻。最後由於大水的緣故，導致此軍事行動的失敗。《左傳》關與此次大水的記載，只單純的說明影響了軍事，對於其他方面的影響則沒提，顯然有些怪異。《春秋究遺》：「傳將以伐齊，水不克。按晉是時國勢不競，其會而不伐者，蓋有所畏耳。曰水不克者乃其掩飾之詞。〔註95〕」《春秋闕疑》：

> 高氏曰：「自盟于柯陵之後，齊有輕晉之心，會齊侯環卒，而光新立，乃受盟于澶淵及商任，沙隨之會晉失其令，齊于是不實，明年乃伐衛，遂伐晉，又再加兵于莒，晉侯于是爲夷儀之會，帥十二國諸侯之師將以討齊，然會而不伐是有畏也，國勢不競，眾志不一也。曰水不克者，特辭不能伐耳，下言崔杼伐我北鄙，蓋知晉之無能爲故也。」〔註96〕

相對於《左傳》的支吾其詞，以上的說法似乎較爲可能。

二、旱災

　　中國位於亞洲東部的季風帶，受到東南太平洋暖濕氣流與亞洲北方高氣壓寒流的交互作用，乾旱與不時發生的洪水災害折磨著此處的眾多生民，也是最大的災異種類之一。中國記錄乾旱，洪澇有相當的歷史，不僅時代久遠，也連綿不斷。歷代的史官收集、整理與分析歷史上關於自然災害的資料，認識了乾旱與洪澇之間的規律，並利用這些資料來編定曆法，預測旱澇的時間，以利農民的耕作。

　　中國關於乾旱的記載出現得很早。約距今4000年前的帝堯時期便有旱災的紀錄。當時因缺少文字的記載，故而這些災異起先都是通過口耳相傳一代一代的保存下來。只記載災害情形的傳說往往因爲十分的簡略，故而流傳不易。而有些既有災情，而其中又夾雜著故事的傳說不僅引人注目，也相當容易流傳下來。這些流傳下來得傳說既有乾旱對人的生活形成威脅的敘述，也有人類在對抗乾旱時奮鬥不懈的過程，呈現出中華先民的智勇雙全，不屈不饒的精神。

〔註95〕　〔清〕葉酉，《春秋究遺》（上海：上海人民出版社，1999年，景印文淵閣四庫全書本）卷12，頁19。

〔註96〕　〔元〕鄭玉，《春秋闕疑》（上海：上海人民出版社，1999年，景印文淵閣四庫全書本）卷32，頁16～17。

（一）春秋前的旱災

時間最早，也最普遍的乾旱傳說非「后羿射日」莫屬，漢初《淮南子·本經篇》記載：

> 逮至堯之時，十日並出，焦禾稼，殺草木，而民無所食。猰貐、鑿
> 齒、九嬰、大風、封豨、修蛇皆為民害。堯乃使羿誅鑿齒于疇華之
> 野，殺九嬰于凶水之上，繳大風於青丘之澤，上射十日而下殺猰貐，
> 斷修蛇於洞庭，禽封豨于桑林。萬民皆喜。置堯以為天子。〔註97〕

這是敘述帝堯命令后羿解除旱災的經過，只是過程太過荒誕，堯時，東方
的天帝帝俊之妻羲和生了十個兒子，而他們是太陽。一時間天空忽然變成
了太陽的世界，因為太陽充斥了天上的所有方位，因此地面上再也看不到
任何的草木。土地也因此被烤焦了，禾苗被曬乾枯了，連銅鐵之類的金屬
與砂石也幾近融化。當然人們也被曬得喘不過氣來，血液也快因此而沸騰
了，想當然爾地上其他的食物也所剩無幾。人們飢餓萬分，幾乎要崩潰了。
在森林中的怪禽猛獸當然忍受不了這如同火焰般的溫度，紛紛從森林中和
沸騰的沼澤間飛奔而出，戕害同樣受苦的人們。帝堯因不忍其民受此煎熬，
故而向天帝禱告。天帝帝俊也因為受不了其兒子的種種惡行，終於派了一
個神射手后羿下凡來處理這件事情。后羿拈弓搭箭，向著天空因恐懼而四
處亂竄的太陽持續放箭，最後只留下了一個太陽，為生民誅鋤惡害。之後
又一一的殺死了造成危害的怪禽猛獸，讓人們重新安居樂業，故而得到了
天下人民的歌頌。〔註98〕

到了商朝根據《竹書紀年》上的記載，在商湯十九年（約公元前1400年）
開始發生了連年的旱災：

> 十九年大旱，氐羌來賓。二十年大旱，夏桀卒于亭山，禁歌舞。二
> 十一年大旱，鑄金幣。二十二年大旱。二十三年大旱。二十四年大
> 旱，王禱于桑林雨。〔註99〕

這是我國最早的乾旱紀錄。旱情接連著六年，中間還沒有間斷，想必造成相
當大的災情，可說亙古未遇。

〔註97〕〔漢〕劉安等撰，《淮南子》（上海：商務印書館，1922年，《四部叢刊》上海
涵芬樓景印劉泖生影寫北宋本）卷8，頁9～10。

〔註98〕袁珂，《中國古代神話》（北京：中華書局，1960年），頁173～184。

〔註99〕〔南朝梁〕沈約注，《竹書紀年》（上海：商務印書館，1922年，《四部叢刊》
上海涵芬樓影印天一閣刊本）卷上，頁43。

　　到了周朝周宣王時期（公元前 827～前 782 年）《詩經》中的一首祭雨詩〈雲漢〉：

　　倬彼雲漢，昭回于天。王曰：於乎！何辜今之人？天降喪亂，饑
　　饉薦臻。靡神不舉，靡愛斯牲。圭璧既卒，寧莫我聽！旱既太甚，
　　蘊隆蟲蟲。不殄禋祀，自郊徂宮。上下奠瘞，靡神不宗。后稷不
　　克，上帝不臨；耗斁下土，寧丁我躬！旱既太甚，則不可推。兢
　　兢業業，如霆如雷。周餘黎民，靡有孑遺。昊天上帝，則不我遺。
　　胡不相畏？先祖于摧。旱既太甚，則不可沮。赫赫炎炎，云我無
　　所。大命近止，靡瞻靡顧。群公先正，則不我助。父母先祖，胡
　　寧忍予？旱既太甚，滌滌山川。旱魃為虐，如惔如焚。我心憚暑，
　　憂心如薰。群公先正，則不我聞。昊天上帝，寧俾我遯！旱既太
　　甚，黽勉畏去。胡寧瘨我以旱？憯不知其故。祈年孔夙，方社不
　　莫。昊天上帝，則不我虞。敬恭明神，宜無悔怒。旱既太甚，散
　　無友紀。鞫哉庶正，疚哉冢宰。趣馬師氏，膳夫左右；靡人不周，
　　無不能止。瞻卬昊天，云如何里？瞻卬昊天，有嘒其星。大夫君
　　子，昭假無贏。大命近止，無棄爾成。何求為我？以戾庶正。瞻
　　卬昊天，曷惠其寧？〔註 100〕

詩中描述了「旱魃為虐，如惔如焚」、「旱既太甚，蘊隆蟲蟲」等等的嚴重災
情。詩的作者面對這一場殘酷的旱情悲劇，抒發其對上帝與眾神靈愛恨交加
的痛苦心情。

　　《竹書紀年》中也有相關的記載，周宣王「二十五年大旱，王禱于郊廟
遂雨。〔註 101〕」，從中可得知其時應為公元前 803 年。這篇祭文也許是周宣王
「禱于郊廟」時所做。〔註 102〕

（二）左傳中的旱災

　　《春秋》經中提到旱災的次數有二十九次，《左傳》只記錄了十一次，其
中僖公十九年（B.C.641）的災害是有傳無經。

〔註 100〕〔漢〕毛亨傳、〔東漢〕鄭玄箋、〔唐〕孔穎達正義，《毛詩注疏》（台北：藝
　　　　文印書館，2001 年，景印清‧嘉慶二十年江西南昌府學開雕重刊宋本）卷 16
　　　　～18，頁 653。
〔註 101〕〔南朝梁〕沈約注，《竹書紀年》（上海：商務印書館，1922 年，《四部叢刊》
　　　　上海涵芬樓影印天一閣刊本）卷下，頁 26。
〔註 102〕王友蘭，《中國無神論史資料匯編‧先秦篇》（北京：中華書局，1983 年）。

1、雩祭與旱災的關係

雩祭是用來求雨的專門祭祀。在周代，雩祭是非常重要的一門祭典。《禮記・祭法》：

> 燔柴於泰壇，祭天也；瘞埋於泰折，祭地也；用騂犢。埋少牢於泰昭，祭時也；相近於坎壇，祭寒暑也。王宮，祭日也；夜明，祭月也；幽宗，祭星也；雩宗，祭水旱也；四坎壇，祭四時也。山林、川谷、丘陵，能出雲爲風雨，見怪物，皆曰神。有天下者，祭百神。諸侯在其地則祭之，亡其地則不祭。〔註103〕

雩祭與祭天、地、星辰、鬼神、萬物並列，顯見其重要性。關於雩祭的起源在《山海經・大荒北經》中曾提到在上古之時，旱是由於黃帝的女兒「魃」所造成的。據說黃帝和蚩尤作戰的時候，蚩尤掀起一場大風雨，使黃帝抵擋不住，就把住在天上的女兒「魃」叫了下來，她止住了狂風暴雨，於是殺了蚩尤。魃也用盡了神力，不能再上天，所居住的地方一點雨也沒有。黃帝知道了，把她安置在赤水的北邊。魃不安本分，時時逃亡，到處騷擾。想要驅逐她的，便設下禁咒向她祝告道：「神呀，回到北方妳的故居去罷！」事先清除水道，疏通大小溝瀆；據說這樣做了，往往便能得到大雨。〔註104〕

關於雩祭，杜佑的《通典》有詳細的論述：

> 周制，月令：建巳月，大雩五方上帝。《春秋左氏傳》曰：「龍見而雩。」角亢見時，周之六月，陽氣盛，恆旱，故雩。雩之爲言遠也，遠爲百穀以祈膏雨。其壇名曰雩榮，〈祭法〉曰：「雩榮祭水旱。」鄭云：「雩榮，水旱壇。」於南郊之傍。雩祭天地，故從陽位。以總五天，不可偏在四方，故於南郊。配以五人帝。太昊配青帝，炎帝配赤帝，軒轅配黃帝，少昊配白帝，顓頊配黑帝。命樂正習盛樂，〈月令〉云：「仲夏樂師修鞀鞞鼓，均琴瑟管簫，執干戚戈羽，調竽笙箎簧，飭鐘磬柷敔而俱作。」故曰盛樂也。箎音池。舞皇舞。析白羽爲之，形如帗也。舞師云：「教皇舞，帥而舞旱暵之事。」暵，呼旱反。〈月令〉：「命有司爲民祈祀山川百源、百辟卿士有益於民者，以祈穀實。」天子雩上帝，諸侯雩山川。卿士謂古之上公以下，若句

〔註103〕〔東漢〕鄭玄注、〔唐〕孔穎達疏，《禮記注疏》（台北：藝文印書館，2001年，景印清・嘉慶二十年江西南昌府學開雕重刊宋本）卷23，頁796。
〔註104〕袁珂，《山海經校譯》（上海：上海古籍出版社，1985年），頁295。

龍、社稷之類也。何休注春秋公羊傳曰：「旱則君親之南郊，以六事謝過自責：政不善歟？人失職歟？宮室崇歟？婦謁盛歟？苞苴行歟？讒夫昌歟？使童男童女各八人而呼雩也。」按〈月令〉本出於《管子》，即周時人也。至秦呂不韋編爲《呂氏春秋》，漢戴聖又取集成《禮記》，徵其根本，並周制。若國大旱，則司巫帥巫而舞雩。注云：「雩，旱祭也。天子於上帝，諸侯於上公之神。」若旱暵，則女巫舞雩。雩，呼嗟求雨之祭。使女巫舞，旱祭崇陰也。鄭司農云：「求雨用女巫。」故〈檀弓〉曰：「歲旱，繆公召縣子而問曰：『吾欲暴巫，奚若？』曰：『天則不雨，而望之愚婦人，無乃已疏乎！』」《左傳》曰：「龍見而雩。」謂建巳之月，蒼龍宿之體，昏見東方，萬物始盛，待雨而大，故祭天，遠爲百穀祈膏雨。《公羊傳》曰：「言雩則旱見，言旱則雩不見。」皆善人君能感懼天災，應變求索，憂人之急，非四時常祭。不雩則言旱，旱而不害物則言大雩，言大雩則大旱可知也。《穀梁傳》曰：「雩得雨曰雩，不得雨曰旱。」〈禮〉云「龍見而雩」，常祀不書，書者皆爲旱故。得雨則喜，以月爲正。不得雨則書旱，明災成也。〔註105〕

因此不管曰雩或曰旱，皆是有旱象之徵，而非一定是造成了重大的災害。農業時代危害人民最多的天然災害之一的是旱災，因旱災之後緊接著的一定是飢荒，飢荒後還可能造成掠奪糧食的戰爭與疫病。古人希望風調雨順，五穀豐登，因而有祈水於天的雩祭。雩祭分爲「常雩」和「因旱而雩」兩種。常雩是定期的祭祀，即使不見水旱之災，屆時必祭。常雩的時間，《左傳》桓公五年提到是「龍見而雩」。這裡的「龍見」並非指神物「龍」的出現，是指蒼龍七宿在建巳之月（夏曆四月）昏時出現於東方的天空，此時萬物始盛，需水孔急，因此每年此時有雩祭。因旱而雩是因發生旱災而臨時舉行的雩祭，大多在夏、秋兩季。而冬季已是農閒，穀物已經收藏，故多無旱災之虞，所以《穀梁傳》說「冬無爲雩也。〔註106〕」

雩祭之禮，天子、諸侯都有不同的規範。《禮記・月令》：「命有司爲民祈

〔註105〕〔唐〕杜佑，《通典》（上海：上海人民出版社，1999年，景印文淵閣四庫全書本）卷43，頁11～14。
〔註106〕〔東晉〕范甯注、〔唐〕楊士勛疏，《春秋穀梁傳注疏》（台北：藝文印書館，2001年，景印清・嘉慶二十年江西南昌府學開雕重刊宋本）卷13～14，〈成公〉，頁133。

祀山川百源。大雩帝，用盛樂。乃命百縣雩祀，百辟卿士有益於民者，以祈穀實。」鄭玄注：「雩，吁嗟求雨之祭也。雩帝，謂爲壇南郊之傍。」天子雩于天，稱爲「大雩」；諸侯雩于國境內的山川，只能稱「雩」。大雩在南郊之傍築壇，用盛樂、歌舞，稱爲「舞雩」，《公羊傳》桓公六年何休注：「祭言大雩，大旱可知也。君親之南郊，以六事謝過……使童男女各八人，舞而呼雩，故謂之雩。〔註107〕」即是指此。雩祭的物件，除上天外，還有「山川百源」即指地面上所有的水源。

2、參與雩祭的官員

（1）稻人

古官名，掌治田種稻之事。《周禮・地官・稻人》：「稻人：掌稼下地。以瀦畜水，以防止水，以溝蕩水，以遂均水，以列舍水，以澮寫水，以涉揚其芟，作田。凡稼澤，夏以水殄草而芟荑之。澤草所生，種之芒種。旱暵，共其雩斂。喪紀，共其葦事。〔註108〕」賈公彥《疏》：「以下田種稻麥，故云稼下地。」〈曲禮〉曰：「天子之六府：曰司土、司木、司水、司草、司器、司貨，典司六職。」注謂：「府主蔵六物之稅者，此亦殷時制也，周則皆屬司徒。司土，土均也；司木，山虞也；司水，川衡也；司草，稻人也；司器，角人也；司貨，𠂤人也。」〔註109〕

稻人掌理農業相關的事務，讓農田所需的水流供給正常，以利涉行田中芟除雜草，在夏天再利用澤地中的積水浸漬雜草，使其腐爛，成植物所需的養分，讓澤地也可以充分的利用來種植大麥，而這些工作主要是使民間的農事能順利，遇到大旱需要舉行雩祭時，民間有足夠的糧食以供徵斂，以補公家不足的費用。

（2）司巫

司巫是群巫之首，掌理群巫的政令，雩祭由其率領所有的男女巫在祭祀時起舞。《周禮・春官宗伯下》：「司巫：掌群巫之政令。若國大旱，則帥巫而

〔註107〕 〔東漢〕何休注、〔唐〕徐彥疏，《春秋公羊傳注疏》（台北：藝文印書館，2001年，景印清・嘉慶二十年江西南昌府學開雕重刊宋本）卷4～5卷，頁52。

〔註108〕 〔東漢〕鄭玄注、〔唐〕賈公彥疏，《周禮注疏》（台北：藝文印書館，2001年，景印清・嘉慶二十年江西南昌府學開雕重刊宋本）卷9～16，〈地官司徒第二〉，頁246。

〔註109〕 〔東漢〕鄭玄注、〔唐〕孔穎達疏《禮記注疏》（台北：藝文印書館，2001年，景印清・嘉慶二十年江西南昌府學開雕重刊宋本）卷2，頁78。

舞雩。國有大災，則帥巫而造巫恆。祭祀，則共匰主及道布及蒩館。凡祭事，守瘗。凡喪事，掌巫降之禮。〔註110〕」其中「巫恆」鄭玄注：「恆，久也，巫久者，先巫之故事，造之，當按視所施爲。」可見在當時已有先世之司巫行事的紀錄，在祭祀舉行前需視之，以爲當前行事之參考。司巫雖有迷信的意味，但從「巫恆」中之道其儀式是有傳承與體制的，因此巫也可視爲後世史官的雛形。

（3）男巫、女巫

男巫與女巫乃司巫的下屬，聽命於司巫以輔助祭典的進行。《周禮·春官宗伯下》：「男巫：掌望祀、望衍，授號，旁招以茅。冬堂贈，無方無筭。春招弭，以除疾病。王弔，則與祝前。女巫：掌歲時祓除、釁浴。旱暵則舞雩。若王后弔，則與祝前。凡邦之大災，歌哭而請。〔註111〕」

男巫主要是掌望祀與攻、說等授給詛祝所授的祝號，用茅旌向四方招呼所祭祀的神明。在冬天，按照當時的情況與所需來判斷方向與道路的遠近，以禮送去不祥的瘟疫惡夢。於春天招求吉福，消弭凶禍，以除疾病。當王者出去弔謁大臣的喪事時，與喪祝在王者的前面執持桃茢以除不祥之氣，若以其功能來看，並不是雩祭的主要角色，只在舞雩時伴舞。

女巫則除了在王后出弔喪，與女祝在王后的前方執持桃茢，去除不祥之外。女巫負有在每年按期舉行的祓除和釁浴大旱於雩祭時前往跳舞，並負責在大災時用歌哭向神求請的重大責任，是雩祭時的主要角色。

（4）樂師

既然有舞雩的男女巫師，則配樂必不可少，《禮記·月令》：「是月也，命樂師修鞀、鞞、鼓，均琴、瑟、管、簫，執干、戚、戈羽、調竽、笙、篪、簧、飭鐘、磬、柷、敔。命有司爲民祈祀山川百源，大雩帝，用盛樂。乃命百縣，雩祀百辟卿士有益於民者，以祈穀實。農乃登黍。〔註112〕」在夏曆仲夏五月，天子便會命樂師修整各式的樂器，又命令典禮的官員向山川百源祈禱，用隆重盛大的音樂，舉行「大雩帝」的祭祀。《禮記·月令》：「仲夏之月，

〔註110〕〔東漢〕鄭玄注、〔唐〕賈公彥疏，《周禮注疏》（台北：藝文印書館，2001年，景印清·嘉慶二十年江西南昌府學開雕重刊宋本）卷17~27，頁398。
〔註111〕〔東漢〕鄭玄注、〔唐〕賈公彥疏，《周禮注疏》（台北：藝文印書館，2001年，景印清·嘉慶二十年江西南昌府學開雕重刊宋本）卷17~27，頁399。
〔註112〕〔東漢〕鄭玄注、〔唐〕孔穎達疏，《禮記注疏》（台北：藝文印書館，2001年，景印清·嘉慶二十年江西南昌府學開雕重刊宋本）卷6，頁315。

－99－

日在東井，昏亢中，且危中。其日丙丁。其帝炎帝，其神祝融。〔註113〕」是指夏曆仲夏五月時太陽的位置看上去是在東井宿。黃昏時亢星出現於南方天中，清晨危星現於南方天中。夏季的太陽在天干中屬於丙丁。人間的主宰是炎帝，天上的神是祝融，天氣已經開始炎熱。與《左傳‧桓公五年》：「龍見而雩（夏曆巳月）。〔註114〕」日期相當，顯見雩祭常祭約於夏曆四、五月應不假。

從樂師奉天子命所修整的樂器中，可知雩祭時需要「鞀、鞞、鼓，均琴、瑟、管、簫、執干、戚、戈羽、調竽、笙、篪、簧、飭鐘、磬、柷、敔。」等樂器。鞀是搖鼓，鞞是大鼓旁的小鼓，篪是七孔的橫笛，簧是小型的笙，柷形如漆桶，中有椎柄，可左右相擊，敔是終止雅樂的樂器，與擊柷互為終始。可見當時的祭祀已大量運用各種類型的樂器。

3、雩祭與節氣

周代的祭祀是隨節氣而舉行的《左傳‧桓公五年》：「秋，大雩。書不時也。凡祀，啓蟄而郊，龍見而雩，始殺而嘗，閉蟄而烝。過則書。〔註115〕」除了諷刺桓公不依時舉辦雩祭之外，也提到了其他節氣的祭祀。啓蟄的節氣，即是夏曆寅月（正月），必須舉行郊祭；蒼龍七宿在夏曆巳月（四月）出現時要舉行雩祭；始殺即是夏曆酉月（八月）要舉行嘗祭；夏曆的亥月（十月）是閉蟄之節氣，該舉行烝祭。一般的諸侯舉行雩祭，只能祭祀境內的山川河流，大雩是祭上帝的，只有天子有權力舉行此祭典，得用大樂行祭，非諸侯所能舉行。而魯國因為其先祖周公有大功於周室，故成王特許魯國可以用郊、禘、大雩的祭典，因此才會在魯國的歷史中出現譏諷魯侯祭祀不時的記載。古時在祭祀前必先占卜祭日，比如一月中有三旬，占卜上旬不吉，則改占卜中旬，若中旬依然不得吉兆，再占卜下旬。但不許逾越了節氣來舉行祭祀。夏四月是首夏，夏八月已是中秋，桓公五年將本應於首夏舉行的雩祭改於中秋舉行，很明顯的已是過時了，過時的祭祀乃為慢祭，因此《左傳》才會說：「秋，大雩，書不時也。」表明了大雩之祭如果在夏四月舉行，便是例行之

〔註113〕〔東漢〕鄭玄注、〔唐〕孔穎達疏，《禮記注疏》（台北：藝文印書館，2001年，景印清‧嘉慶二十年江西南昌府學開雕重刊宋本）卷6，頁305。

〔註114〕〔西晉〕杜預注、〔唐〕孔穎達疏，《春秋左傳注疏》（台北：藝文印書館，2001年，景印清‧嘉慶二十年江西南昌府學開雕重刊宋本）卷5～7，頁107。

〔註115〕〔西晉〕杜預注、〔唐〕孔穎達疏，《春秋左傳注疏》（台北：藝文印書館，2001年，景印清‧嘉慶二十年江西南昌府學開雕重刊宋本）卷5～7，頁107。

事，常事照例是不書的，現在秋天舉行大雩，便是非同小可的事了，因此經書才特別寫出，有譏諷之意。

4、旱災與占卜

《左傳・僖公十九年》：「於是衛大旱，卜有事於山川，不吉。甯莊子曰：『昔周饑，克殷而年豐。今邢方無道，諸侯無伯，天其或者欲使衛討邢乎？』從之。師興而雨。〔註116〕」

周代逢事必卜，而在進攻他國，以報復被侵犯的行動前國家遭遇了旱災，更是非卜不可的大事。衛國的占卜結果是不吉利的，故而衛文公本想放棄這次的行動，但大夫甯莊子用之前周室發生了饑荒，因為打敗了商紂王而五穀豐收的例子來反駁占卜的結果，看來似乎極度的迷信荒謬。但從「邢方無道，諸侯無伯」可看出衛國大夫甯莊子力主出兵的真實原因，是看中了邢國國君殘暴無道，民不堪命，且其靠山齊桓公剛死，諸侯失去有力的首領，是天賜的良機。展現出了甯莊子實事求是，不被迷信左右的精神，但這也是一次孤注一擲的行動，因國中大旱，若戰事失利，必讓國家元氣大傷，恐致亡國。而「師興而雨。」的結果只能說衛國的國運極好，逢凶化吉，與「昔周饑，克殷而年豐。」實在全無關係。

5、雩祭之外的解旱災之道

周人若遇旱災，最文明的解決方式便是舉行雩祭，除此之外，還有不人道的曝巫與焚巫。所謂的曝巫即是把巫師在烈日下任其曝曬。而焚巫就是用燃燒的木柴燒烤巫師，用他們的痛苦來換取神靈的感動。

《左傳・僖公二十一年》：「夏，大旱。公欲焚巫、尪。臧文仲曰：『非旱備也。修城郭、貶食、省用、務穡、勸分，此其務也。巫、尪何為？天欲殺之，則如勿生；若能為旱，焚之滋甚。』公從之。是歲也，饑而不害。〔註117〕」巫是溝通鬼神為人祈禱之人，有女性也有男性，女的稱女巫，男的稱覡，此處是指專於求雨的巫師。尪是型態瘠瘦，突胸、仰面朝天的病態之人，因其仰面朝天似祈求狀，因天怕下雨滴入其鼻孔內，故而不雨，俗稱此類病人為天哀，若將其焚化，天無從哀，雨水便會降下，因此僖公便想焚巫、尪。所

〔註116〕〔西晉〕杜預注、〔唐〕孔穎達疏，《春秋左傳注疏》（台北：藝文印書館，2001年，景印清・嘉慶二十年江西南昌府學開雕重刊宋本）卷12～17，頁239。

〔註117〕〔西晉〕杜預注、〔唐〕孔穎達疏，《春秋左傳注疏》（台北：藝文印書館，2001年，景印清・嘉慶二十年江西南昌府學開雕重刊宋本）卷 12～17〈僖公〉，頁241。

幸臧文仲諫請僖公放棄此種迷信之舉，將行動的重點放在修理城牆、節省糧食、減少開支、致力農事、勸人施濟的當務之急上，公從之，故年雖饑卻無成災。臧文仲並闡明了上天生人必有其因的人本思想，顯見殷商時的迷信之風到了周代已有淡化。但《左傳》此處的記載卻與《春秋》經有所衝突，《春秋》：「夏大旱。」即表示成災，《左傳》：「饑而不害。」，既然言饑，表示有人民無飯可食，怎能說無害，若對旱災的防備得宜，災害便不致發生，經書也就不會寫「大旱」了，只能猜測魯國雖有準備，但因不周全，仍然導致了些許的傷亡。

除了焚巫之外還有曝巫，《禮記・檀弓下》：

> 歲旱，穆公召縣子而問然，曰：「天久不雨，吾欲暴尪而奚若？」曰：
> 「天久不雨，而暴人之疾子，虐，毋乃不可與！」「然則吾欲暴巫而
> 奚若？」曰：「天則不雨，而望之愚婦人，於以求之，毋乃已疏乎！」
> 「徙市則奚若？」曰：「天子崩，巷市七日；諸侯薨，巷市三日。爲
> 之徙市，不亦可乎！」〔註118〕

縣子名瑣，以知禮著稱。穆公想用患有突胸仰面疾病的人放到太陽下曝曬，以祈求上天憐憫而下雨，還有將巫婆放到太陽下曝曬求雨。縣子用過於殘忍的理由拒絕，顯見在當時此種行爲只是迷信，於禮無據，也知道此行爲如同緣木求魚，對旱情絕無幫助。縣子建議穆公以居喪之禮自責以求雨，不僅可顯虔敬之心，亦不犧牲無辜的人民，可謂有眞知灼見。

《太平御覽》：「莊子曰：『宋景公時，大旱三年，卜云，以人祀乃雨，公下堂頓首曰：『吾所求雨者爲人，今殺人，不可，將自當之。』言未卒，天大雨，方千里。』〔註119〕」說明了當時雖不知大旱之起因，亦不知如何才能解旱，但對傷人以求雨之法，早已抱持了懷疑的態度。《說苑・辨物篇》：

> 齊大旱之時，景公召羣臣問曰：「天不雨久矣，民且有飢色，吾使人
> 卜之，祟在高山廣水，寡人欲少賦斂以祠靈山可乎？」羣臣莫對，
> 晏子進曰：「不可，祠此無益也，夫靈山固以石爲身，以草木爲髮，
> 天久不雨，髮將焦，身將熱，彼獨不欲雨乎，祠之無益。景公曰：「不

〔註118〕〔東漢〕鄭玄注、〔唐〕孔穎達疏，《禮記注疏》（台北：藝文印書館，2001年，景印清・嘉慶二十年江西南昌府學開雕重刊宋本）卷4，頁201。

〔註119〕〔北宋〕李昉，《太平御覽》（上海：商務印書館，1936年，《四部叢刊》涵芬樓景印中華學藝社借照日本帝室圖書館瞟京都東福寺東京岩崎氏靜嘉堂文庫藏宋刊本）卷10，頁11。

然吾欲祠河伯可乎？」晏子曰：「不可，祠此無益也，夫河伯以水爲
國，以魚鼈爲民，天久不雨，水泉將下，百川竭，國將亡，民將滅
矣，彼獨不用雨乎？祠之何益？」景公曰：「今爲之奈何？」晏子曰：
「君誠避宮殿，暴露與靈山河伯共憂，其幸而雨乎。」於是景公出
野，暴露三日，天果大雨，民盡得種樹，景公曰：「善哉，晏子之言，
可無用乎，其惟有德也。」〔註120〕

曝巫或焚巫是原始社會儀式的傳承。那時的巫與神相通。而雨由天神或雨神
主管，他們在烈日下曝曬或以火烘烤，能感動神下雨。但隨著經驗的累積與
多方的觀察，發現到這一方法似乎與下雨並無絕對的關係，故而隨著時間漸
漸的將此迷信淡化不用。

6、旱災與水土保持

　　春秋戰國時代已經開始有水土保持的觀念，《左傳・昭公十六年》：「九月，
大雩，旱也。鄭大旱，使屠擊、祝款、豎柎有事於桑山。斬其木，不雨。子
產曰：『有事於山，蓺山林也；而斬其木，其罪大矣。』奪之官邑。〔註121〕」
但這個觀念的建立是靠平時長期的觀察，是經驗的累積，而非科學的實證。
另一方面也有迷信的因素，子產將山林視爲山神的一體，周代的山神有多種
的屬性，其中一項是自然的屬性，掌管興雲播雨。《荀子・勸學》曰：「積土
成山，風雨興焉。〔註122〕」《禮記・祭法》：「山林、川谷、丘陵，能出雲，爲
風雨。〔註123〕」《尚書大傳・略說》：「子曰：『夫山者愼然高，愼然高則何樂
焉，山草木生焉，禽獸畜焉，財用殖焉，生財用而無私，爲四方皆伐，無私
與焉，出雲雨，以通乎天地之間，陰陽和合，雨露之澤，萬物以成，百姓以
饗。』〔註124〕」《韓詩外傳》卷三：「夫山者，萬民之所瞻仰也，草木生焉，
萬物植焉，飛鳥集焉，走獸休焉，四方益取與焉，出雲道風，嵷乎天地之間。

〔註120〕　〔漢〕劉向，《說苑》（上海：商務印書館，1922 年，《四部叢刊》上海涵芬
　　　　　樓借平湖葛氏傳樸堂藏明鈔本景印本）卷 18，頁 16～17。
〔註121〕　〔西晉〕杜預注、〔唐〕孔穎達疏，《春秋左傳注疏》（台北：藝文印書館，2001
　　　　　年，景印清・嘉慶二十年江西南昌府學開雕重刊宋本）卷 41～53，頁 829。
〔註122〕　〔戰國〕荀況，《荀子》（上海：商務印書館，1922 年，《四部叢刊》上海涵
　　　　　芬樓景印古逸叢書本）卷 1，頁 6。
〔註123〕　〔東漢〕鄭玄注、〔唐〕孔穎達疏，《禮記注疏》（台北：藝文印書館，2001
　　　　　年，景印清・嘉慶二十年江西南昌府學開雕重刊宋本）卷 23，頁 796。
〔註124〕　〔東漢〕鄭玄，《尚書大傳》（上海：商務印書館，1922 年，《四部叢刊》上
　　　　　海涵芬樓藏左海文集）卷 1，頁 18。

〔註125〕」《公羊傳‧僖公三十一年》：「觸石而出，膚寸而合，不崇朝而遍雨乎天下者，唯泰山爾。〔註126〕」將山視爲水的源頭，而草木又生於山上，因此在大旱時是否能度過難關，關乎山靈的喜惡，故而在非常時刻還上山摧殘草木，子產視爲大忌，故而嚴懲了肇事者。

先秦時期，由於氣候的乾旱，再加上人爲的毀林開荒、辟林放牧、狩獵及頻繁的戰爭，使得黃河流域本就不多的森林資源遭到極大的破壞，進而導致生態環境的失衡。這不僅造成了環境的惡化，可用木材的取得漸漸貧乏，影響到農牧業生產和整個國家的經濟，相對的也影響到統治階層的利益和政權的穩固。於是越來越多的有識之士與諸侯開始正視這個嚴重的問題。春秋時代齊國的管仲就指出：「山澤不救於火，草木不植成，國之貧也……山澤救於火，草木植成，國之富也。〔註127〕」。《荀子‧勸學》中指出森林是鳥獸棲息的必要環境：「草木疇生，禽獸群焉……林險，則鳥獸去之。〔註128〕」說明原始初步的生物資源環境保護思想已漸漸形成。所以西周和春秋戰國時期，便已相當重視發展和保護林業，並設立相應的管轄官職和機構，頒佈相應的法令、政策，採取必要的措施。

首先，設置管理山林的官吏機構。天子設大司徒主管農林生產，《周禮‧地官司徒第二》：

> 山虞：掌山林之政令，物爲之屬而爲之守禁。仲冬斬陽木，仲夏斬陰木。凡服耜，斬季材，以時入之。令萬民時斬材，有期日。凡邦工入山林而掄材，不禁。春秋之斬木不入禁。凡竊木者有刑罰，若祭山林，則爲主而修除，且蹕。若大田獵，則萊山田之野；及弊田，植虞旗于中，致禽而珥焉。〔註129〕

〔註125〕〔漢〕韓嬰，《韓詩外傳》（上海：商務印書館，1922 年，《四部叢刊》上海涵芬樓藏明沈氏野竹齋刊本）卷 3，頁 30～31。

〔註126〕〔東漢〕何休注、〔唐〕徐彥疏，《春秋公羊傳注疏》（台北：藝文印書館，2001 年，景印清‧嘉慶二十年江西南昌府學開雕重刊宋本）卷 10～12，頁 156。

〔註127〕〔唐〕房玄齡注，《管子》（上海：商務印書館，1922 年，《四部叢刊》上海涵芬樓借常熟瞿氏鐵琴銅劍樓藏宋刊本景印本）卷 1，頁 21。

〔註128〕〔戰國〕荀況，《荀子》（上海：商務印書館，1922 年，《四部叢刊》上海涵芬樓景印古逸叢書本）卷 9，頁 22。

〔註129〕〔東漢〕鄭玄注、〔唐〕賈公彥疏，《周禮注疏》（台北：藝文印書館，2001 年，景印清‧嘉慶二十年江西南昌府學開雕重刊宋本）卷 9～16，頁 247。

其次，頒佈政策、法令，採取措施保護森林，禁止濫伐。一是規定砍伐有期。早在夏代，《逸周書・大聚》裡就記有：「春三月，山林不登斧，以成草木之長。〔註130〕」強調「斧斤以時入山林。〔註131〕」，即「草木榮華滋碩之時，則斧斤不入山林。〔註132〕」對於林木的砍伐，依時間有不同的規定，《禮記・月令》中曾提到季夏「乃命虞人，入山行木，毋有斬伐。〔註133〕」，季秋「草木黃落，乃伐薪為炭。〔註134〕」，仲冬「日短至，則伐木，取竹箭。〔註135〕」除了這些政策性的規定之外，當時為了森林保護，還用立法來懲治犯禁之人的方式。《御批歷代通鑑輯覽》記載：「西伯伐崇，令曰，無殺人，無壞屋，無塞井，無伐木，無掠六畜，違者不赦。〔註136〕」《周禮・地官司徒》：「凡竊木者有刑罰。〔註137〕」除了在法制上做出規定外，當時還相應地對商業貿易上做出法律保障。《禮記・王制》：「五穀不時，果實未熟，不粥於市。木不中伐，不粥於市。〔註138〕」這類的商業限制，一來是為了維護當時交易的法紀，二是為了防止商人的不實欺詐。為了保證商業能在法律的制度下公平進行，還專門設胥師以糾察商人的不法行為，若查證屬實，即可立即誅罰。然而，儘管政府頒行了形式完備的政令和嚴厲的罰則，但濫伐仍無法全部避免。《孟子・告子上》曰：「牛山之木嘗美矣，以其郊於大國也，斧斤伐之，可以為美乎？是其日夜之所息，雨露之所潤，非無萌蘗之生焉，牛羊又從而牧也，是

〔註130〕〔晉〕孔晁，《逸周書》（上海：上海人民出版社，1999 年，景印文淵閣四庫全書本）卷 4，頁 8。

〔註131〕〔東漢〕趙岐注、〔宋〕孫奭疏，《孟子注疏》（台北：藝文印書館，2001年，景印清・嘉慶二十年江西南昌府學開雕重刊宋本）卷 1，〈梁惠王上〉，頁 10。

〔註132〕〔戰國〕荀況，《荀子》（上海：商務印書館，1922 年，《四部叢刊》上海涵芬樓景印古逸叢書本）卷 5，頁 27。

〔註133〕〔東漢〕鄭玄注、〔唐〕孔穎達疏，《禮記注疏》（台北：藝文印書館，2001年，景印清・嘉慶二十年江西南昌府學開雕重刊宋本）卷 6，頁 319。

〔註134〕〔東漢〕鄭玄注、〔唐〕孔穎達疏，《禮記注疏》（台北：藝文印書館，2001年，景印清・嘉慶二十年江西南昌府學開雕重刊宋本）卷 6，頁 338。

〔註135〕〔東漢〕鄭玄注、〔唐〕孔穎達疏，《禮記注疏》（台北：藝文印書館，2001年，景印清・嘉慶二十年江西南昌府學開雕重刊宋本）卷 6，頁 345。

〔註136〕〔清〕愛新覺羅弘曆，《御批歷代通鑑輯覽》（上海：上海人民出版社，1999年，景印文淵閣四庫全書本）卷 2，頁 40。

〔註137〕〔東漢〕鄭玄注、〔唐〕賈公彥疏，《周禮注疏》（台北：藝文印書館，2001年，景印清・嘉慶二十年江西南昌府學開雕重刊宋本）卷 9～16，頁 247。

〔註138〕〔東漢〕鄭玄注、〔唐〕孔穎達疏，《禮記注疏》（台北：藝文印書館，2001年，景印清・嘉慶二十年江西南昌府學開雕重刊宋本）卷 5，頁 260。

以若彼濯濯也。〔註139〕」凡此種種，使牛山幾成童山。由此可知當時黃河中下游地區林木資源的破壞和保護上的種種困窘。

此外，還禁燒山，提倡植樹。《荀子・王制》：「脩火憲，養山林藪澤草木魚鱉百索，以時禁發，使國家足用而財物不屈。〔註140〕」另據《周禮》記載，官府還發佈用火的命令，晚秋禁止用火陶治，對引起國中失火或在野外燒荒的人都給予處罰。關於植樹造林，遠在軒轅黃帝時，已倡種樹，「時播百穀草木〔註141〕」。到了西周末和春秋、戰國時期，園圃植樹、路旁植樹、社稷植樹、邊界植樹、宅院植樹和墓地植樹等形式都已出現，《詩經・將仲子》：「將仲子兮，無踰我里，無折我樹杞。……將仲子兮，無踰我牆，無折我樹桑。……將仲子兮，無踰我園，無折我樹檀。〔註142〕」，陳朝雲先生表示，據《周禮》記載，當時規定所有的墓地都要種植樹木，按爵等確定墳墓的大小高低和植樹株數。據《周禮・地官・司徒》記載，為了促使百姓種植樹木，當時規定，宅院內不種植桑麻的，宅地要交稅；不植樹的，死後喪葬不得用棺槨。〔註143〕

三、冰災

冰是水在攝氏零度以下凝結成的固體。《詩經・豳風・七月》：「二之日鑿冰沖沖。三之日納於凌陰。〔註144〕」《荀子・勸學》：「青，取之於藍，而青於藍；冰，水為之，而寒於水。〔註145〕」諸如雪、雹等都是冰的產物。因其溫度低，若驟然大量降下或積久不退，對動植物都有不良的影響，甚至造成傷害。

〔註139〕〔東漢〕趙岐注、〔宋〕孫奭疏，《孟子注疏》（台北：藝文印書館，2001年，景印清・嘉慶二十年江西南昌府學開雕重刊宋本）卷11，頁196。
〔註140〕〔戰國〕荀況，《荀子》（上海：商務印書館，1922年，《四部叢刊》上海涵芬樓景印古逸叢書本）卷5，頁19。
〔註141〕〔漢〕司馬遷，《史記》（上海：上海人民出版社，1999年，景印文淵閣四庫全書本）卷1，〈五帝本紀第一〉，頁8。
〔註142〕〔漢〕毛亨傳、〔東漢〕鄭玄箋、〔唐〕孔穎達正義，《毛詩注疏》（台北：藝文印書館，2001年，景印清・嘉慶二十年江西南昌府學開雕重刊宋本）卷4，〈國風・鄭風〉，頁160。
〔註143〕陳朝雲，〈用養結合：先秦時期人類需求與生態資源的平衡統一〉（收入《河南師範大學學報・哲學社會科學版》，新鄉，河南師範大學，2002年6月）。
〔註144〕〔漢〕毛亨傳、〔東漢〕鄭玄箋、〔唐〕孔穎達正義，《毛詩注疏》（台北：藝文印書館，2001年，景印清・嘉慶二十年江西南昌府學開雕重刊宋本）卷8，頁286。
〔註145〕〔戰國〕荀況，《荀子》（上海：商務印書館，1922年，《四部叢刊》上海涵芬樓景印古逸叢書本）卷1，頁1。

（一）雪災

《左傳‧隱公九年》：「九年，春，王三月癸酉，大雨霖以震，書始也；辰，大雨雪，亦如之。書時失也。凡雨自三日以往爲霖，平地尺爲大雪。〔註146〕」《左傳》解釋了經文記載的體例，雪爲空中降落的白色晶體，多爲六角形，是氣溫降到 0℃以下時，天空中的水蒸氣凝結而成的。《詩‧邶風‧北風》：「北風其涼，雨雪其雱。〔註147〕」霖指的是連綿大雨。《晏子春秋‧諫上五》：「景公之時，霖雨十有七日。〔註148〕」曰「大雪」是因爲氣候不正。周歷三月爲夏曆的正月，不當再有雷電出現；既有雷電出現，則表示不當再有大雪。而今雷電出現之後過八日又有大雪，氣候異常，所以曰「時失」。平地尺指平地雪深一尺。《左傳》將其視爲《春秋》的凡例，但後代學者多有疑義，《春秋集傳辨疑》：

> 左氏曰，凡雨自三日，以往爲霖，平地尺爲大雪。趙子曰，春秋記異不書常事，尺雪常事，何足記乎，豈有二百四十二年唯兩度尺雪哉。益知其妄也，文先書大雨震電，又復有雪，明其異耳，非爲雨生，例妄，發霖例又與經違，皆不取。〔註149〕

《春秋三傳讞‧春秋左傳讞》：

> 經書大雨震電，不言霖，傳益之以霖而不言電，傳固不知經矣，而杜預遂以爲經誤，凡杜氏黨傳而誣經，類如此。月令始雨水，雷乃發聲，始電，仲春之候也，夏之仲春爲周之四月，今以三月大雨震電故書，不在其三日以往也，自癸酉至庚辰，歷八日，既已大雨震電而復大雨雪，故書不在其平地尺也，此皆記異爾，傳不知此而妄爲之例，又謂之書始與時失，且雨自三日以往，無時而無也，使其爲災則自以大水見之矣，若不爲災則法自不書，平地尺雪亦無時而無也，使當其時固不書，若非其時則亦不必待尺

〔註146〕〔西晉〕杜預注、〔唐〕孔穎達疏，《春秋左傳注疏》（台北：藝文印書館，2001年，景印清‧嘉慶二十年江西南昌府學開雕重刊宋本）卷2～4，頁76。

〔註147〕〔漢〕毛亨傳、〔東漢〕鄭玄箋、〔唐〕孔穎達正義，《毛詩注疏》（台北：藝文印書館，2001年，景印清‧嘉慶二十年江西南昌府學開雕重刊宋本）卷2，頁103。

〔註148〕〔春秋〕晏嬰《晏子春秋》（上海：商務印書館，1936年，《四部叢刊》上海涵芬樓借江南圖書館藏明活字本景印本）卷1，頁10。

〔註149〕〔唐〕陸淳，《春秋集傳辨疑》（上海：上海人民出版社，1999年，景印文淵閣四庫全書本）卷1，頁14～15。

後書也，大特言甚也。〔註150〕

因此《左傳》雖沒書災情，但應該是造成了一定程度的災害。

（二）雹災

1、關於冰雹

冰雹是從強烈發展的積雨雲中降落下來的固體降水物。它是中小尺度天氣災害中的一種。〔註151〕冰雹經常是以小冰粒形式降落到地面，有時雹粒（冰粒的直徑）可以超過幾釐米，甚至更大。冰雹災害造成農作物受損，房屋破壞，也有人畜被擊傷、擊斃的情況。中國有的地區一年要降數次甚至十多次冰雹，伴隨而來的還有強降雨、狂風天氣，加遽了對地面物體的破壞。

中國冰雹發生的時間從春至夏，主要降雹帶從南向北推移，它比主要雨帶的從南向北移動約早一個月。這說明主要多雹帶與副熱帶西風急流的季節性位移有關係。〔註152〕

2、我國最早的冰雹紀錄

最早的冰雹紀錄出現在殷商時期，共有三條：「癸未卜，賓貞，茲雹佳降田〔註153〕」、「癸未卜，賓貞，茲雹不佳降田〔註154〕」、「丁丑卜，爭貞，不雹？帝佳其……〔註155〕」這些文獻迄今已有三千多年的歷史，故無從判斷這些史料出現的先後。

上面的甲骨文前兩條是相互對應的，一條是問冰雹會落下嗎？另一條是問冰雹不會落下嗎？甲骨文是殷商統治者在占卜後所留下的文字，其卜辭的句法常常以問句的形式出現。這幾條史料證明了在三千多年前的今河南安陽地區經常出現冰雹。商王若在外出打獵或活動時，在路上遇到冰雹，恐怕會造成傷亡，因此才會在需要外出前令人占卜，知道是否有冰雹的危害，這樣

〔註150〕〔北宋〕葉夢得，《春秋三傳讞·春秋左傳讞》（上海：上海人民出版社，1999年，景印文淵閣四庫全書本）卷1，頁23。

〔註151〕鹿世瑾主編，《華南氣候》（北京：氣象出版社，1990年），頁195。

〔註152〕李吉順，《北方天氣文集（2）·我國冰雹和暴雨的若干氣候特徵》（北京，北京大學出版社，1982年），頁31～39。

〔註153〕郭沫若主編、胡厚宣總編輯，《甲骨文合集》（北京：中華書局，1979年），第11423。

〔註154〕郭沫若主編、胡厚宣總編輯，《甲骨文合集》（北京：中華書局，1979年），第12628。

〔註155〕郭沫若主編、胡厚宣總編輯，《甲骨文合集》（北京：中華書局，1979年），第12256。

便可避開危險。這種占卜的方法雖然無助於預測氣象，但從中可瞭解到在很早以前，先人就知道冰雹的威力驚人。

3、《左傳》中的冰雹

《左傳·僖公二十九年》：「秋，大雨雹，爲災也。〔註156〕」這是《春秋》首次書雹，可見是發生危害了，因此書之。《日講春秋解義》：「劉向曰：『盛陽雨水溫煖而濕熱，陰氣脅之不相入，則轉而爲雹，雹者陰脅陽也，胡氏以爲魯之政在大夫，故有是兆。〔註157〕」西漢時已經用陰陽與天人感應的思想去解釋冰雹的成因。

《左傳·昭公四年》：

> 大雨雹。季武子問於申豐曰：「雹可禦乎？」對曰：「聖人在上，無雹。雖有，不爲災。古者日在北陸而藏冰，西陸朝覿而出之。其藏冰也，深山窮谷，固陰沍寒，於是乎取之。其出之也，朝之祿位，賓、食、喪、祭，於是乎用之。其藏之也，黑牡、秬黍以享司寒。其出之也，桃弧棘矢，以除其災。其出入也時。食肉之祿，冰皆與焉。大夫命婦喪浴用冰。祭寒而藏之，獻羔而啓之，公始用之，火出而畢賦，自命夫命婦至於老疾，無不受冰。山人取之，縣人傳之，輿人納之，隸人藏之。夫冰以風壯，而以風出。其藏之也周，其用之也遍，則冬無愆陽，夏無伏陰，春無凄風，秋無苦雨，雷出不震，無菑霜雹，癘疾不降，民不夭札。今藏川池之冰棄而不用，風不越而殺，雷不發而震。雹之爲菑，誰能禦之？〈七月〉之卒章，藏冰之道也。」〔註158〕

既書大雨雹，則牲畜房屋定有損傷，季武子問申豐止雹之道，申豐言古人取深山窮谷的冰來使用，因此窮谷的陰氣變薄，故而陽氣得以出，因此無冰雹的災害，今藏川池之冰，而棄窮谷之冰不用，因此雹能爲災。此說法似乎言之有理，但《春秋》云：「大雨雹」，是著重在災異以警惕執政者，申豐爲諂媚執政者，故用此言論來逢迎季武子，爲之脫除導致魯國政治衰敗無道的干

〔註156〕〔西晉〕杜預注、〔唐〕孔穎達疏，《春秋左傳注疏》（台北：藝文印書館，2001年，景印清·嘉慶二十年江西南昌府學開雕重刊宋本）卷12～17，頁283。

〔註157〕〔清〕庫勒納、李光地，《日講春秋解義》（上海：上海人民出版社，1999年，景印文淵閣四庫全書本）卷22，頁3。

〔註158〕〔西晉〕杜預注、〔唐〕孔穎達疏，《春秋左傳注疏》（台北：藝文印書館，2001年，景印清·嘉慶二十年江西南昌府學開雕重刊宋本）卷41～53，頁728。

係。因此趙匡曰：「五帝已前，未有藏冰之時，豈長雨雹乎？假如申豐因此諷藏冰之理，亦與經意不同。〔註159〕」因此《左傳》若只是單純的紀錄兩人的對話則可，如果將此交談內容拿來解釋經義，那便有些不妥了。

4、無冰之異

《左傳·襄公二十八年》：「二十八年，春，無冰。梓愼曰：『今茲宋、鄭其饑乎！歲在星紀，而淫於玄枵。以有時菑，陰不堪陽。蛇乘龍。龍，宋、鄭之星也。宋、鄭必饑。玄枵，虛中也。枵，耗名也。土虛而民耗，不饑何爲？』〔註160〕」

周曆以一、二、三月爲春，與夏曆的十一月、十二月與次年的一月相當。與現今的冬天差不多，冬天無冰，在中國的黃河流域是非常反常的，因此經傳加以記載。冬臘無冰，土中的害蟲得以保存而繼續繁衍，加上因無雪，春天土壤便無法得到雪水的滋潤，會影響耕作，因此冬臘無冰雪，雖不成災，但多半是災象的預告。魯大夫梓愼認爲寒爲陰，暖爲陽，應有冰寒而無冰，因此曰陰不勝陽。古人以歲星爲木，木爲青龍，今次於玄枵，玄枵相當於二十八宿之女、虛、危三宿。古人以虛、危爲蛇，今龍星行至虛危宿，在蛇之下，因此曰蛇乘龍。時人又以地上的疆界配上天上的星宿，《史記·天官書》：「天則有列宿，地則有州域。〔註161〕」又曰：「宋鄭之疆，候在歲星。〔註162〕」因此認定龍星是宋鄭二國之星。故而以爲蛇乘龍，宋鄭因此必有饑荒，事實上只是單純的迷信，無必然的因果關係。玄枵次有女、虛、危三宿，虛宿位於中間，枵是事物虛耗之名，有空、耗損的意思。《爾雅·釋天》：「玄枵，虛也。〔註163〕」晉·郭璞注：「枵之言耗，耗亦虛意。」以此來預言饑荒，同樣也缺乏實際的證據。

〔註159〕 〔唐〕陸淳，《春秋集傳辨疑》（上海：上海人民出版社，1999年，景印文淵閣四庫全書本）卷10，頁1。

〔註160〕 〔西晉〕杜預注、〔唐〕孔穎達疏，《春秋左傳注疏》（台北：藝文印書館，2001年，景印清·嘉慶二十年江西南昌府學開雕重刊本）卷29～40，頁650。

〔註161〕 〔漢〕司馬遷，《史記》（上海：上海人民出版社，1999年，景印文淵閣四庫全書本）卷27，頁45。

〔註162〕 〔漢〕司馬遷，《史記》（上海：上海人民出版社，1999年，景印文淵閣四庫全書本）卷27，頁48。

〔註163〕 〔西晉〕郭璞注、〔北宋〕邢昺疏，《爾雅注疏》（台北：藝文印書館，2001年，景印清·嘉慶二十年江西南昌府學開雕重刊宋本）卷6，頁96。

四、雷擊

　　左傳第一次記錄雷擊的現象為僖公十五年（B.C.645），而這也是《春秋》第一次出現雷擊的記載。《春秋》經：「己卯晦，震夷伯之廟。」《左傳》的注解是：「震夷伯之廟，罪之也，於是展氏有隱慝焉。〔註164〕」《左傳》認為夷伯為展氏的祖先，展氏最初出現於《左傳‧隱公八年》：「無駭卒，羽父請謚與族，公命以字為展氏。」因此夷伯應為無駭的祖父，因為展氏的後代此時有不為人知的惡行，刑罰與罪名無法加於其上，因此上天只好以天雷劈壞其祖先夷伯的祖廟，以示天譴。《左傳杜林合注》：「杜隱惡，非法所得尊貴，罪所不加。是以聖人因天地之變，自然之妖，以感動之知，達之主則識先聖之情，以自屬中下之主亦信妖祥，以不妄神道助教，唯此為深。〔註165〕」這是以聖人神道設教的觀點來解釋這個現象。而夷伯為何人，現在所敘述的展氏又是何人，《左傳》皆沒有明確的敘述，但《左傳》既然以夷伯之廟屬於展氏，理應是有所根據的。

五、雲之異象

（一）赤鳥雲

　　雲是由水滴、冰晶聚集形成的在空中懸浮的物體。《易‧小過》：「密雲不雨，自我西郊。〔註166〕」《左傳‧哀公六年》：

> 是歲也，有雲如眾赤鳥，夾日以飛三日。楚子使問諸周大史。周大史曰：「其當王身乎！若禜之，可移於令尹、司馬。」王曰：「除腹心之疾，而寘諸股肱，何益？不穀不有大過，天其夭諸？有罪受罰，又焉移之？」遂弗禜。〔註167〕

注曰：「日為人君，妖氣守之，故以為當王身。雲在楚上，唯楚見之，故禍不及他國。」如此說法不知從何而來，雖雲有異，將之視為妖氣是否太過？太

〔註164〕〔西晉〕杜預注、〔唐〕孔穎達疏，《春秋左傳注疏》（台北：藝文印書館，2001年，景印清‧嘉慶二十年江西南昌府學開雕重刊宋本）卷12～17，〈僖公〉，頁232。

〔註165〕〔明〕王道焜、趙如源，《左傳杜林合注》（上海：上海人民出版社，1999年，景印文淵閣四庫全書本）卷10，頁21～22。

〔註166〕〔魏〕王弼注、韓康伯注〔唐〕孔穎達正義，《周易注疏》（台北：藝文印書館，2001年，景印清‧嘉慶二十年江西南昌府學開雕重刊宋本），卷6，頁135。

〔註167〕〔西晉〕杜預注、〔唐〕孔穎達疏，《春秋左傳注疏》（台北：藝文印書館，2001年，景印清‧嘉慶二十年江西南昌府學開雕重刊宋本）卷57～60，頁1006。

史認爲可以用襐祭將災禍轉移給別人更是無稽，且令尹、司馬無非王臣，將禍轉於其身又有何益？故楚昭王寧可自己受罰，也不願詛咒嫁禍於人，表現出其正直崇高的人格。《春秋左傳注疏》：「正義曰：言已若無大罪，天其妄夭之乎？必是身有大罪，天乃下罰，有罪受罰又焉移之？」將人事與天命合理的看待，不相混淆。

（二）祲

祲是日旁雲氣。古時迷信，認爲此由陰陽二氣相互作用而發生，能預示吉凶。常指妖氣，不祥之氣。《戰國策·魏策四》：「懷怒未發，休祲降於天。〔註168〕」《左傳·昭公十五年》：「十五年，春，將禘于武公，戒百官。梓慎曰：『禘之日其有咎乎！吾見赤黑之祲，非祭祥也，喪氛也。其在涖事乎！』二月癸酉，禘。叔弓涖事，籥入而卒。去樂，卒事，禮也。〔註169〕」杜預注：「祲，妖氛也。」孔穎達疏曰：

> 鄭眾云：「煇爲日光，氣也。」然則祲是陰陽之氣相侵之名，日光之氣有名爲祲，祲之所見非獨見於日光，故直云祲妖氣也，梓慎唯言見祲，不言祲之所在，爲祭而言，故疑云：蓋見於宗廟，故以爲非祭祥也，〈月令〉云：「氛霧冥冥，則氛亦氣也，以言喪氛，故以氛爲惡氣也。」見赤黑之祲以爲喪氛，則赤黑是喪象，梓慎有以知之，服虔云：「水黑，火赤，水火相遇云云。」〔註170〕

說明了此雲氣是紅黑色的妖惡之氣，是不祥之氣，此氣一出則有喪氛，預示有人將要死亡，而此氣的產生乃陰陽之氣相侵所成。《周禮·春官宗伯》：「視祲：掌十煇之法，以觀妖祥，辨吉凶。」十煇乃日光之氣，指太陽周圍妖祥雲氣之十種表現，其一即爲祲。梓慎看到了祲卻不言祲之所在，是因爲祭祀將近了，因此才懷疑是祭祀的不祥之兆，從「見赤黑之祲以爲喪氛」，可知周代以紅黑色相加爲喪事之象。

〔註168〕 〔漢〕劉向編、〔東漢〕高誘注、〔南宋〕鮑彪注，《戰國策校注》（上海：商務印書館，1922 年，《四部叢刊》上海涵芬樓借江南圖書館藏元至正十五年刊本景印本）卷7，頁135。

〔註169〕 〔西晉〕杜預注、〔唐〕孔穎達疏，《春秋左傳注疏》（台北：藝文印書館，2001 年，景印清·嘉慶二十年江西南昌府學開雕重刊宋本）卷41～53，頁822。

〔註170〕 〔清〕吳士玉、沈宗敬，《御定駢字類編》（上海：上海人民出版社，1999 年，景印文淵閣四庫全書本）卷45，頁 12～13。

《春秋闕疑》：

> 胡氏曰：案曾子問君在祭不得成禮者，夫子語之詳矣，而無有及
> 大臣者，是知祭而去樂不可也。有事于宗廟，遭大夫之變，則以
> 聞可乎？案禮，衛有太史柳莊寢疾，君曰：若疾革，雖當祭必告，
> 是知祭而以聞不可也，禮莫重于當祭，大夫有變，而不以聞，則
> 內得盡其誠敬之心于宗廟，外得全其隱卹之意于大臣，是兩得之
> 也，然則有事于宗廟，大臣泹事，籥入而卒，于其所則如之何禮，
> 雖未之有可以義起也，有事于宗廟，大臣泹事籥入而卒于其所，
> 去樂卒事其可也，緣先祖之心，見大臣之卒，必聞樂不樂，緣孝
> 子之心，視已設之饌，必不忍輕徹，故去樂而卒事其可也。宗廟
> 合禮者，常事不書，苟以爲可，則《春秋》何書乎，此記禮之變，
> 而書之者也。〔註171〕

《春秋》既書則有非常之事發生，否則何以書。因此主祭者忽然死於祭所，
而因此撤去音樂，原本是不合於禮的，故曰：「祭而去樂不可也。」而傳文云：
「去樂，卒事，禮也。」表示是禮有變也，因此才書，但因爲所變合於人情，
無辱於祭祀，「緣先祖之心，見大臣之卒，必聞樂不樂，緣孝子之心，視已設
之饌，必不忍輕徹，故去樂而卒事其可也。」因此才會於最後加記「禮也。」
可知禮並非是萬事不可更移的，禮是可以隨人心而變動的，只要是合於「義」
即可。

六、風異

　　《左傳·僖公二十八年》：「城濮之戰，晉中軍風於澤，亡大旆之左旃。
〔註172〕」疏曰：「旃是旗之尾也。今別名大旆。則此旆有異於常，故以大旆
爲旗名，上云狐毛設二旆而退之，亦此類也，通帛爲旃，《周禮》司常文也，
鄭玄云：『通帛謂大赤，從周正色，無飾。』〈釋天〉云：『因章曰旃。孫炎曰：
因其繪色以爲旗章，不畫之是也，謂之左旃，蓋是左軍所建者，此亦於事難
明，不可強說。』」旃是古代旌末狀如燕尾的垂旒。《詩經·小雅·六月》：「織

〔註171〕〔元〕鄭玉，《春秋闕疑》（上海：上海人民出版社，1999年，景印文淵閣四
　　　　庫全書本）卷36，頁22～23。
〔註172〕〔西晉〕杜預注、〔唐〕孔穎達疏，《春秋左傳注疏》（台北：藝文印書館，
　　　　2001年，景印清·嘉慶二十年江西南昌府學開雕重刊宋本）卷12～17，
　　　　頁275。

文鳥章，白旆央央。〔註173〕」，之後泛指旌旗。《詩經・商頌・長發》：「武王載旆，有虔秉鉞。〔註174〕」毛傳：「旆，旗也。」到了春秋時指晉楚的前軍。後亦泛指軍隊。《左傳・莊公二十八年》：「子元以車六百乘伐鄭……子元、鬥御彊、鬥梧、耿之不比爲旆，鬥班、王孫游、王孫喜殿。〔註175〕」《左傳・僖公二十八年》：「狐毛設二旆而退之。〔註176〕」劉書年《劉貴陽經說》：「兩旆非旗名。設二旆，設前軍之兩隊也……楚前軍名旆，晉制亦然。」或前軍車輛。亦泛指車駕或車輛。《左傳・哀公二年》：「陽虎曰：吾車少，以兵車之旆，與罕駟兵車先陳。〔註177〕」杜預注：「旆，先驅車也。以先驅車益其兵車以示眾。」

《增修東萊書說》：

> 師行遇風，瞀亂奔逸，雖非所常遇，然眾散兵潰，常必由之，乃軍
> 中之深忌，不得不預戒也。當此之時，惟宜鎮之以靜，故戒其本部
> 安堵不動，無敢越逐，若縱之越逐，則奔者未及，逐者先亂，軍律
> 不可復整矣，惟嚴之以越逐之刑，使之森然，各守部伍，則潰亂者
> 將徐而自止，此出師鎮定變亂之法也。〔註178〕

故此異象是軍中的大忌，輕則軍伍喧嘩，重則相互踩踏，軍事行動前功盡棄。此事若眞發生，則晉國稱霸之途廢矣。「乃軍中之深忌，不得不預戒也。」因此當「亡大旆之左旃。」晉國軍中的司馬馬上將護旗不力的將領祈瞞就地正法，迅速的通報聯盟的諸侯以安軍心，並另派茅筏接替祈瞞的職務，顯示出

〔註173〕〔漢〕毛亨傳、〔東漢〕鄭玄箋、〔唐〕孔穎達正義，《毛詩注疏》（台北：藝文印書館，2001 年，景印清・嘉慶二十年江西南昌府學開雕重刊宋本）卷 9～15，頁 353。

〔註174〕〔漢〕毛亨傳、〔東漢〕鄭玄箋、〔唐〕孔穎達正義，《毛詩注疏》（台北：藝文印書館，2001 年，景印清・嘉慶二十年江西南昌府學開雕重刊宋本）卷 20，頁 793。

〔註175〕〔漢〕毛亨傳、〔東漢〕鄭玄箋、〔唐〕孔穎達正義，《毛詩注疏》（台北：藝文印書館，2001 年，景印清・嘉慶二十年江西南昌府學開雕重刊宋本）卷 8～10，頁 177。

〔註176〕〔西晉〕杜預注、〔唐〕孔穎達疏，《春秋左傳注疏》（台北：藝文印書館，2001 年，景印清・嘉慶二十年江西南昌府學開雕重刊宋本）卷 12～17，頁 272。

〔註177〕〔西晉〕杜預注、〔唐〕孔穎達疏，《春秋左傳注疏》（台北：藝文印書館，2001 年，景印清・嘉慶二十年江西南昌府學開雕重刊宋本）卷 57～60，頁 993。

〔註178〕〔南宋〕呂祖謙，《增修東萊書說》（上海：上海人民出版社，1999 年，景印文淵閣四庫全書本）卷 35，頁 8。

晉國的軍法嚴明，處置穩妥迅速，這也是晉國在城濮之戰勝出的重要原因。因此預兆不足以定勝負，端看人處理的方式。

第三節　火災

　　人之所以和其他動物有所區別，其中一個重要的因素是能掌握火的運用，使人類從食物鏈的中下端扶搖直上。火可以讓晝行性的人類眼睛在夜裡可以看清事物，延長活動的時間，火的高溫不僅可以消毒食物增加人類的壽命，還可以鑄造器具，藉著焚燒清除各種障礙物。更重要的是，除了人類，其他動物都怕火，讓人類在萬物之中佔有了無比的優勢地位。因此人類崇拜火，敬畏火，自古中國的火崇拜活動便多采多姿，到了周代亦不例外。

一、周人眼中的火神

　　最令人熟知的人格化火神有燧人氏與炎帝。《左傳・昭公十七年》：「炎帝氏以火紀，故為火師而火名。〔註 179〕」說明炎帝用火來紀事，因此炎帝所設置的各部門與部門長官都用火字來命名。《左傳・哀公九年》也說：「炎帝為火師。〔註 180〕」火師是古官名，主掌管火事。《國語・周語中》：「火師監燎，水師監濯。〔註 181〕」韋昭注：「火師，司火。因此炎帝是個掌管火的傳說人物。

　　炎帝又稱赤帝。〔漢〕董仲舒《春秋繁露・三代改制質文》：「以神農為赤帝。〔註 182〕」傳說是上古的帝王。定居於姜水（今岐水，在今陝西岐山西），其姓為姜，為少典之子。《逸周書・嘗麥》：「蚩尤乃逐帝，爭于涿鹿之河，九隅無遺，赤帝大懾，乃說于黃帝，執蚩尤，殺之于中冀。〔註 183〕」朱右曾校釋：「赤帝，神農之後帝榆罔。」另一說法是神農氏。都是人依自己的形象所

〔註 179〕〔西晉〕杜預注、〔唐〕孔穎達疏，《春秋左傳注疏》（台北：藝文印書館，2001年，景印清・嘉慶二十年江西南昌府學開雕重刊宋本）卷 41～53，頁 834。

〔註 180〕〔西晉〕杜預注、〔唐〕孔穎達疏，《春秋左傳注疏》（台北：藝文印書館，2001年，景印清・嘉慶二十年江西南昌府學開雕重刊宋本）卷 57～60，頁 1014。

〔註 181〕〔東吳〕韋昭注，《國語》（上海：商務印書館，1922 年，《四部叢刊》上海涵芬樓借杭州葉氏藏明金李刊本）卷二，頁 25。

〔註 182〕〔漢〕董仲舒，《春秋繁露》（上海：商務印書館，1922 年，《四部叢刊》上海涵芬樓藏武英殿聚珍版本）卷 7，頁 7。

〔註 183〕〔晉〕孔晁，《逸周書》（上海：上海人民出版社，1999 年，景印文淵閣四庫全書本）卷 6，頁 12。

造的神。他們被尊為火神的時間，似乎是早於五行觀念形成之前。在五行觀念中，南方屬火，配以朱色。

灶神也是與火有關的神。故而在周代也把炎帝奉為灶神。《淮南子》：「炎帝於火死而為竈。〔註184〕」高誘注：「炎帝神農以火德王天下，死託祀於竈神。」

另一位火神是祝融。祝又做祝，融又可作庸、誦、穌。也可單稱融。《山海經・海外南經》：「南方祝融，獸身人面，乘兩龍。〔註185〕」郭璞注曰：「祝融，火神也。」最早的記載，祝融並非人形，而是雜以獸身。《呂氏春秋・孟夏》：「其神祝融。〔註186〕」高誘注：「祝融，顓頊氏後，老童之子，吳回也，為高辛氏火正，死為火官之神。」祝融在為神之後，主管南方，也為南海之神。高誘注《淮南子・時則篇》曰：「祝融吳回為高辛氏火正，死為火神，拖祀為灶。〔註187〕」《管子・五行》：「得奢龍而辯於東方，得祝融而辯於南方。〔註188〕」《漢書・揚雄傳上》：「麗鉤芒與驂蓐收兮，服玄冥及祝融。〔註189〕」顏師古注：「祝融，南方神。」祝融亦為傳說中古代的帝王，王符《潛夫論・五德志》：「世傳三皇五帝，多以為伏羲、神農為二皇，其一者或曰燧人，或曰祝融，或曰女媧，其是與非未可知也。〔註190〕」《左傳・昭公二十九年》云：「火正曰祝融。〔註191〕」杜預注：「正，官長也。」《左傳》中單純的將祝融稱為上古的官名，祝融以火行政，因此將火正稱為祝融。《國語・鄭語》：「夫黎為高辛氏火正，以淳燿敦大，天明地德，光照四海，故命之曰祝融，其功

〔註184〕 〔漢〕劉安等撰，《淮南子》（上海：商務印書館，1922年，《四部叢刊》上海涵芬樓景印劉泖生影寫北宋本）卷13，頁40。

〔註185〕 〔西晉〕郭璞注，《山海經》（上海：商務印書館，1922年，《四部叢刊》上海涵芬樓借江安傅氏雙鑑樓藏明成化庚寅刊本）卷6，頁7。

〔註186〕 〔秦〕呂不韋編纂、〔東漢〕高誘注，《呂氏春秋》（上海：商務印書館，1922年，《四部叢刊》涵芬樓藏明宋邦義等刊本）卷4，頁1。

〔註187〕 〔漢〕劉安等撰，《淮南子》（上海：商務印書館，1922年，《四部叢刊》上海涵芬樓景印劉泖生影寫北宋本）卷5，頁8。

〔註188〕 〔唐〕房玄齡注，《管子》（上海：商務印書館，1922年，《四部叢刊》上海涵芬樓借常熟瞿氏鐵琴銅劍樓藏宋刊本景印本）卷14，頁15。

〔註189〕 〔東漢〕班固，《前漢書》（上海：上海人民出版社，1999年，景印文淵閣四庫全書本）卷87上，頁27。

〔註190〕 〔東漢〕王符，《潛夫論》（上海：商務印書館，1922年，《四部叢刊》上海涵芬樓借江南圖書館藏述古堂景宋寫本）卷8，頁32。

〔註191〕 〔西晉〕杜預注、〔唐〕孔穎達疏，《春秋左傳注疏》（台北：藝文印書館，2001年，景印清・嘉慶二十年江西南昌府學開雕重刊宋本）卷41～53，卷922。

大矣。〔註192〕」黎爲高辛氏的火正〔註193〕，因其品德光明美盛敦厚寬大，使得天光大明地生萬物，四海光照，所以才賜名「祝融」，可知在周代的祝融已脫神話性質，只單純的代表火官。

二、從天文學看周人尚火

在現代的觀念中，常常用鄒衍的陰陽五行說來定義周人「其色尚赤，其事則火。」鄒衍的「五德終始說」提出「終始」指「五德」的週而復始的循環運轉。鄒衍常常以這個學說來爲歷史變遷、皇朝興衰作解釋，但這終究是主觀的認定，後世也常爲認定的方式與標準爭論不休。《呂氏春秋・應同》：「及文王之時，天先見火，赤鳥銜丹書集於周社。文王曰：『火氣盛，故其色尚赤，其事則火。』〔註194〕」這一篇普遍被後世拿來印證鄒衍「五德終始說」理論的根據，《淮南子》：「鄒子曰：『五德之次，從所不勝，故虞土，夏木，殷金，周火。』〔註195〕」以土、木、金、火來搭配黃帝、禹、湯、文王的政權。但事實上黃帝與夏禹時尚土與木，至今仍無證據，怎能拿來證明周代尚火？事實上，周代尚火並非主觀的認定，從種種跡象中，便能客觀的來證明。

《史記・封禪書》：「周得火德，有赤鳥之符。〔註196〕」來說明周人對火的崇拜現象，有人持反對的意見，認爲「火德」是鄒衍「五德終始說」流行之後的阿諛穿鑿附會之說，並非周人的觀念，否定周人崇拜火的現象。但事實上，在鄒衍之前的《禮記・檀弓上》：「夏后氏尚黑；大事斂用昏，戎事乘驪，牲用玄。殷人尚白；大事斂用日中，戎事乘翰，牲用白。周人尚赤；大事斂用日出，戎事乘騵，牲用騂。〔註197〕」已有五行思想的出現，鄒衍只是

〔註192〕〔東吳〕韋昭注，《國語》（上海：商務印書館，1922 年，《四部叢刊》上海涵芬樓借杭州葉氏藏明金李刊本）卷16，頁4。

〔註193〕《史記・楚世家》以重黎爲一人，認爲即帝嚳高辛氏掌火官，而《索隱》以「重氏、黎氏二官代司天地，重爲木正，黎爲火正。」

〔註194〕〔秦〕呂不韋編纂、〔東漢〕高誘注，《呂氏春秋》（上海：商務印書館，1922 年，《四部叢刊》涵芬樓藏明宋邦義等刊本）卷13，頁8。

〔註195〕〔漢〕劉安等撰，《淮南子》（上海：商務印書館，1922 年，《四部叢刊》上海涵樓景印劉泖生影寫北宋本）卷11，頁13。

〔註196〕〔漢〕司馬遷，《史記》（上海：上海人民出版社，1999 年，景印文淵閣四庫全書本）卷28，頁10。

〔註197〕〔東漢〕鄭玄注、〔唐〕孔穎達疏，《禮記注疏》（台北：藝文印書館，2001 年，景印清・嘉慶二十年江西南昌府學開雕重刊宋本），卷3，頁113。

就這些既成的觀念進行了文化的整合，並利用這些整合的觀念來解釋或者是預測歷史的發展，漸漸的形成了所謂五德相生相剋的歷史觀。鄒衍的思想是以當時既有的事實再去擴充到遠古和臆測未來，因此既不能說鄒衍的思想無稽，也不能說鄒衍的思想合於事實。

《史記‧周本紀》：「有火自上復于下，至于王屋，流爲烏，其色赤。〔註198〕」、《漢書‧董仲舒傳》：「有火復于王屋，流爲烏，此盖受命之符也。〔註199〕」《尙書古文疏證》：「有火復於王屋流爲烏。〔註200〕」都說明了周朝的建立受命於火，而此火又變爲赤烏。此說也是漢本《泰誓》中的內容。根據漢代馬融所見漢《泰誓》本文曰：「火復于上，至于王屋，流爲雕。五至，與穀俱來。」但因爲馬融等曾經懷疑此一版本的《泰誓》爲僞作，而導致後來亡逸。其中的原因之一是認爲「『舉火』神怪，得無在子所不語中乎。〔註201〕」王輝先生認爲漢本《泰誓》應是可信的，因爲這節文字是星占記錄，「火」、「鳥」都是星宿、星體的名稱。馬融恐因不解「火」，便用「舉火神怪」、「在子所不語」兩個理由而將其否定。〔註202〕

從天文的角度來看「火復於上，至於王屋」，其中的「火」乃爲鶉火宿，初單指柳宿。當鶉火于凌晨時刻位於南中天，從屋內的角度向外仰視，即有「火復於上」、「至于王屋」的天象，若從這角度解釋，則可免於「舉火神怪」的糾葛。在古代的天文名詞中，有兩個星宿可以單以「火」來稱呼：一是大火；二是鶉火。最初大火並不是指房心尾三宿，而是單指心宿，莊師雅州對此星有詳盡研究：大火即心宿，東方蒼龍七宿之一。心大星爲西圖之天蠍 α，爲一‧二等大星，直徑爲太陽的四百八十倍，亮度爲太陽的一千六百倍，色赤。距離地球二百五十年。其前後二星爲天蠍 σ 及 τ，皆三等星。汪中云：「東方七宿最明大者莫如心，西方七宿最明大者莫如參，故古人多用之以紀時令。

〔註198〕〔漢〕司馬遷，《史記》（上海：上海人民出版社，1999年，景印文淵閣四庫全書本）卷4，頁10。

〔註199〕〔東漢〕班固，《前漢書》（上海：上海人民出版社，1999年，景印文淵閣四庫全書本）卷56，頁5。

〔註200〕〔清〕閻若璩，《尚書古文疏證》（上海：上海人民出版社，1999年，景印文淵閣四庫全書本）卷1，頁31。

〔註201〕〔漢〕孔安國傳、〔唐〕孔穎達疏，《尚書注疏》（台北：藝文印書館，2001年，景印清‧嘉慶二十年江西南昌府學開雕重刊宋本）卷11，頁151。

〔註202〕王暉，《商周文化比較研究‧商周習俗文化及文化淵源比較研究》（北京：人民出版社，2000年5月），頁445。

〔註203〕」傳說早在顓頊時代就有「火正」之官，專司大火之觀測，根據其出沒來指導農業生產；左傳昭公元年謂心爲殷之守護神；甲骨文中如：「七月已巳夕豆□屮新大星並火。〔註204〕」也記載了殷代有祭祀大火之禮，都足見古人對此星之重視。〔註205〕

鶉火也是指柳宿而非只柳星張三宿，柳宿又有另一稱名爲「咮」。《左傳‧襄公九年》云：「古之火正，或食於心，或食於咮，以出內火。是故咮爲鶉火，心爲大火。〔註206〕」《爾雅‧釋天》也說：「咮謂之柳。柳，鶉火也。〔註207〕」大火心宿出現在《尚書‧堯典》：「日永星火，以正仲夏。〔註208〕」與《國語‧周語中》：「火見而清風戒寒。〔註209〕」鶉火的記載有《國語‧晉語二》：「火中成軍〔註210〕」、「火中而旦〔註211〕」。而大火與鶉火都可單稱爲「火」。

因此漢本《泰誓》中的「火復於上」處所指的火應爲鶉火，《國語‧周語下》：

> 昔武王伐殷，歲在鶉火，月在天駟，日在析木之津，辰在斗柄，星在天黿。星與日、辰之位皆在北維，顓頊之所建也，帝嚳受之。我姬氏出自天黿，及析木者，有建星及牽牛焉，則我皇妣大姜之姪、伯陵之後逢公之所憑神也。歲之所在，則我有周之分野也。〔註212〕

可以爲證，古代的星象占卜認爲，木星走到某國的分野時，則利於伐人而《周

〔註203〕〔清〕汪中，《述學內篇》（上海：商務印書館，1936 年，《四部叢刊》上海涵芬樓借無錫孫氏藏本景印本）卷 1，頁 1。

〔註204〕羅振玉，《殷虛書契‧後編》（北京：北京圖書館出版社，1916 年）卷下，九頁一片。

〔註205〕莊師雅州，《夏小正析論》（台北：文史哲出版社，1985 年），頁 26。

〔註206〕〔西晉〕杜預注、〔唐〕孔穎達疏，《春秋左傳注疏》（台北：藝文印書館，2001 年，景印清‧嘉慶二十年江西南昌府學開雕重刊宋本）卷 29～41，頁 522。

〔註207〕〔西晉〕郭璞注、〔北宋〕邢昺疏，《爾雅注疏》（台北：藝文印書館，2001 年，景印清‧嘉慶二十年江西南昌府學開雕重刊宋本）卷 6，頁 96。

〔註208〕〔漢〕孔安國傳、〔唐〕孔穎達疏，《尚書注疏》（台北：藝文印書館，2001 年，景印清‧嘉慶二十年江西南昌府學開雕重刊宋本）卷 2，頁 19。

〔註209〕〔東吳〕韋昭注，《國語》（上海：商務印書館，1922 年，《四部叢刊》上海涵芬樓借杭州葉氏藏明金李刊本）卷 2，頁 22。

〔註210〕〔東吳〕韋昭注，《國語》（上海：商務印書館，1922 年，《四部叢刊》上海涵芬樓借杭州葉氏藏明金李刊本）卷 8，頁 13。

〔註211〕〔東吳〕韋昭注，《國語》（上海：商務印書館，1922 年，《四部叢刊》上海涵芬樓借杭州葉氏藏明金李刊本）卷 8，頁 14。

〔註212〕〔東吳〕韋昭注，《國語》（上海：商務印書館，1922 年，《四部叢刊》上海涵芬樓借杭州葉氏藏明金李刊本）卷 3，43～45。

語下》所說的情況「歲在鶉火」正是激勵周武王伐紂的重要理由之一。若將此處的「歲」指爲一種占星術而不是說此年爲鶉火年，則可避去武王伐紂究竟是何年的爭論。近來出土的古文字材料中也可支持此說法，作於武王克商後不久的利簋銘文：「五王伐商，唯甲子朝。歲鼎，克聞夙又商。」其中的「歲」字，張政烺、于省吾先生皆釋歲星，是對的。〔註213〕此「鼎」即爲「貞」，在甲古文中鼎、貞是通用而不分的，而「貞」可訓爲「正」。〔註214〕「歲貞」中的「貞」，其用法和《夏小正》四月初昏「南門正」與《國語・周語上》：「農祥晨正〔註215〕」中的「正」用法相同，其意是說在凌晨的時候歲星正好位於南中天。將利簋銘文「歲貞（正）」和《周語下》中的「歲在鶉火」一起結合起來解釋，便是印證了武王伐商的凌晨，鶉火宿和歲星一同出現於南方的正中天。王暉先生認爲這正是漢本《大誓》所說「火復於上，至于王屋」的含意，武王伐商的凌晨，鶉火柳宿上至頭頂自上復「覆」于下—因爲柳宿和它的屬星七星看起來像一個倒置的古文字「火」字。「鶉火」「至于王屋」，是因爲古代房屋往往朝南，當鶉火處於南中天時，看起來正像是「火」到了王屋之上。而「流爲鳥」則是因爲鶉火西流，出戶就會看到整個南方七星的鶉鳥星體。〔註216〕若從此觀點出發，《史記・封禪書》所提到「周得火德，有赤鳥之符。」，其中的「火」和「赤鳥」指的是鶉火宿，「赤鳥之符」正代表著鶉鳥宿出現於南中天的預兆。王暉先生認爲在「火」後加上「德」是一種附會。

但此種用天文吉兆來解釋周屬「火」德的說法，是有矛盾之處的，因爲以歲星的位置來判斷出兵吉凶的方法，似乎沒有確切的證據證明在武王伐商時便已出現。所謂分野，是指天上二十八宿與地上州、國的對應關係。《史記・天官書》中提到：「天則有列宿，地則有州域。〔註217〕」《淮南子・天文篇》指出星宿與列國的分野：

〔註213〕于省吾，〈利簋銘文考釋〉（收入《文物》第 8 期，北京，1977 年），頁 12。
張政烺，〈《利簋》釋文〉（收入《考古》第 1 期，北京，中國社會科學院考古研究所考古雜誌社，1979 年）

〔註214〕《楚辭・離騷》王注與《管子・五行》注均謂：「眞，正也。」

〔註215〕〔東吳〕韋昭注，《國語》（上海：商務印書館，1922 年，《四部叢刊》上海涵芬樓借杭州葉氏藏明金李刊本）卷 1，頁 13。

〔註216〕王暉，〈論漢本《書・大誓》的天象資料及其重要意義〉（收入《周秦漢唐國際文化研討會論文集》，1993 年）。

〔註217〕〔漢〕司馬遷，《史記》（上海：上海人民出版社，1999 年，景印文淵閣四庫全書本）卷 27，頁 45。

星部地名，角、亢鄭，氐、房、心宋，尾、箕燕，斗、牽牛越，須
女吳，虛、危齊，營室、東壁衛，奎、婁魯，胃、昂、畢魏，觜巂、
參趙，東井、輿鬼秦，柳、七星、張周，翼、軫楚。歲星之所居，
五穀豐昌，其對爲沖，歲乃有殃。當居而不居，越而之他處，主死
國亡。〔註218〕

《史記・天官書》提出了星宿與各州的的分野：

角、亢、氐，兗州。心、房，豫州。尾、箕，幽州。斗、江、湖。
牽牛、婺女，揚州。危、虛，青州。營室至東壁，并州。奎、婁、
胃，徐州。昂、畢，冀州。觜巂、參，益州。東井、輿鬼，雍州。
柳、七星、張，三河。翼、軫，荊州。〔註219〕

從提出了這樣有系統的對應關係之後，古人才開始把天象與人事做更緊密的
結合。

當時武王伐紂時，周朝的根據地在雍州，對應的星宿是井鬼，屬十二次
中的鶉首。商朝的首都在朝歌，位於三河，對應的星宿是柳星張，屬十二次
的鶉火。《淮南子・天文篇》曾說過：「歲星之所居，五穀豐昌。」因此武王
伐紂時，「歲在鶉火。」如果根據歲星所在爲吉祥之地的理論，歲星當年是對
應殷地，是紂王佔有吉祥之地，這于武王伐紂何利之有？相對的此預兆對於
武王可說是大兇之兆，怎可能將鶉火之兆命爲周朝之德。因此若想用天文之
兆來解釋周爲火德，顯然尚有疏漏之處。或許鶉火的出現對武王伐紂依然屬
於是種吉兆，但恐非是以分野之說來解釋。

文武王時代對於鶉火星宿出現的傳說後來被鄒衍加以利用，作爲他五德
終始說的一個重要部分。《呂氏春秋・應同》：「及文王之時，天先見火，赤鳥
銜丹書集於周社。〔註220〕」文王曰：『火德勝。』火德勝，故其色尚赤，其事
則火，代者必將水。」這段顯然雜有鄒衍的思想。無論武王伐紂時天上出
現的是鶉火星宿，或者是眞有火鳥，隨著武王的剋殷，與火有關的這兩個現
象都隨之成爲周人的幸運標誌，而成了鄒衍五德終始說的基礎。

〔註218〕　〔漢〕劉安等撰，《淮南子》（上海：商務印書館，1922 年，《四部叢刊》上
　　　　　海涵芬樓景印劉泖生影寫北宋本）卷3，頁 26。

〔註219〕　〔漢〕司馬遷，《史記》（上海：上海人民出版社，1999 年，景印文淵閣四庫
　　　　　全書本）卷 27，頁 34。

〔註220〕　〔秦〕呂不韋編纂、〔東漢〕高誘注，《呂氏春秋》（上海：商務印書館，1922
　　　　　年，《四部叢刊》涵芬樓藏明宋邦義等刊本）卷 13，頁 8。

三、從左傳看周人尚火的思想

《尚書・洪範》篇中提到多次「五行」：

> 惟十有三祀，王訪于箕子。王乃言曰：「嗚呼！箕子。惟天陰騭下民，
> 相協厥居，我不知其彝倫攸敘。」箕子乃言曰：「我聞在昔，鯀陻洪
> 水，汩陳其五行；帝乃震怒，不畀洪範九疇，彝倫攸斁。鯀則殛死，
> 禹乃嗣興，天乃錫禹洪範九疇，彝倫攸敘。〔註221〕

鯀因為用堵塞的方法治理洪水，擾亂上天所安排金、木、水、火、土五種基
本物質的運行規律而被天帝誅殺，透露出了五行所代表的五種物質是可以交
互輪替運行的，若將其輪迴的規律打破，必遭大咎。

> 初一曰五行，次二曰敬用五事，次三曰農用八政，次四曰協用五紀，
> 次五曰建用皇極，次六曰乂用三德，次七曰明用稽疑，次八曰念用
> 庶徵，次九曰嚮用五福，咸用六極。〔註222〕

此段是概說君主治國的基本方法，排在最先的是五行，透露出要為君主必先
掌握五種元素，在這裡五行是代表各種的資源。

> 一、五行：一曰水，二曰火，三曰木，四曰金，五曰土。水曰潤下，
> 火曰炎上，木曰曲直，金曰從革，土爰稼穡。潤下作鹹，炎上作苦，
> 曲直作酸，從革作辛，稼穡作甘。〔註223〕

這裡詳細的說明了五行的性質甚至是五行的味道，以便為君者辨識。

《尚書・甘誓》：

> 大戰于甘，乃召六卿。王曰：「嗟！六事之人，予誓告汝。有扈氏威
> 侮五行，怠棄三正。天用勦絕其命，今予惟恭行天之罰。左不攻于
> 左，汝不恭命；右不攻于右，汝不恭命；御非其馬之正，汝不恭命。
> 用命，賞于祖；弗用命，戮于社。予則孥戮汝。〔註224〕

孔穎達疏：「無所畏忌，作威虐而侮慢之。」此處的五行，有作金、木、水、
火、土五種元素解，亦有作五種德行仁、義、禮、智、信看待。〈洪範〉成書

〔註221〕〔漢〕孔安國傳、〔唐〕孔穎達疏，《尚書注疏》（台北：藝文印書館，2001
年，景印清・嘉慶二十年江西南昌府學開雕重刊宋本）卷12，頁167。
〔註222〕〔漢〕孔安國傳、〔唐〕孔穎達疏，《尚書注疏》（台北：藝文印書館，2001
年，景印清・嘉慶二十年江西南昌府學開雕重刊宋本）卷12，頁167。
〔註223〕〔漢〕孔安國傳、〔唐〕孔穎達疏，《尚書注疏》（台北：藝文印書館，2001
年，景印清・嘉慶二十年江西南昌府學開雕重刊宋本）卷12，頁168。
〔註224〕〔漢〕孔安國傳、〔唐〕孔穎達疏，《尚書注疏》（台北：藝文印書館，2001
年，景印清・嘉慶二十年江西南昌府學開雕重刊宋本）卷7，頁98。

的時代，李學勤先生認為應該是西周時期的作品〔註225〕，劉起釪先生認為完成於東周與西周之交〔註226〕

　　《左傳》中亦有多處提到五行，《左傳・昭公二十五年》：「因地之性，……用其五行。〔註227〕」《左傳・昭公三十二年》：「天有三辰，地有五行。〔註228〕」《左傳》還提到「五行之官。」《左傳・昭公二十九年》：「故有五行之官，是謂五官，實列受氏姓，封爲上公，祀爲貴神。社稷五祀，是尊是奉。木正曰句芒，火正曰祝融，金正曰蓐收，水正曰玄冥，土正曰后土。〔註229〕」從中可知五行的觀念起源甚早，或許是因爲這五種元素跟人日常的生活息息相關且不可或缺的緣故，不僅要維持其流通，甚至設官管理。在《左傳》中「五行」還有另外的稱呼，《左傳・襄公二十七年》提到：「天生五材，民並用之，廢一不可，誰能去兵？〔註230〕」杜預注曰：「五材，金木水火土也。」說明了五材亦可代稱五行。《左傳・文公七年》：「水、火、金、木、土、穀，謂之六府。〔註231〕」在五行之中又加入了穀成爲六府。《國語・鄭語》：「故先王以土與金、木、水、火雜，以成百物。〔註232〕」〈甘誓〉成書年代不詳，但也不應晚於春秋，《左傳》之成書年代也有各家說法，徐中舒先生認爲應於公元前 357～前 351 年〔註233〕。而《國語》的成書也並非一時，更非一人，

〔註225〕李學勤，《失落的文明》（上海：上海藝文出版社，1998 年），頁 310～317。

〔註226〕劉起釪，《古史續辨・〈洪範〉這篇統治大法的形成過程》（北京：中國社會科學出版社，1997 年）。

〔註227〕〔西晉〕杜預注、〔唐〕孔穎達疏，《春秋左傳注疏》（台北：藝文印書館，2001年，景印清・嘉慶二十年江西南昌府學開雕重刊宋本）卷41～53，頁 887。

〔註228〕〔西晉〕杜預注、〔唐〕孔穎達疏，《春秋左傳注疏》（台北：藝文印書館，2001年，景印清・嘉慶二十年江西南昌府學開雕重刊宋本）卷41～53，頁 933。

〔註229〕〔西晉〕杜預注、〔唐〕孔穎達疏，《春秋左傳注疏》（台北：藝文印書館，2001 年，景印清・嘉慶二十年江西南昌府學開雕重刊宋本）卷41～53，頁922。

〔註230〕〔西晉〕杜預注、〔唐〕孔穎達疏，《春秋左傳注疏》（台北：藝文印書館，2001 年，景印清・嘉慶二十年江西南昌府學開雕重刊宋本）卷29～40，頁648。

〔註231〕〔西晉〕杜預注、〔唐〕孔穎達疏，《春秋左傳注疏》（台北：藝文印書館，2001 年，景印清・嘉慶二十年江西南昌府學開雕重刊宋本）卷18～20，頁318。

〔註232〕〔東吳〕韋昭注，《國語》（上海：商務印書館，1922 年，《四部叢刊》上海涵芬樓借杭州葉氏藏明金李刊本）卷 16，頁 9。

〔註233〕徐中舒，《左傳選・後序—左傳的作者及其成書年代》（北京：中華書局，1979年）。

大約也是與《左傳》同期或更早一些。而這些典籍的完成顯然都早於鄒衍所生活的年代。〔註234〕

五行相勝說風行於戰國時期，但也略早於鄒衍所生的年代。鄒衍之前的五行之說是相對的，且有多種的解釋方式，而非鄒衍提出的五行相生相剋必依一定的規律循環向前的。《墨子·經下》：「五行毋常勝，說在宜。〔註235〕」這就說明了戰國時的五行相剋概念還是要視具體的客觀情況才能決定。《經說下》：「五合，水土火，火離然。火鑠金，火多也。金靡炭，金多也。合之府木，木離木。〔註236〕」證明了在當時人的眼中，水可克火，火亦能勝水；火可融金，金也能亡火。元素與元素之間並沒有絕對的強弱，陰陽平等而居，力強者剋之，力虛者被剋，一切取決於實力。

在鄒衍的思想完成之前，早已有人把諸侯國所在的位置與五行中的元素相互關連。《左傳》中早已有將姬姓的周王室及其諸侯、姜姓齊國、羋姓的楚國被歸類為火。子姓的宋國、嬴姓的秦國和晉之趙氏、媯姓的陳國被歸為水。

《左傳·昭公八年》：

> 晉侯問於史趙曰：「陳其遂亡乎？」對曰：「未也。」公曰：「何故？」對曰：「陳，顓頊之族也，歲在鶉火，是以卒滅。陳將如之。今在析木之津，猶將復由。且陳氏得政于齊而後陳卒亡。自幕至于瞽瞍無違命，舜重之以明德，寘德於遂。遂世守之。及胡公不淫，故周賜之姓，使祀虞帝。臣聞盛德必百世祀。虞之世數未也，繼守將在齊，其兆既存矣。」〔註237〕

亦指陳國乃顓頊之族，屬水，遇到「歲在鶉火」的火運，水可以克火，因此被滅族；之後遇到箕宿和斗宿之間的銀河，便可起死回生。《左傳·昭公九年》：

> 夏，四月，陳災。鄭裨灶曰：「五年陳將復封，封五十二年而遂亡。」子產問其故。對曰：「陳，水屬也；火，水妃也。而楚所相也。今火

〔註234〕鄒衍生活的時代，司馬遷以為與魏梁惠王、趙平原君同時，見《史記·孟荀列傳》。據錢穆先生考證，鄒衍大略與荀子同時期，見錢穆，《國學概論》（台北：商務印書館，1997年），頁63。

〔註235〕〔春秋〕墨翟，《墨子》（上海：商務印書館，1922年，《四部叢刊》上海涵芬樓景印明嘉靖癸丑刊本）卷10，頁5。

〔註236〕〔春秋〕墨翟，《墨子》（上海：商務印書館，1922年，《四部叢刊》上海涵芬樓景印明嘉靖癸丑刊本）卷10，頁33。

〔註237〕〔西晉〕杜預注、〔唐〕孔穎達疏，《春秋左傳注疏》（台北：藝文印書館，2001年，景印清·嘉慶二十年江西南昌府學開雕重刊宋本）卷41～53，頁770。

出而火陳，逐楚而建陳也。妃以五成，故曰五年。歲五及鶉火，而

後陳卒亡，楚克有之，天之道也，故曰五十二年。」〔註238〕

由此可知春秋時期的人普遍認為陳國屬水，和天上的析木相對應；楚國屬火，

與天上之火宿「鶉火」相應，水火不僅相配也相剋。陳國是顓頊之族，屬水，

因此遇到天上位於天河的析木則會興盛，遇到鶉火則遭滅亡。

晉國嬴姓的趙鞅一族和子姓的宋國都屬水，相傳為炎帝之後的姜姓齊國

屬火。《左傳·哀公九年》：

晉趙鞅卜救鄭，遇水適火，占諸史趙、史墨、史龜。史龜曰：「是謂

沈陽，可以興兵，利以伐姜，不利子商。伐齊則可，敵宋不吉。」

史墨曰：「盈，水名也；子，水位也。名位敵，不可干也。炎帝為火

師，姜姓其後也。水勝火，伐姜則可。」〔註239〕

從中可知，宋國是殷商之後，周屬火，殷屬金，金生水，故宋國屬水，嬴姓

的晉國趙氏同樣也屬水，楊伯峻先生注曰：「據杜注及孔疏，趙氏之先與秦同

祖，同姓嬴，嬴、盈二字古音同，趙姓盈，盈即嬴也。盈何以為水名，子何

以為水位，古今未有確解。〔註240〕」晉趙氏與殷人之後子姓宋人同屬水，互

不相剋，因此趙氏若與宋人為敵並不吉祥，恐兩敗俱傷。若是發兵去攻擊炎

帝之後的姜姓齊國則可大及獲勝，因為齊國屬火，水可以克火。

《左傳·僖公十五年》：

初，晉獻公筮嫁伯姬於秦，遇歸妹之睽。史蘇占之，曰：「不吉。其

繇曰：『士刲羊，亦無衁也；女承筐，亦無貺也。西鄰責言，不可償

也。』歸妹之睽，猶無相也。震之離，亦離之震。為雷為火，為嬴

敗姬。〔註241〕

宋·魏了翁在《春秋左傳要義》引服虔曰：「黎維日，為火。秦嬴姓，水位。

一至五有坎象，水勝火，固為嬴敗姬。〔註242〕」指出了嬴姓的秦國屬水，

〔註238〕〔西晉〕杜預注、〔唐〕孔穎達疏，《春秋左傳注疏》（台北：藝文印書館，2001
年，景印清·嘉慶二十年江西南昌府學開雕重刊宋本）卷41～53，頁778。

〔註239〕〔西晉〕杜預注、〔唐〕孔穎達疏，《春秋左傳注疏》（台北：藝文印書館，2001
年，景印清·嘉慶二十年江西南昌府學開雕重刊宋本）卷57～60，頁1014。

〔註240〕楊伯峻，《春秋左傳注》（台北：洪葉文化事業有限公司，1993年），頁1653。

〔註241〕〔西晉〕杜預注、〔唐〕孔穎達疏，《春秋左傳注疏》（台北：藝文印書館，2001
年，景印清·嘉慶二十年江西南昌府學開雕重刊宋本）卷12～17，頁232。

〔註242〕〔南宋〕魏了翁，《春秋左傳要義》（上海：上海人民出版社，1999年，景印
文淵閣四庫全書本）卷15，頁23。

姫姓的晉國屬火，占卜的卦象顯示出了利水而不利火，因此對姫姓的晉國是種不吉之兆，故而導致兵敗，雖說這只是一種追敘，恐與戰爭的結果關係不大，但可以知道在周人的觀念中，國家的五行屬性是可以影響戰爭的成敗的。

《左傳‧昭公三十一年》：

> 十二月辛亥朔，日有食之。是夜也，趙簡子夢童子羸而轉以歌，旦占諸史墨，曰：「吾夢如是，今而日食，何也？」對曰：「六年及此月也，吳其入郢乎！終亦弗克。入郢必以庚辰，日月在辰尾。庚午之日，日始有謫。火勝金，故弗克。」〔註243〕

雖然有應於楚國的日食惡兆，但因爲於南方屬火的楚國在五行之中可以勝金，因此楚國雖被入侵，但最終可免亡國，也是一個五行關乎國運的例子。

從上可知鄒衍的「周屬火德」，並不是一個主觀的認定，在當時便有姫姓的周人與位於南方的楚國屬火的觀念，而常與這兩國發生彼此消長的嬴姓秦國屬水，正好說明了五行中水火相互消長的現象，而屬水的國家還有顓頊之後的陳國，繼承殷商的子姓宋國，還有晉國的趙鞅一族。

四、春秋的五行思想與鄒衍的五行觀念異同

（一）水火與陰陽

雖說五行有五種元素，但《左傳》中的五行相勝的觀念運用在國家政治家族方面卻主要只有水、火這兩種元素，因此《左傳》中的水火似乎與陰陽關係更密切。《易‧說卦》：「天地定位，山澤通氣，雷風相薄，水火不相射。〔註244〕」雖然在《左傳‧昭公三十一年》有「火勝金」的說法，火可以明確的認定是指位於南方炎帝後代的楚國，或者是指日食的活動，象徵屬火的太陽被遮蔽，吳人侵楚攻入國都。但金卻難以與吳國相連，這裡的金是與「庚辰」、「庚辛」的時間有關。說明鄒衍單向式水克火、火克金、金克木、木克土、土克水的五行相生相剋的概念在《左傳》的時代中並未完備，秦晉二國在春秋時代相各據山頭，亦敵亦友，並沒有誰攻滅誰，最後晉乃亡於內亂，而非水代火德，這兩國的關係更似陰陽互相牽制的概念。

〔註243〕〔西晉〕杜預注、〔唐〕孔穎達疏，《春秋左傳注疏》（台北：藝文印書館，2001年，景印清‧嘉慶二十年江西南昌府學開雕重刊宋本）卷41～53，頁930。

〔註244〕〔魏〕王弼注、韓康伯注〔唐〕孔穎達正義，《周易注疏》，（台北：藝文印書館，2001年，景印清‧嘉慶二十年江西南昌府學開雕重刊宋本）卷9，頁183。

　　姬姓的周人屬火，嬴姓的秦人屬水，與鄒衍「五德終始說」的周屬火德，秦屬水德，水德代火德理論相同。在鄒衍的學說中宋人的祖先殷人屬金，故而周朝才能以火德代金德，但其學說卻無法解釋為什麼屬於殷商後代的子姓宋人在春秋的觀念中屬水，而屬水的宋國最後卻沒代周而亡於炎帝之後的姜姓齊國。再次說明了春秋的水火是並立的，沒有誰強誰弱的定律。

（二）矛盾的水火地域屬性

　　若將國家的水火屬性與地域的水火屬性相互搭配，便會發現有矛盾甚至完全相反的現象，《左傳・昭公十七年》：「夏數得天，若火作，其四國當之，在宋、衛、陳、鄭乎！宋，大辰之虛也；陳，大皞之虛也；鄭，祝融之虛也，皆火房也。〔註245〕」說明從地域來看宋、衛、陳、鄭皆屬火，處於大火星的分野，其地域屬火。但陳為顓頊之族，宋姓為子，兩國屬性皆屬水。屬水之國居於火地是有矛盾之處的，說明當時的五行理論體系尚未成熟，還無法充分的運用於解釋社會歷史的發展脈絡。

　　《史記・封禪書》：「周得火德，有赤鳥之符。」與《左傳》中多次提到姬姓之國屬火，顯見周屬火德的概念是在當時便已流傳，而非鄒衍的五行之說盛行後才用追述附會說法加以認定，而五行的觀念早已出現，只是並沒有用強制的方式來解釋當時各種的人、事、物。是鄒衍到了戰國的末期，總結之前的各種陰陽五行說法，與各族姓國家的水火之德，將之以金、木、水、火、土加以補充發展，擴大解釋，完成了五德相勝說的脈絡，五行出現在前，鄒衍整理在後，因此才出現戰國以前的五行說與鄒衍的五行說有所差異的現象。

五、《左傳》中的火災異

　　我們祖先因會用火而在眾生中獨樹一幟，但火總是無情的，也屢屢造成生命安全的危害，人在與火相處的過程中，透過長期的觀察與實踐，積累了豐富的經驗。這種經驗也見於經典之中，《周易・既濟》：「水在火上，既濟。君子以思患而預防之。〔註246〕」《前漢書・霍光傳》中也有「曲突徙薪〔註247〕」

〔註245〕〔西晉〕杜預注、〔唐〕孔穎達疏，《春秋左傳注疏》（台北：藝文印書館，2001年，景印清・嘉慶二十年江西南昌府學開雕重刊宋本）卷41～53，頁838。

〔註246〕〔魏〕王弼注、韓康伯注〔唐〕孔穎達正義《周易注疏》，（台北：藝文印書館，2001年，景印清・嘉慶二十年江西南昌府學開雕重刊宋本）卷6，頁136。

〔註247〕〔東漢〕班固，《前漢書》（上海：上海人民出版社，1999年，景印文淵閣四庫全書本）卷68，頁24。

的典故。可見自古已有對火災防患於未然的防火思想。

春秋早期在齊國擔任宰相，並使齊國急速的崛起於諸國之中，讓齊國一躍成為春秋「五霸」中「始霸」的政治家管仲，他就曾把消防認定成攸關國家貧富的五件大事之一，故而提出了「修火憲」的主張。《春秋》與《左傳》也記載了多次火災的紀錄，開了我國歷史記載火災的先河。尤其難得的是對宋國、鄭國和魯國防範和治理火災所採取的消防措施予以詳加記述，並突出以人為本的思想，反應了儒家對防範和治理火災的重視。

（一）火災與祭祀

周人重視祭祀，而祭祀必須有祭物，若火災發生於儲存祭品的倉庫，勢必影響祭祀的進行。《左傳‧桓公十四》：「秋八月壬申，御廩災。乙亥嘗，書不害也。〔註248〕」壬申到乙亥，中間所隔的時間為三天，而嘗祭乃秋祭名。在夏曆七月的孟秋，農穀收成，天子與諸侯嘗新，先薦寢廟之祭。若將這裡的八月視為是周曆，周曆的八月為夏曆的六月，嘗祭舉行於夏曆的七月，此時的新穀尚未收成，故而無穀可祭，火災怎麼會傷到要祭祀的祭物？若說將火災之後焚餘的舊穀拿去祭祀，似乎有不敬的嫌疑，更無可能，因此這裡的秋八月應指夏曆的八月，此時已經收成，故有新穀可祭。但御廩既災，拿焚餘的米去獻祭，似乎不妥，因此《公羊傳》曰：「猶嘗乎！御廩災，不如勿嘗而已矣！〔註249〕」譏諷這次的祭祀。春秋祭祀所用的粢盛乃為精米，便是已經過舂米的手續將稻殼去掉的米。御廩所藏的米是未舂之米，必待祭日經占卜確定後再從廩中取出，經舂米的的手續之後再用於祭祀。《周禮》：「廩人：掌九穀之數，以待國之匪頒、賙賜、稍食。……大祭祀，則共其接盛。〔註250〕」鄭玄注曰：「大祭祀之穀，籍田之收，藏於神倉者也。」說明的祭祀所需的穀子都是由直屬於天子的籍田所生產，特別另外收藏於神倉之中。接著又注：「接讀為一，扱再祭之扱，扱以授舂人舂之，大祭祀之穀，藉田之收，藏於神倉者也，不以給小用。」說明了在祭祀之前由廩人把穀從御廩中提出，交給舂米的人去將稻穀舂為精米，而後才能用於祭祀。由此可知御廩中所藏的米是

〔註248〕〔西晉〕杜預注、〔唐〕孔穎達疏，《春秋左傳注疏》（台北：藝文印書館，2001年，景印清‧嘉慶二十年江西南昌府學開雕重刊宋本）卷5～7卷，頁126。

〔註249〕〔東漢〕何休注、〔唐〕徐彥疏，《春秋公羊傳注疏》（台北：藝文印書館，2001年，景印清‧嘉慶二十年江西南昌府學開雕重刊宋本）卷4～5卷，頁65。

〔註250〕〔東漢〕鄭玄注、〔唐〕賈公彥疏，《周禮注疏》（台北：藝文印書館，2001年，景印清‧嘉慶二十年江西南昌府學開雕重刊宋本）卷9～16卷，頁25。

未去殼的稻穀，而不是精米，因爲在祭祀之前稻穀必須交由廩人提去春，春後的米不再入御廩，因此雖然御廩火災，但必燒不到粢盛。北宋劉敞曰：「壬申之日而災，乙亥之日而嘗，嘗之粟出廩久矣，乃其未災者，何謂災之餘乎？」〔註251〕因此《左傳》雖書，但卻曰不害，應指御廩之穀雖然葬送於火，但是本年用於祭祀的粢盛尚在，並無礙於嘗祭的舉行，因此有慶幸的意思。《左傳·宣公十六年》：「凡火，人火曰火，天火曰災。〔註252〕」因此這裡的「御廩災」說明了火災的原因不明，故而記其異也，並不是指不以上天的警戒爲害。

《左傳·昭公十八年》：

> 夏，五月，火始昏見。丙子，風。梓愼曰：「是謂融風，火之始也；七日，其火作乎！」戊寅，風甚。壬午，大甚。宋、衛、陳、鄭皆火。梓愼登大庭氏之庫以望之，曰：「宋、衛、陳、鄭也。」數日皆來告火。禪灶曰：「不用吾言，鄭又將火。」鄭人請用之，子產不可。子大叔曰：「寶以保民也，若有火，國幾亡。可以救亡，子何愛焉？」子產曰：「天道遠，人道邇，非所及也，何以知之？灶焉知天道？是亦多言矣，豈不或信？」遂不與。亦不復火。〔註253〕

融風是指東北風，杜預注曰：「東北曰融風。融風，木也。木，火母，故曰火之始。」孔穎達疏：「東北曰融風。《易緯》作調風，俱是東北風。一風有二名。東北，木之始，故融風爲木也。木是火之母，火得風而盛，故融爲火之始。」這個事件與前年「有星孛於大辰」相呼應。故而數日之間，宋、衛、陳、鄭皆來告火，應驗了前年冬天的梓愼之言。而融風時乃東北風，雖然應在五行上屬木而主火，但事實上卻無任何的證據能證明此風會導致火災，而子產不信天道，而只在乎人事，可見子產能把合於禮的祭祀與迷信分開，不混爲一談。且左傳中記「宋、衛、陳、鄭皆火」而不言災，加上子產固守國家的寶物而不輕易予人，可知當時的火災或許是有人假借天道的名義而製造動亂，子產恐有意識到火災的原因，怕人趁火打劫，故而不舉行祭祀，而非眞的輕視天道。

〔註251〕〔北宋〕劉敞，《春秋權衡》（上海：上海人民出版社，1999年，景印文淵閣四庫全書本）卷14，頁16。

〔註252〕〔西晉〕杜預注、〔唐〕孔穎達疏，《春秋左傳注疏》（台北：藝文印書館，2001年，景印清·嘉慶二十年江西南昌府學開雕重刊宋本）卷21～24，頁410。

〔註253〕〔西晉〕杜預注、〔唐〕孔穎達疏，《春秋左傳注疏》（台北：藝文印書館，2001年，景印清·嘉慶二十年江西南昌府學開雕重刊宋本）卷41～53，頁840。

（二）預言與火災

《左傳‧昭公九年》：

> 夏，四月，陳災。鄭裨灶曰：「五年陳將復封，封五十二年而遂亡。」
> 子產問其故。對曰：「陳，水屬也；火，水妃也。而楚所相也。今火
> 出而火陳，逐楚而建陳也。妃以五成，故曰五年。歲五及鶉火，而
> 後陳卒亡，楚克有之，天之道也，故曰五十二年。」〔註254〕

《左傳》將陳的火災稱爲「災」，而《公羊傳》與《穀梁傳》都書「陳火」。
趙匡曰：「按前後未有書外火者，小事若一一書之，固不可勝記，且諸侯亦當
不告也。災是天火，事大，故書之，唯宣榭火以樂器所在，以示周之所司無
人，示譏耳，此則不同其例也，故當依左氏爲災也。〔註255〕」故此處的災異
應屬非人爲之火。但經書記載了陳國的火災，屬於外災，若有記錄外災則必
須是受災的國家前來告知，才會錄於史書，但此時的陳國已經被楚滅亡，兼
併爲其一縣，以當時楚國與中原諸國的關係，斷然不會遣使前來告知楚國縣
境內的災異。因此有利用火災與五行的思想來彰顯楚國的無道與各地諸侯悲
陳之亡國，希望陳能復國的意念。

《左傳‧昭公十八年》：

> 鄭之未災也，里析告子產曰：「將有大祥，民震動，國幾亡。吾身泯
> 焉，弗良及也。國遷，其可乎？」子產曰：「雖可，吾不足以定遷矣。」
> 及火，里析死矣，未葬，子產使輿三十人遷其柩。〔註256〕

里析向子產預言國家的大災禍，並沒有提出相關的佐證，只單純的用口頭警
戒，並要求子產遷都，因此子產斷無法答應其請求，事實上子產也無法靠一
己之力來遷移國都，《左傳》記錄此段是單純的用里析的預言來認定鄭災發生
的必然性，但無任何的根據。

《左傳‧襄公三十年》：「或叫于宋太廟曰：『譆譆，出出。』鳥鳴于亳社，
如曰『譆譆』。甲午，宋大災。〔註257〕」這是記錄宋災之前的妖異，孔穎達注

〔註254〕〔西晉〕杜預注、〔唐〕孔穎達疏，《春秋左傳注疏》（台北：藝文印書館，2001
年，景印清‧嘉慶二十年江西南昌府學開雕重刊本）卷41～53，頁778。

〔註255〕〔唐〕陸淳，《春秋集傳辨疑》（上海：上海人民出版社，1999年，景印文淵
閣四庫全書本）卷10，頁3。

〔註256〕〔西晉〕杜預注、〔唐〕孔穎達疏，《春秋左傳注疏》（台北：藝文印書館，2001
年，景印清‧嘉慶二十年江西南昌府學開雕重刊宋本）卷41～53，頁840。

〔註257〕〔西晉〕杜預注、〔唐〕孔穎達疏，《春秋左傳注疏》（台北：藝文印書館，2001
年，景印清‧嘉慶二十年江西南昌府學開雕重刊宋本）卷29～40，頁681。

曰：「皆火妖也。」《春秋左傳屬事》：「譆譆，嗟痛聲，出出戒伯姬也，鳥火妖也。〔註258〕」《惠氏春秋說》：「先是鬼呼于廟，鳥鳴于社，皆曰譆譆，及火妖作而禍及宋君之母。〔註259〕」雖有記載，但卻不知火妖是何來歷。武王伐紂時，亦有火鳥「至于王屋」，而周人便將鳥與火合為一，成為崇拜的象徵。

（三）火災的應變之道

火災發生的因素很多，古人雖懂得用火，但往往也對無故而起的火警恐懼萬分，亦不知其原因，因此相當的重視起火時的因應之道。

《左傳·襄公九年》：

> 九年，春，宋災，樂喜為司城以為政，使伯氏司里。火所未至，徹小屋，塗大屋，陳畚挶；具綆缶，堪器；量輕重，蓄水潦，積土塗；巡丈城，繕守備，表火道。使華臣具正徒，令隧正納郊保，奔火所。使華閱討右官，官庀其司。向戌討左，亦如之。使樂遄庀刑器，亦如之。使皇鄖命校正出馬，工正出車，勞兵，庀武守。使西鉏吾庀府守，令司宮、巷伯儆宮。二師令四鄉正敬享，祝宗用馬于四墉，祀盤庚于西門之外。〔註260〕

宋國的都城發生火災，司城樂喜當時正主持國政，火起之時指揮六卿與其所屬官吏各盡職守，奮勇滅火，戒嚴宮室，保護庫藏，之後才命令四鄉四城祭祀先祖神靈，反映出古代救火的組織工作與治火措施。

《左傳·襄公九年》：

> 晉侯問於士弱曰：「吾聞之：宋災於是乎知有天道，何故？」對曰：「古之火正，或食於心，或食於咮，以出內火。是故咮為鶉火，心為大火。陶唐氏之火正閼伯居商丘，祀大火而火紀時焉。相土因之，故商主大火。商人閱其禍敗之釁，必始於火，是以日知其有天道也。」公曰：「可必乎？」對曰：「在道。國亂無象，不可知也。」〔註261〕

〔註258〕〔明〕傅遜，《春秋左傳屬事》（上海：上海人民出版社，1999年，景印文淵閣四庫全書本）卷10，頁20。

〔註259〕〔清〕惠士奇，《惠氏春秋說》（上海：上海人民出版社，1999年，景印文淵閣四庫全書本）卷5，頁6。

〔註260〕〔西晉〕杜預注、〔唐〕孔穎達疏，《春秋左傳注疏》（台北：藝文印書館，2001年，景印清·嘉慶二十年江西南昌府學開雕重刊宋本）卷29～40，頁522。

〔註261〕〔西晉〕杜預注、〔唐〕孔穎達疏，《春秋左傳注疏》（台北：藝文印書館，2001年，景印清·嘉慶二十年江西南昌府學開雕重刊宋本）卷29～40，頁522。

古代五行各有正，《左傳・昭公二十九年》：「故有五行之官，是謂五官。」宋爲殷商的後代，從上古唐堯時代開始到了商代，都設有火正之官以掌火政，主祭火星，並配祭心宿與柳宿，因火星運行於這兩宿之間。心宿有三星，其中心宿二爲主星，色紅如火；咮，柳宿，《爾雅・釋天》：「咮，謂之柳。〔註262〕」，當大火星於晚上東昇時，春耕開始。〔註263〕《禮記・郊特牲》：「季春出火，爲焚也。〔註264〕」《周禮・夏官・司馬》：「季春出火，民咸從之。季秋內火，民亦如之。〔註265〕」《大戴禮記・夏小正》：「五月初昏大火中……九月內火。〔註266〕」楊柏峻先生認爲「出內火」有兩義，一謂心宿二見與伏；一謂心宿二見，陶冶用火；扶，禁火，即月令「季春命工師、令百工咸理，季秋霜始降則百工休。」因天上的火星與地上用火的行動息息相關，故而殷商人考察禍福成敗的預兆是從火開始的，因此自認已掌握上天運行的規律，故而說「宋災於是乎知有天道。」晉國大夫士弱卻提出了與荀子「治亂非天」同樣的說法，認爲「國亂無象，不可知也。」，治亂之道在於人事。呼應了上段宋國救火的過程，不僅知天，也有人事上的防備。

鄭國火災是《左傳》中另一個詳細記錄滅火過程的記載，可看出春秋時當火災發生，不只有滅火才是最重要的工作。《左傳・昭公十八年》：

> 火作，子產辭晉公子、公孫于東門，使司寇出新客，禁舊客勿出於宮。使子寬、子上巡群屏攝，至于大宮。使公孫登徙大龜，使祝史徙主祏於周廟，告於先君。使府人、庫人各儆其事。商成公儆司宮，出舊宮人，寘諸火所不及。司馬、司寇列居火道，行火所焮。城下之人伍列登城。明日，使野司寇各保其徵，郊人助祝史除於國北，禳火于玄冥、回祿，祈于四鄘。書焚室而寬其征，與之材。三日哭，國不市。使行人告於諸侯。宋、衛皆如是。陳不救火，許不弔災，

〔註262〕〔西晉〕郭璞注、〔宋〕邢昺疏，《爾雅注疏》（台北：藝文印書館，2001年，景印清・嘉慶二十年江西南昌府學開雕重刊宋本）卷6，頁96。

〔註263〕鄭文光，《中國天文學源流》（台北：萬卷樓，2000年），60頁。

〔註264〕〔東漢〕鄭玄注、〔唐〕孔穎達疏，《禮記注疏》（台北：藝文印書館，2001年，景印清・嘉慶二十年江西南昌府學開雕重刊宋本）卷11，頁488。

〔註265〕〔東漢〕鄭玄注、〔唐〕賈公彥疏，《周禮注疏》（台北：藝文印書館，2001年，景印清・嘉慶二十年江西南昌府學開雕重刊宋本）卷28～33，頁457。

〔註266〕〔漢〕戴德，《大戴禮記》（上海：商務印書館，1936年，《四部叢刊》上海涵芬樓借無錫孫氏小綠天藏明袁氏嘉趣堂刊本景印本）卷2，頁18。

> 君子是以知陳、許之先亡也。〔註267〕

火災發生之初，子產將晉國的的公子與公孫從安全的出口辭退，保證兩國的邦誼不受損傷，然後讓司寇管制人口，以免外敵節外生枝。之後才進行遷移祖宗神主，安置民眾與撲滅火勢的動作。之後又「郊人助祝史除於國北，禳火于玄冥、回祿，祈于四鄘。」可見子產並非全然不信天道，而是祭祀要因時制宜，災害控制後才向各地的諸侯報備，行事井井有條。

《左傳·昭公十八年》：

> 七月，鄭子產為火故，大為社，祓禳於四方，振除火災，禮也。乃簡兵大蒐，將為蒐除。子大叔之廟在道南，其寢在道北，其庭小，過期三日，使除徒陳於道南廟北，曰：「子產過女，而命速除，乃毀於而鄉。」子產朝，過而怒之。除者南毀。子產及衝，使從者止之曰：「毀於北方。」〔註268〕

火災發生之後，子產依舊持續的興建土地廟，祭祀四方以求消災，救治災荒濟助難民，代表了這次的火警不僅造成鄭國財物的重大損失，也讓民心惶惶不可終日，故而一向理性的子產也大肆擴張祭祀的規模，以安民眾的心理，但這一切都是合於「禮」，表示子產雖祀而不淫，完全是審時度勢的作為。當內部工作安定後，子產整頓軍隊，檢閱車乘、徒兵，以防外敵入侵，過程中與貴族發生矛盾，顯見鄭國當時的貴族權勢已然膨脹。

關於這種衝突，無獨有偶，《左傳·昭公十二年》也有一段非常類似的記載：

> 三月，鄭簡公卒。將為葬除，及遊氏之廟，子大叔使其除徒執用以立，而無庸毀，曰：「子產過女，而問何故不毀，乃曰：『不忍廟也。諾，將毀矣。』」既如是，子產乃使辟之。司墓之室有當道者，毀之，則朝而塴；弗毀，則日中而塴。子大叔請毀之，曰：「無若諸侯之賓何？」子產曰：「諸侯之賓能來會吾喪，豈憚日中？無損於賓，而民不害，何故不為？」遂弗毀，日中而葬。君子謂子產於是乎知禮。禮，無毀人以自成也。〔註269〕

〔註267〕〔西晉〕杜預注、〔唐〕孔穎達疏，《春秋左傳注疏》（台北：藝文印書館，2001年，景印清·嘉慶二十年江西南昌府學開雕重刊宋本）卷41～53，頁840。

〔註268〕〔西晉〕杜預注、〔唐〕孔穎達疏，《春秋左傳注疏》（台北：藝文印書館，2001年，景印清·嘉慶二十年江西南昌府學開雕重刊宋本）卷41～53，頁842。

〔註269〕〔西晉〕杜預注、〔唐〕孔穎達疏，《春秋左傳注疏》（台北：藝文印書館，2001年，景印清·嘉慶二十年江西南昌府學開雕重刊宋本）卷41～53，頁789。

顧炎武《左傳杜注補正》卷下認爲這兩件事其實是同一件事：「此傳與十二年
鄭簡公卒，將爲葬除，不毀遊氏之廟，乃是一事。而傳誤重出。又或以爲葬，
或以爲蒐。〔註270〕」兩段文字所敘述之事極爲雷同，類似之處在于主角同是
子產、子大叔，事情都是與毀廟有關。但其原因又有所不同，一爲葬除，一
爲蒐除，具體內容也有些差別。此二事他書未見記載，亭林斷定爲一事，缺
乏足夠的證據，未免有些武斷。因此究竟是否一事，現在已經無法判斷。只
能說鄭國在當時大夫行政體系與貴族階級的矛盾已經相當的明顯。故子產在
受邀執政之初曾辭曰：「國小而偪，族大、寵多，不可爲也。」

《左傳・昭公十八年》：

> 火之作也，子產授兵登陴。子大叔曰：「晉無乃討乎？」子產曰：「吾
> 聞之：小國忘守則危，況有災乎？國之不可小，有備故也。」既，晉
> 之邊吏讓鄭曰：「鄭國有災，晉君、大夫不敢寧居，卜筮走望，不愛
> 牲玉。鄭之有災，寡君之憂也。今執事撋然授兵登陴，將以誰罪？邊
> 人恐懼，不敢不告。」子產對曰：「若吾子之言，敝邑之災，君之憂
> 也。敝邑失政，天降之災，又懼讒慝之間謀之，以啓貪人，荐爲敝邑
> 不利，以重君之憂。幸而不亡，猶可說也；不幸而亡，君雖憂之，亦
> 無及也。鄭有他竟，望走在晉。既事晉矣，其敢有二心？〔註271〕

火災發生之時，子產命「城下之人伍列登城。」顯見火災在當時是一件會導
致外敵侵入而亡國的大事，因此子產不敢不愼。小國受災而登城守禦本就是
天經地義，因此子產說：「吾聞之：小國忘守則危，況有災乎？國之不可小，
有備故也。」而晉國的過度反應正顯現出了晉國當時的國勢衰微。當時的晉
國是昭公（前531年－前526年），當時晉國的大夫權力膨脹，形成強大的范
氏、中行氏、智氏、韓氏、趙氏、魏氏六卿，公室已不復成爲重要力量，六
卿之間爭權奪利的鬥爭更加激烈。因此晉國自信心不足，才會有如此強烈而
又不尋常的反應。

《左傳・哀公三年》：

> 夏，五月辛卯，司鐸火。火踰公宮，桓、僖災。救火者皆曰顧府。
> 南宮敬叔至，命周人出御書，俟於宮，曰：「庀女，而不在，死。」

〔註270〕 〔清〕顧炎武，《左傳杜解補正》（上海：上海人民出版社，1999年，景印文
淵閣四庫全書本）卷下，頁16。

〔註271〕 〔西晉〕杜預注、〔唐〕孔穎達疏，《春秋左傳注疏》（台北：藝文印書館，2001
年，景印清・嘉慶二十年江西南昌府學開雕重刊宋本）卷41〜53，頁842。

子服景伯至，命宰人出禮書，以待命。命不共，有常刑。校人乘馬，
巾車脂轄，百官官備，府庫慎守，官人肅給。濟濡帷幕，鬱攸從之。
蒙葺公屋，自太廟始，外內以悛。助所不給。有不用命，則有常刑，
無赦。公父文伯至，命校人駕乘車。季桓子至，御公立于象魏之外，
命救火者傷人則止，財可為也。命藏象魏，曰：「舊章不可亡也。」
富父槐至，曰：「無備而官辦者，猶拾瀋也。」於是乎去表之槁，道
還公宮。孔子在陳，聞火，曰：「其桓、僖乎！」〔註272〕

《春秋》：「桓宮、僖宮災。」《左傳》把起火點出，乃先起於司鐸，踰公宮，
才焚桓公與僖公之廟，次述救火請官員的命令，顯示出對救火各有見識。從
照顧府庫，拯救禮書，撤退長官，防止盜竊以至於保護救火人員的生命安全，
讓行動井然有序，描寫滅火的場面，極具體而生動，讓人有如同親臨之感，
也知道在當時就有以濕布隔絕空氣，開闢防火牆等有效的防止火勢蔓延的方
法。最後才書孔子在陳聞火後的舉措。孔子曰：「其桓僖乎！」乃隱釋經義，
杜預注：「言桓僖親近，而廟不毀，宜為天所災。」孔穎達《正義》曰：「禮，
諸侯親廟四焉，高祖之父即當毀其廟，計桓之於哀，八世祖也，僖六世祖也。
親盡而廟不毀，言其宜為天所災也。」桓僖二廟之所以親盡而不毀者，服虔
認為：「季氏出桓公，又為僖公所立，故不毀其廟，其意或然。」家鉉翁有不
同的見解：「非夫子之言也，哀公於桓為九世，於僖七世，廟之不毀所從來遠
矣，何以至今日而後災？蓋三家者出於桓，自僖以來，世用事於魯，宿意如
悖禮僭上，逐君立君，有不可勝誅之罪，故天災桓僖廟以示警戒，非謂廟不
毀，而災以毀也。〔註273〕」這種說法雖有迷信的成分，但說明了周代古禮制
到了魯哀公時已經蕩然無存，更遑論他國。

（四）國際間對火災的態度

《左傳・襄公三十年》：

晉人、齊人、宋人、衛人、鄭人、曹人、莒人、邾人、滕人、薛人、
杞人、小邾人，會于澶淵，宋災故。為宋災故，諸侯之大夫會，以
謀歸宋財。冬，十月，叔孫豹會晉趙武、齊公孫蠆、宋向戌、衛北

〔註272〕〔西晉〕杜預注、〔唐〕孔穎達疏，《春秋左傳注疏》（台北：藝文印書館，
　　　　2001年，景印清・嘉慶二十年江西南昌府學開雕重刊宋本）卷41～53，頁
　　　　842。
〔註273〕〔南宋〕家鉉翁，《春秋集傳詳說》（上海：上海人民出版社，1999年，景印
　　　　文淵閣四庫全書本）卷29，頁11。

宮佗、鄭罕虎及小邾之大夫會于澶淵。既而無歸於宋，故不書其人。

君子曰：「信其不可不慎乎！澶淵之會，卿不書，不信也夫。諸侯之上卿，會而不信，寵名皆棄，不信之不可也如是。《詩》曰：『文王陟降，在帝左右』，信之謂也。又曰：『淑慎爾止，無載爾僞』，不信之謂也。」書曰「某人某人會于澶淵，宋災故」，尤之也。不書魯大夫，諱之也。〔註274〕

《春秋・宣公十二年》：「晉人、宋人、衛人、曹人同盟于清丘。〔註275〕」皆只書人而不書其名。《左傳・宣公十二年》：「晉原縠、宋華椒、衛孔達、曹人同盟于清丘，曰：『恤病，討貳。』於是卿不書，不實其言也。〔註276〕」即沒有信用，並沒實踐盟約的話。《春秋・襄公三十年》：「晉人、齊人、宋人、衛人、鄭人、曹人、莒人、邾人、滕人、薛人、杞人、小邾人，會于澶淵，宋災故。〔註277〕」此處經亦皆稱人，《左傳》中列舉出參與的諸侯大夫名氏，而曰：「爲宋災故，諸侯之大夫會，以謀歸宋財。……。既而無歸於宋，故不書其人。」與宣公十二年所釋經義相同。

「書曰『某人某人會于澶淵，宋災故』，尤之也。」是怪罪與會的諸侯代表，經文記載會盟，從不說聚盟所爲何事，此處獨言「宋災故」，事實上此聚會並沒有餽贈財物與宋國，故云尤之。「魯大夫不書，諱之也。」經之書諱者，多首書「公會」或某卿會。《左傳》中的叔孫豹即魯大夫，因此魯國是有參與這次會盟的，《春秋》不書叔孫豹會之者，是內大惡諱之例。見《公羊傳・隱公十年》：「《春秋》錄內而略外，於外大惡書，小惡不書，於內大惡諱，小惡書。」當時與會者大多數皆爲小國，財力有限，只有齊國、晉國爲大，但當時這兩國皆陷入了卿大夫的惡鬥，晉國有六卿之爭，齊國卿大夫相互兼併。前548年，崔杼殺莊公，立景公。前546年，慶封滅崔氏之族。慶封專齊政。次年，慶舍與欒、高（齊惠公之後）、陳（田）、鮑四族攻慶封，慶封奔吳。

〔註274〕〔西晉〕杜預注、〔唐〕孔穎達疏，《春秋左傳注疏》（台北：藝文印書館，2001年，景印清・嘉慶二十年江西南昌府學開雕重刊宋本）卷29～40，頁638。

〔註275〕〔西晉〕杜預注、〔唐〕孔穎達疏，《春秋左傳注疏》（台北：藝文印書館，2001年，景印清・嘉慶二十年江西南昌府學開雕重刊宋本）卷21～24，頁388。

〔註276〕〔西晉〕杜預注、〔唐〕孔穎達疏，《春秋左傳注疏》（台北：藝文印書館，2001年，景印清・嘉慶二十年江西南昌府學開雕重刊宋本）卷21～24，頁399。

〔註277〕〔西晉〕杜預注、〔唐〕孔穎達疏，《春秋左傳注疏》（台北：藝文印書館，2001年，景印清・嘉慶二十年江西南昌府學開雕重刊宋本）卷29～40，頁679。

因此當時兩大國的國君皆爲傀儡，空有大國之名，而無霸主之實，此會淪爲形式可想而知。

第四節　饑荒

　　穀物、果子等莊稼收成很差或顆粒無收稱爲饑荒。《逸周書・文傳》：「天有四殃，水、旱、饑、荒。〔註278〕」《爾雅・釋天》：「穀不熟爲饑，蔬不熟爲饉，果不熟爲荒。〔註279〕」賈誼《新書・無蓄》：「世有之飢荒，天下之常也。〔註280〕」因此饑荒爲大自然各種因素所造成的後遺症。

一、國內救災

《左傳・文公十六年》：

> 宋公子鮑禮於國人，宋饑，竭其粟而貸之。年自七十以上，無不饋詒也，時加羞珍異。無日不數於六卿之門。國之材人，無不事也；親自桓以下，無不恤也。公子鮑美而豔，襄夫人欲通之，而不可，乃助之施。昭公無道，國人奉公子鮑以因夫人。〔註281〕

這裡的貸是施與、給予的意思，而不是借。《格物通》：

> 公子鮑，昭公庶弟也，竭粟而貸，竭其私家之粟，以寬貸飢民也，無不饋詒者。澤施於老者也，無日不數於六卿之門者，恩逮於貴者也，國之材人無不事，宋國之賢人無不尊事之也，自桓以下無不恤，宋鮑之懿親無不賑恤之也，夫宋鮑賑宋之飢，惠及於上下親疏，可謂廣矣，然孔子曰：「君子惠而不費。」孟子曰：「導其妻子使養其老，斯王政濟民之大者也。」以宋鮑濟人之心，使聞孔孟之訓焉，則其所及之廣，豈有涯哉，後之有愛民之實者，其尚論之。〔註282〕

〔註278〕〔晉〕孔晁，《逸周書》（上海：上海人民出版社，1999年，景印文淵閣四庫全書本）卷3，頁6。

〔註279〕〔西晉〕郭璞注、〔宋〕邢昺疏，《爾雅注疏》（台北：藝文印書館，2001年，景印清・嘉慶二十年江西南昌府學開雕重刊宋本）卷6，頁95。

〔註280〕〔漢〕賈誼，《新書》（上海：商務印書館，1922年，《四部叢刊》上海涵芬樓借江南圖書館藏明正德長沙梮本景印本）卷4，頁26。

〔註281〕〔西晉〕杜預注、〔唐〕孔穎達疏，《春秋左傳注疏》（台北：藝文印書館，2001年，景印清・嘉慶二十年江西南昌府學開雕重刊宋本）卷18～20，頁347。

〔註282〕〔明〕湛若水，《格物通》（上海：上海人民出版社，1999年，景印文淵閣四庫全書本）卷99，頁9。

公子鮑乃宋昭公之庶弟。雖爲貴族，但卻恤民之受難，在當時貴族以剝削民力爲己私的時代是很難能可貴的。昭公七年（前 611 年），宋襄公夫人使人弒宋昭公於孟諸之藪，立公子鮑，是爲宋文公。隔年，晉靈公即派大將荀林父與諸侯出兵伐宋，追究此事。但因宋文公得民心，又賄諸侯，諸侯反承認其地位合法，此事遂不了了之。可見當時的民生極爲艱困，在荒年透過賑濟以收民心的效果極大，對鞏固統治地位相當有幫助。

二、國際援助

《左傳・隱公六年》：「冬，京師來告饑，公爲之請糴於宋、衛、齊、鄭，禮也。〔註 283〕」京師是指周天子的都城，當時已由鎬京遷至今河南洛陽市。魯隱公因自己國小且糧食不足，因此代天子向宋、衛、齊、鄭購買糧食。《禮書綱目》：「告饑不以王命，故傳言京師而不書于經也，雖非王命而公共以稱命，己國不足，旁請鄰國，故曰禮也。〔註 284〕」《春秋三傳讞・春秋左傳讞》：「爲京師請糴諸侯之盛節也，謂之禮宜矣。然此魯事不應不書於策，歸粟于蔡，經猶書，此安得不書乎，傳雜載經外事，妄以爲說而誣經者，如前紀人伐夷之類是也，不爲說而使學者反以疑經者，如此之類是也。〔註 285〕」此事雖合於禮，但終究是不光彩的事，可見周天子東遷後國勢已大不如前。

《左傳・莊公二十八年》：「冬，饑，臧孫辰告糴于齊，禮也。〔註 286〕」用平價來購買糧食曰糴，麥禾是生民的主食，既然「大無麥禾」，表示有饑荒。諸侯控制饑荒、賑濟災民是其責任，若國中存量不足，往往需要向鄰國購買糧食以補不足，因此左傳說「禮也。」但《春秋集傳辨疑》：「左氏曰禮也，趙子曰，據諱是譏，非善之也。〔註 287〕」有譏諷之意。《國語・魯語上》：

〔註 283〕〔西晉〕杜預注、〔唐〕孔穎達疏，《春秋左傳注疏》（台北：藝文印書館，2001年，景印清・嘉慶二十年江西南昌府學開雕重刊宋本）卷 2～4，頁 72。

〔註 284〕〔清〕江永，《禮書綱目》（上海：上海人民出版社，1999 年，景印文淵閣四庫全書本）卷 33，頁 8。

〔註 285〕〔北宋〕葉夢得，《春秋三傳讞・春秋左傳讞》（上海：上海人民出版社，1999年，景印文淵閣四庫全書本）卷 1，頁 18～19。

〔註 286〕〔西晉〕杜預注、〔唐〕孔穎達疏，《春秋左傳注疏》（台北：藝文印書館，2001年，景印清・嘉慶二十年江西南昌府學開雕重刊宋本）卷 8～10，頁 177。

〔註 287〕〔唐〕陸淳，《春秋集傳辨疑》（上海：上海人民出版社，1999 年，景印文淵閣四庫全書本）卷 4，頁 7。

魯饑，臧文仲言于莊公曰：「夫為四鄰之援，結諸侯之信，重之以婚姻，申之以盟誓，固國之艱急是為。鑄名器，藏寶財，固民之殄病是待。今國病矣，君盍以名器請糴于齊？」公曰：「誰使？」對曰：「國有饑饉，卿出告糴，古之制也。辰也備卿，辰請如齊。」……文仲以鬯圭與玉如齊告糴，曰：「天災流行，戾于弊邑，饑饉薦降，民羸幾卒，大懼乏周公、太公之命祀，職貢業事之不共而獲戾。不腆先君之幣器，敢告滯積，以紓執事，以救弊邑，使能共職。豈唯寡君與二三臣實受君賜，其周公、太公及百辟神祇實永饗而賴之！」齊人歸其玉而予之糴。〔註288〕

因此臧孫辰之如齊告糴，雖是奉命前往，實際上是臧孫辰自行提出請求，而非魯莊公主動派遣，故經不書公使，只書臧孫辰告糴於齊，以彰顯臧孫辰的勇於承擔任事，不畏艱苦。《左傳》的「禮也」，也是根據此事下評斷。趙匡採穀梁的「不言如，為內諱也。」的說法，以駁《左傳》的不詳史實。

《左傳·僖公十三年》：

冬，晉薦饑，使乞糴于秦。秦伯謂子桑：「與諸乎？」對曰：「重施而報，君將何求？重施而不報，其民必攜；攜而討焉，無眾必敗。」謂百里：「與諸乎？」對曰：「天災流行，國家代有。救災恤鄰，道也。行道有福。」丕鄭之子豹在秦，請伐晉。秦伯曰：「其君是惡，其民何罪？」秦於是乎輸粟于晉，自雍及絳相繼，命之曰「汎舟之役」。〔註289〕

晉國薦饑，乞糴於秦。秦大夫公孫枝、百里奚都主張輸粟以解秦災，利用施恩於晉的機會，趁機要求晉國加倍還報，並以此為開釁之機會，以求開疆拓土，顯然居心叵測。百里奚則認為救災恤鄰本就是正道，行正道必得福報。而有福即是得好處，跟公孫枝的陰謀奪取只是出發點不同，其實都想取利於晉國。但這兩人都是機智有識之士，穆公用之終成霸業，顯見這兩人都可稱為賢臣。而逃亡來秦的晉國大夫丕鄭之子丕豹卻想用此來公報私仇，絕非謀事之才。穆公不取其議，決定輸粟救荒，有大視野，亦有謀略。可知當時國際的救災活動，充滿了陰謀詭詐，以利為本。

〔註288〕　〔東吳〕韋昭注，《國語》（上海：商務印書館，1922 年，《四部叢刊》上海涵芬樓借杭州葉氏藏明金李刊本）卷 4，頁 6～8。

〔註289〕　〔西晉〕杜預注、〔唐〕孔穎達疏，《春秋左傳注疏》（台北：藝文印書館，2001 年，景印清·嘉慶二十年江西南昌府學開雕重刊宋本）卷 12～17，頁 223。

《左傳‧僖公十四年》：

> 冬，秦饑，使乞糴于晉，晉人弗與。慶鄭曰：「背施，無親；幸災，
> 不仁；貪愛，不祥；怒鄰，不義。四德皆失，何以守國？」虢射曰：
> 「皮之不存，毛將安傅？」慶鄭曰：「棄信背鄰，患孰恤之？無信，
> 患作；失援，必斃。是則然矣。」虢射曰：「無損於怨，而厚於寇，
> 不如勿與。」慶鄭曰：「背施幸災，民所棄也。」近猶讎之，況怨敵
> 乎？」弗聽。退曰：「君其悔是哉！」〔註290〕

去年晉饑，秦輸粟解晉災，今冬秦饑，正是晉輸粟回報，報前恩以緩解仇怨
的好時機，兩國或能言歸於好。晉國弗與，幸災樂禍，以秦災為己樂，閉糴
以饑荒作為削弱鄰國的利器，不僅犧牲無辜的人民，也加深兩國的怨仇。雖
有晉國大夫慶鄭的講求仁義、洞察屬害的勸諫，但終究是虢射之言勝出，使
得君與臣民之間離心離德。

《左傳‧僖公十五年》：「是歲，晉又饑，秦伯又餼之粟，曰：「吾怨其君，
而矜其民。且吾聞唐叔之封也，箕子曰：『其後必大。』晉其庸可冀乎？姑樹
德焉，以待能者。」於是秦始征晉河東，置官司焉。〔註291〕」此時已是秦、
晉韓之戰後了，秦國大敗晉國，秦國的勢力向東推進到了渭水流域，秦穆公
因此役成就了霸業。《春秋正傳》：

> 愚謂此其實傳也，於此可以見秦晉之得失矣，按此傳則晉侯烝於賈
> 君，一不德也，負約而不納羣公子，許賂以地而不信，二不德也，
> 忘秦輸粟恤災之義而閉之糴，三不德也，秦伐之仗此義矣，及秦獲
> 晉侯以歸，改館饋牢，以德禮而還之，又從而饋其飢，恤其災而矜
> 其民，不忘唐叔之舊焉，秦伯可謂善補過矣。〔註292〕

諸侯國彼此之間有輸粟恤災的義務，雖然各國爾虞我詐，但這是最基本對人
性的關懷，晉國國君連最基本的原則都將之背離，再加上其他不德的舉措，
晉惠公因此幾至送命。故而國家遭災，善用恤災之道，可成兩國之好，亦可
成彼此攻殺之勢，秦國雖居西鄙，君臣善於利用各種機會，故而能稱霸一方。

〔註290〕〔西晉〕杜預注、〔唐〕孔穎達疏，《春秋左傳注疏》（台北：藝文印書館，2001
年，景印清‧嘉慶二十年江西南昌府學開雕重刊宋本）卷12～17，頁224。

〔註291〕〔西晉〕杜預注、〔唐〕孔穎達疏，《春秋左傳注疏》（台北：藝文印書館，2001
年，景印清‧嘉慶二十年江西南昌府學開雕重刊宋本）卷12～17，頁234。

〔註292〕〔明〕湛若水，《春秋正傳》（上海：上海人民出版社，1999年，景印文淵閣
四庫全書本）卷13，頁39。

《左傳‧襄公二十九年》：

> 鄭子展卒，子皮即位。於是鄭饑，而未及麥，民病。子皮以子展之
> 命餼國人粟，戶一鍾，是以得鄭國之民，故罕氏常掌國政，以爲上
> 卿。宋司城子罕聞之，曰：「鄰於善，民之望也。」宋亦饑，請於
> 平公，出公粟以貸；使大夫皆貸。司城氏貸而不書，爲大夫之無者
> 貸。宋無飢人。叔向聞之，曰：「鄭之罕，宋之樂，其後亡者也，
> 二者其皆得國乎！民之歸也。施而不德，樂氏加焉，其以宋升降
> 乎！」〔註293〕

宋、鄭二國鬧饑荒。鄭國的大夫子皮迅速的賑濟災民，公平的每戶都接濟一
鍾糧食。宋國子罕「出公粟以貸；使大夫皆貸。」這是更進一步的由國家來
主持貸糧賑災的行動。《五禮通考》：「春秋時列國無復舉散利施惠之政者，旅
師、司稼其職久廢，而世卿大族或藉以結民心而專國政，若宋子罕者其猶有
歸美于君之意乎。〔註294〕」《格物通》：

> 賑恤之典固明君急於愛民憂國者之先務，而凡肉食者亦不可以不謀
> 也，夫平日之所以衣我、食我而給我軍國之需者，皆民之力也，今
> 不幸而際遇天災，衣食不能以自存，宜以其出諸民者，報乎民，寧
> 忍坐視其斃而莫之救乎？〔註295〕

春秋之時散利施惠之政已廢，周天子凌夷，後士大夫又多有代諸侯行政者，
以賑濟之名行收買民心之實，恐也是貴族坐大的原因之一，諸侯不恤民力，
讓貴族有可趁之機，自取其咎也。

三、饑荒與戰爭

《左傳‧文公十六年》：

> 楚大饑，戎伐其西南，至于阜山，師于大林。又伐其東南，至于陽
> 丘，以侵訾枝。庸人帥群蠻以叛楚，麇人率百濮聚於選，將伐楚。
> 於是申、息之北門不啓。楚人謀徙於阪高。蒍賈曰：「不可。我能往，

〔註293〕〔西晉〕杜預注、〔唐〕孔穎達疏，《春秋左傳注疏》（台北：藝文印書館，
2001年，景印清‧嘉慶二十年江西南昌府學開雕重刊宋本）卷29～40，頁
666。
〔註294〕〔清〕秦蕙田，《五禮通考》（上海：上海人民出版社，1999年，景印文淵閣
四庫全書本）卷247，頁6。
〔註295〕〔明〕湛若水，《格物通》（上海：上海人民出版社，1999年，景印文淵閣四
庫全書本）卷99，頁11。

寇亦能往，不如伐庸。夫麇與百濮，謂我饑不能師，故伐我也。若我出師，必懼而歸。百濮離居，將各走其邑，誰暇謀人？」乃出師。旬有五日，百濮乃罷。〔註296〕

當時晉國霸主之勢衰弱，中原各國又回到相互攻伐的混亂局面。楚國本可趁勢崛起，但突如其來的饑荒讓楚國失去先機，周圍的山戎、群蠻、百濮紛紛乘機入侵，可見饑荒對國家的打擊甚大，連強大的楚國都曾經因此而遷都甚至亡國。幸好楚國藉著虛張聲勢而逃過一劫，而群蠻也因趁人之危，準備不及，加上楚國文化已經發達，懂得利用計謀，分析情勢，鞏固了南方霸主的地位。《春秋闕疑》：「庸乘饑饉率蠻危楚，楚一畏徙則無以保其國矣，然禦變待敵亦制服之而已，夷人宗社豈王法之所容乎。〔註297〕」《御批資治通鑑綱目前編》：

楚恃其強陵蔑小國，其臣屬之者待之必無，一旦饑弱則群起而攻之矣，庸小國也，而幸其饑弱，率羣蠻叛之，此滅亡之招也，楚莊初年，內有鬭克公子燮之亂，外有庸麇之難，而卒以霸，禍患之有益於人國如此。〔註298〕

可知楚國在南方亦非以仁義待周邊之諸侯，積怨已久，才會有此一變故，「禍患之有益於人國如此」正代表著楚國的崛起過程是靠著殘暴的殺戮而成長。

《左傳·襄公九年》：「秦人侵晉。晉饑，弗能報也。〔註299〕」這是另一個趁他國饑荒而攻擊的例子。事實上這都導因於晉楚的爭霸，自鄢陵之戰後，鄭國成為楚之附庸。鄭處於晉楚兩國的要衝，因此成為兩大強權的必爭之地。魯襄公二年諸侯城虎牢，逼迫鄭國導向晉國，但在魯襄公八年，鄭又服從楚國，與楚重修舊好。楚國為了削弱秦國，故而支持秦國趁晉國饑荒加之以兵戎，晉國暫緩對秦的報復，先出兵降服鄭國，雖然成功達到目的，但之後又一連串的對外用兵，窮兵黷武使得晉國元氣大傷，霸業自然中衰。《春秋闕疑》：

〔註296〕〔西晉〕杜預注、〔唐〕孔穎達疏，《春秋左傳注疏》（台北：藝文印書館，2001年，景印清·嘉慶二十年江西南昌府學開雕重刊宋本）卷18～20，頁346。

〔註297〕〔元〕鄭玉，《春秋闕疑》（上海：上海人民出版社，1999年，景印文淵閣四庫全書本）卷21，頁18。

〔註298〕〔清〕愛新覺羅玄燁，《御批資治通鑑綱目前編》（上海：上海人民出版社，1999年，景印文淵閣四庫全書本）卷13，頁13。

〔註299〕〔西晉〕杜預注、〔唐〕孔穎達疏，《春秋左傳注疏》（台北：藝文印書館，2001年，景印清·嘉慶二十年江西南昌府學開雕重刊宋本）卷29～40，頁526。

　　高氏曰：「晉方帥諸侯會吳滅偪陽，又越千里而伐秦，可謂虐用其民矣，爲晉計者，莫若修文公之業，與秦通和庶，因秦之兵力共攘強楚，可以少安。中國不此之圖，反以秦資楚，此晉之失也。」家氏曰：「春秋于楚鄭伐宋之後，繼書晉師伐秦，責晉也。諸侯惟宋事晉最謹，是以爲楚所疾，今宋人受兵，晉不能急救，猶可諉曰力之不給，乃更出師伐秦，秦雖與晉有憾，孰若宋人受兵之爲急乎。置宋之急而治已之私，春秋所以責也，不書大夫帥師，微之也。〔註300〕」顯見外交與國際互動關乎霸業的存續，晉國內不撫民，外部恤鄰，自陷於進退維谷之中。

〔註300〕〔元〕鄭玉，《春秋闕疑》（上海：上海人民出版社，1999年，景印文淵閣四庫全書本）卷29，頁21。

第七章　左傳中的動物災異

第一節　蟲災

　　中國的蟲災主要為蝗災，也是古代中國最嚴重的生物災害，蝗蟲是直翅目短角亞目昆蟲的總稱。因古中國以農業為主要的謀生產業，因此蝗蟲成災會造成嚴重的糧食歉收、饑荒加劇，食物一旦缺乏人口便會銳減，威脅人類的生存與發展，甚至會激化隱藏於社會底層的各種矛盾，使得國家社會動盪不安。因此，蝗災的出現與防治一直是歷代統治者一個頭痛的難題，中國古代很早就開始記載蝗災的活動記錄，資料詳盡，連續性強。我國自古以農為本，在眾多的農業自然災害中，蝗災一直佔有重要的地位，與水災、旱災一起構成了中國古代農業的三大影響因素。而在這三種災害中，蝗災的危害顯得極為突出。《農政全書・荒政》：「凶饑之因有三：曰水、曰旱、曰蝗。地有高卑，雨澤有偏被，水旱為災，尚多倖免之處，惟旱極而蝗，數千里間草木皆盡，或牛馬毛、幡幟皆盡，其害尤慘過於水旱也。〔註1〕」可見蝗災的破壞性是全面且慘烈的，加上多在旱災之後隨之而來，讓災民無喘息的餘地，故而在中國幾千年的歷史中，蝗災一直是個嚴重的問題。

一、最早的記載

　　我國古代以農作物作為主要民生產業的歷史已有七八千年，蝗蟲危害的情形也早已出現。早在殷商的甲骨文中，便已經有大量的「蝗」字和「螽」

〔註 1〕〔明〕徐光啟，《農政全書》（上海：上海人民出版社，1999 年，景印文淵閣四庫全書本）卷 44，頁 23。

字。過去許多學者把他們審定為「秋」字或者「夏」字，認定是象形的蟋蟀或蟬。80 年代，周堯先生根據《說文解字》對此進行了重新考證，認為現在的「蝗」字和「螽」字就是由它們演化而來的〔註2〕另外，在甲骨文中也發現大量關於「告蝗」的卜辭，其中有一部份還是與天氣有關的卜辭聯繫在一起。

我國第一本詩歌總集《詩經》中亦有許多詩句是與蝗蟲有關。《詩經・周南・螽斯》：「螽斯羽，詵詵兮。宜爾子孫振振兮。螽斯羽，薨薨兮。宜爾子孫繩繩兮。螽斯羽，揖揖兮。宜爾子孫蟄蟄兮。〔註3〕」《詩經・豳風・七月》：「五月斯螽動股，六月莎雞振羽。〔註4〕」而正史中關於蝗災最早也最明確的紀錄是《春秋》：「桓公五年，螽。〔註5〕」年代是公元前 707 年。

我國的先民不但很早便體認到蝗蟲對民生所造成的危害，也靠著經驗的累積歸結出對抗蝗災的方法。《詩經》：「去其螟螣，及其蟊賊，無害我田稚。田祖有神，秉畀炎火。〔註6〕」，說明了在 3000 年前，先民便已經知道蝗蟲具有趨光性，而且蝗蟲遇水並不會馬上被淹死，還有一定的活動力，即使淹死，它們的屍骸也會變成其他蝗蟲休息的筏子，因此只有火光才能有效的吸引蝗蟲，將之投於烈焰當中方能完全將其消滅。早在漢朝時期先民便已能善用此方法來滅蝗，王充在《論衡》中曰：「蝗蟲時至，或飛或集，所集之地，穀草枯索，吏卒部民塹道，作坎榜，驅內於塹，塹杷蝗積聚以千斛數，正攻蝗之身。〔註7〕」先挖一長溝，後組織民眾驅趕蝗蝻於溝中後再將其掩埋。到了唐代時已經普遍使用火來消滅蝗蟲，當時山東地區發生蝗災，就採取點燃篝火，並在火邊挖掘坑洞，用邊燒邊埋的方法，來防治蝗災。而在蝗蟲未成蟲之前將其幼蟲消滅，不僅能防範於未然，也較為省力。在宋代，宋人對於蝗蟲的

〔註2〕周堯，《中國昆蟲學史》（北京：科學出版社，1989 年），頁 153。

〔註3〕〔漢〕毛亨傳、〔東漢〕鄭玄箋、〔唐〕孔穎達正義，《毛詩注疏》（台北：藝文印書館，2001 年，景印清・嘉慶二十年江西南昌府學開雕重刊宋本）卷 1，頁 35。

〔註4〕〔漢〕毛亨傳、〔東漢〕鄭玄箋、〔唐〕孔穎達正義，《毛詩注疏》（台北：藝文印書館，2001 年，景印清・嘉慶二十年江西南昌府學開雕重刊宋本）卷 8，頁 276。

〔註5〕〔清〕惠士奇，《惠氏春秋說》（上海：上海人民出版社，1999 年，景印文淵閣四庫全書本）卷 9，頁 23。

〔註6〕〔漢〕毛亨傳、〔東漢〕鄭玄箋、〔唐〕孔穎達正義，《毛詩注疏》（台北：藝文印書館，2001 年，景印清・嘉慶二十年江西南昌府學開雕重刊宋本）卷 9～15，〈小雅・大田〉，頁 466。

〔註7〕〔漢〕王充，《論衡》（上海：商務印書館，1922 年，《四部叢刊》上海涵芬樓藏明通津草堂本）卷 15，〈順鼓篇〉，頁 29。

認識又深一層，已經能準確的找出蝗蟲的產卵之所。《宋史‧五行志》：「景祐元年六月，開封府淄州蝗，諸路募民掘蝗種萬餘石。〔註8〕」。明清時期，人們對蝗蟲的生活史、蝗蟲的發生與周遭環境的關係，都有更進一步的認識。〔註9〕到了清代則出現了大量的治理蝗災的專門著作。

二、害蟲的種類

出現於《春秋》、《左傳》中的害蟲共有六種

（一）蜚

《爾雅注疏》：

> 蜚負蠜，夷狄之物，越之所生，其爲蟲，臭惡南方溼氣之所生也，《本草》曰蜚，屬蟲也，然則蜚自臭惡之蟲，害人衣物，故《春秋左氏傳》曰，有蜚不爲災亦不書也，《春秋》經傳皆云，有蜚則此蟲名，蜚一名蠦蜰，而舍人李巡皆云，蜚蠦一名蜰，非也，此蟲一名負盤，《漢書》及《左傳注》多作負蠜者，以此下有草蟲負蠜，故相涉誤耳。〔註10〕

蜚是一種小飛蟲，形橢圓，發惡臭，食稻花爲害。一說即負蠜。《左傳‧隱公元年》：「有蜚。不爲災，亦不書。〔註11〕」《漢書‧劉向傳》：「五石隕墜，六鷁退飛，多麋，有蜮、蜚，鸜鵒來巢者，皆一見。〔註12〕」顏師古注：「蜚，負蠜也。」清‧俞正燮《癸巳存稿‧反切證義》：「負蠜爲蜚，不聿爲筆。」

（二）螟

《爾雅翼》：

> 古者言螟、螣、蟊賊者，曰食苗心，螟食葉，螣食節，賊食根，蟊耳乃未始的言其狀惟五行，稱視之不明時，則有蠃蟲之孽，謂螟螣之類，

〔註8〕 〔元〕托克托，《宋史》（上海：上海人民出版社，1999年，景印文淵閣四庫全書本）卷62，頁15。

〔註9〕 苟萃華等，《中國古代生物史》（北京：科學出版社，1989年），頁153。

〔註10〕 〔西晉〕郭璞注、〔北宋〕邢昺疏，《爾雅注疏》（台北：藝文印書館，2001年，景印清‧嘉慶二十年江西南昌府學開雕重刊宋本）卷9，〈釋蟲第十五〉，頁161。

〔註11〕 〔西晉〕杜預注、〔唐〕孔穎達疏，《春秋左傳注疏》（台北：藝文印書館，2001年，景印清‧嘉慶二十年江西南昌府學開雕重刊宋本）卷2～4卷，頁39。

〔註12〕 〔東漢〕班固，《前漢書》（上海：上海人民出版社，1999年，景印文淵閣四庫全書本）卷36，頁17。

當死不死，未當生而生，或多於故而爲災，聽之不明時則有介蟲之孽，蟲蜚蟓之類或曰蟓，螟之始生，屬蠃蟲之孽，然則但知螟螣之爲蠃蟲蟓之爲介而已，今食苗心者，乃無足小青蟲，既食其葉又以絲纏集眾葉，使穗不得展，江東謂之蟥蟲，音若橫逆之橫，言其橫生又能爲橫災也，然按蝗字通有橫音，以爲物雖不同，皆害稼之屬也，漢孔臧〈蓼蟲賦〉曰，爰有蠕蟲，厥狀似螟，是螟爲無足蟲也。〔註13〕

螟乃螟蛾的幼蟲。一種蛀食稻心的害蟲。《春秋・隱公五年》：「螟。〔註14〕」杜預注：「蟲食苗心者爲災，故書。」韓愈《鄆州溪堂詩》：「孰爲邦孟，節根之螟。〔註15〕」螟雖以稻爲食但並非蝗蟲之屬也，《爾雅翼》：「說者亦多以蟓爲蟲、螟之類，失之愈遠，《說苑》曰：蠹蟓仆柱，蚊虻失牛。〔註16〕」一方面可知當時對於昆蟲的種類並不細分，另一方面得知戕害稻穀的害蟲眾多，就算沒有天災的摧殘，想豐收也非易事。

（三）蝗蟲類

《春秋》中哪幾種害蟲屬於蝗蟲類？《爾雅注疏》將蟲、蟓、螣、蝥都歸爲蝗蟲，不同的是有些爲成蟲，有些爲幼蟲。《爾雅注疏》：「蟓，劉歆說：蚍蜉子也。董仲舒說：蝗子也。何休注《公羊》云：即蟲也。始生曰蟓，長大曰蟲。杜預亦云：蟲子。〔註17〕」將蟓、蟲歸爲一類。《爾雅注疏》：「石經蝥作蝥……蝥《詩》作螣……。〔註18〕」疏曰：「陸璣疏云：今人謂蝗子，爲蟲子，兗州人謂之螣，許慎云：蝗，蟲也，蔡邕云：蟲蝗也，明是一物。〔註19〕」將蟲、螣、蝥視爲蝗蟲。故而蟲、蟓、螣、蝥都可視爲蝗蟲一類。

〔註13〕〔南宋〕羅願，《爾雅翼》（上海：上海人民出版社，1999年，景印文淵閣四庫全書本）卷27，頁8～9。

〔註14〕〔西晉〕杜預注、〔唐〕孔穎達疏，《春秋左傳注疏》（台北：藝文印書館，2001年，景印清・嘉慶二十年江西南昌府學開雕重刊宋本）卷2～4卷，頁57。

〔註15〕〔唐〕韓愈撰、〔唐〕李漢編、〔宋〕廖瑩終集注《東雅堂昌黎集註》（上海：上海人民出版社，1999年，景印文淵閣四庫全書本），卷14，頁4。

〔註16〕〔南宋〕羅願，《爾雅翼》（上海：上海人民出版社，1999年，景印文淵閣四庫全書本）卷27，頁4～5。

〔註17〕〔西晉〕郭璞注、〔北宋〕邢昺疏，《爾雅注疏》（台北：藝文印書館，2001年，景印清・嘉慶二十年江西南昌府學開雕重刊宋本）卷九，〈釋蟲〉，頁162。

〔註18〕〔西晉〕郭璞注、〔北宋〕邢昺疏，《爾雅注疏》（台北：藝文印書館，2001年，景印清・嘉慶二十年江西南昌府學開雕重刊宋本）卷九，〈釋蟲〉，頁164。

〔註19〕〔西晉〕郭璞注、〔北宋〕邢昺疏，《爾雅注疏》（台北：藝文印書館，2001年，景印清・嘉慶二十年江西南昌府學開雕重刊宋本）卷9，頁162。

1、螽

《爾雅注疏》：

> 皇螽一名蠜，李巡曰：蝗子也，陸璣疏云：今人謂蝗子爲螽子，兗
> 州人謂之螣，許慎云：蝗螽也，蔡邕云：螽蝗也，明是一物草蟲，
> 一名負蠜，一名常羊，陸璣云：小大長短如蝗也，奇音青色，好在
> 茅草中，又一名草蟲，《詩》云：喓喓草蟲，趯趯皇螽是也，蜤螽〈周
> 南〉作螽斯，七月作斯螽，惟字異文倒，其實一也，一名蜙蝑，一
> 名蜙蝑，一名蜇，陸璣云：幽州人謂之春箕，春箕即舂，蝗類也，
> 長而青，長角，長股，股鳴者也，或謂似蝗而小斑黑，其股似瑇瑁，
> 又五月中以兩股相切作聲，聞數十步者是也，蟿螽一名螇蚸，形似
> 蜙蝑而細長，飛翅作聲者是也，土螽一名蟅蟒，今謂之土蜤，江南
> 呼蚚蛨又名蚱蜢，似蝗細小善跳者是也，注，《詩》：喓喓草蟲，趯
> 趯皇螽者，〈召南・草蟲篇〉文。」[註20]

螽，蟲名。有皇螽、草螽、蜤螽、蟿螽、土螽五種。舊說謂爲蝗類的總名。今
以皇螽、蟿螽、土螽屬蝗蟲科；蜤螽、草螽屬螽斯科。《春秋・桓公五年》：「蔡
人、衛人、陳人從王伐鄭。大雩。螽。[註21]」杜預注：「蜙蝑之屬爲災，故書。」
《春秋・文公三年》：「（秋）雨螽于宋。[註22]」杜預注：「自上而墮，有似于
雨。」焦贛《易林・觀之泰》：「探鷇得螽，所願不喜。[註23]」螽之危害不僅
規模與密度龐大，其突如其來之勢，往往令人防不勝防。

2、蝝

《爾雅注疏》：

> 《石經》蝝作蟓，陸本作蟸，……。蟓《詩》作螣，一種虫，似螟
> 蛉食苗葉而卷爲房，賊即草虫類，雖亦食葉，好食節螽。[註24]

〔註20〕〔西晉〕郭璞注、〔北宋〕邢昺疏，《爾雅注疏》（台北：藝文印書館，2001
　　　　年，景印清・嘉慶二十年江西南昌府學開雕重刊宋本）卷9，〈釋蟲〉，頁162。
〔註21〕〔西晉〕杜預注、〔唐〕孔穎達疏，《春秋左傳注疏》（台北：藝文印書館，2001
　　　　年，景印清・嘉慶二十年江西南昌府學開雕重刊宋本）卷5～7卷，頁105。
〔註22〕〔西晉〕杜預注、〔唐〕孔穎達疏，《春秋左傳注疏》（台北：藝文印書館，2001
　　　　年，景印清・嘉慶二十年江西南昌府學開雕重刊宋本）卷18～20卷，頁305。
〔註23〕〔漢〕焦贛，《焦氏易林》（上海：商務印書館，1922年，《四部叢刊》涵芬樓
　　　　借印北京圖書館藏元刊殘本烏程蔣氏密韻樓藏影元寫本）卷5，頁121。
〔註24〕〔西晉〕郭璞注、〔北宋〕邢昺疏，《爾雅注疏》（台北：藝文印書館，2001
　　　　年，景印清・嘉慶二十年江西南昌府學開雕重刊宋本）卷九，〈釋蟲〉，頁164。

蟓爲未生翅的幼蝗。《公羊傳・宣公十五年》：「冬，蟓生。〔註25〕」張衡〈西京賦〉：「摭胎拾卵，蚔蟓盡取。〔註26〕」李周翰注：「蟓，蝗子。」《遼史》：「五月，丙辰，玉田、安次，蟓傷稼。〔註27〕」

　　3、螣

　　同蟘，都是吃苗葉的害蟲。《詩・小雅・大田》：「去其螟螣。〔註28〕」毛傳：「食心曰螟，食葉曰螣。」元好問〈雁門道中書所見〉詩：「食禾有百螣，擇肉非一虎。〔註29〕」

　　4、蟘

　　同螣，也是吃苗葉的害蟲。李商隱〈爲河南盧尹賀上尊號表〉：「苗螟葉蟘，坐致銷亡。〔註30〕」

三、左傳中的蟲災

　　《左傳・莊公二十九年》：「秋，有蜚，爲災也。凡物，不爲災，不書。〔註31〕」這是《左傳》第一次記載造成災害的蟲災。蜚是一種活動於草中的蟲，孔穎達疏：「《本草》曰：『蜚，屬蟲也，然則蜚是臭惡之蟲，害人之物，故或爲災禍不爲災也。』」因此理應年年都出現的蜚，爲何直到莊公二十九年才第一次出現記載，是因爲之前雖有蜚，但都沒有造成災害，因此《春秋》不書，而此年書「有蜚」，表示造成了災害，故曰：「爲災也。」《三傳辨疑》：

〔註25〕　〔東漢〕何休注、〔唐〕徐彥疏，《春秋公羊傳注疏》（台北：藝文印書館，2001年，景印清・嘉慶二十年江西南昌府學開雕重刊宋本）卷15～16卷，頁207。

〔註26〕　〔南朝梁〕蕭統編，《六臣註文選》（上海：商務印書館，1922年，《四部叢刊》上海涵芬樓藏宋刊本）卷2，頁59。

〔註27〕　〔元〕托克托，《遼史》（上海：上海人民出版社，1999年，景印文淵閣四庫全書本）卷23，〈道宗三〉頁6。

〔註28〕　〔漢〕毛亨傳、〔東漢〕鄭玄箋、〔唐〕孔穎達正義，《毛詩注疏》（台北：藝文印書館，2001年，景印清・嘉慶二十年江西南昌府學開雕重刊宋本）卷9～15，頁466。

〔註29〕　〔金〕元好問，《遺山先生文集》（上海：商務印書館，1936年，《四部叢刊》上海涵芬樓借烏程蔣氏密韻樓藏明弘治戊午刊本景印本）卷2，頁41。

〔註30〕　〔唐〕李商隱，《李義山文集》（上海：商務印書館，1936年，《四部叢刊》上海涵芬樓借吾里瞿氏鐵琴銅劍樓藏稽瑞樓鈔本景印本）卷1，頁28。

〔註31〕　〔西晉〕杜預注、〔唐〕孔穎達疏，《春秋左傳注疏》（台北：藝文印書館，2001年，景印清・嘉慶二十年江西南昌府學開雕重刊宋本）卷8～10，頁178。

啖氏曰：此非爲災之物，《春秋》記異多矣，何必爲災乃書。莘老孫
氏曰：經曰：有蜮，非所宜有之爲異，故書也。《公羊》曰：記異是
也。《左氏》曰：爲災，案蜮豈爲災之物，又曰凡物不爲災不書，案
《春秋》災異悉書，不必皆爲災也，鸜鵒豈能爲災乎，《春秋》何以
記其來。〔註32〕

贊成《公羊傳》的記異之說較爲合理，認爲蜮雖爲有害臭惡之蟲，但若要造
成重大的危害，似乎不太可能。因此《左傳》書的「有蜮」，可以解釋爲蜮蟲
在此年大量的出現，故記異也。

《左傳・文公三年》：「秋，雨螽于宋，墜而死也。〔註33〕」雨螽是螽如
下雨般墜下之意，《左傳》曰：「墜而死」，意思應該是指一落地即死。螽是種
飛蟲，以飛行作爲其移動的方式，正常飛行的情況下是不會墜的，今竟然墜
地而死，顯然不是災，是異。《三傳辨疑》：「季氏曰：凡言雨者，著于上見于
下者也，其言雨則眾多，可知今言雨螽于宋者，若書隕石，所以記鄰國之異
也，愚謂據經但言雨螽，焉知其死，左氏蓋以螽者飛動之物，今言雨螽，則
疑其墜而死耳，然則左氏於其訓詁猶有未知也。〔註34〕」

《左傳・宣公十五年》：「冬蝝生。饑，幸之也。〔註35〕」蝝是蝗蟲的
幼蟲，也就是螽子，螽活動於秋天，並將其卵產於田中，因此冬天其幼蟲
蝝出生。周曆的冬天是夏曆的秋天，初生的蝝沒有翅膀可以飛行，並且因
爲秋天會降下霜，蝝沒有存活下來的可能，因此剛出生的蝝旋即便會因氣
溫驟降而消滅，因此在秋收之時無以爲災。所以《左傳》才曰：「幸之也。」
其意指蝝生於未能成災害的季節，如果早一天出生，則秋天的螽災必然釀
成大災。

但此說法也有頗多質疑《春秋三傳讞・春秋左傳讞》：

傳例，凡物不爲災不書，今謂蝝生於冬，不爲災，以幸而書，則他
何以不書乎。蝝者，蝗子之入地而未成者也。凡經書螽者十，其四

〔註32〕 〔元〕程端學，《三傳辨疑》（上海：上海人民出版社，1999年，景印文淵閣
　　　　 四庫全書本）卷6，頁43～44。
〔註33〕 〔西晉〕杜預注、〔唐〕孔穎達疏，《春秋左傳注疏》（台北：藝文印書館，2001
　　　　 年，景印清・嘉慶二十年江西南昌府學開雕重刊宋本）卷18～20，頁305。
〔註34〕 〔元〕程端學，《三傳辨疑》（上海：上海人民出版社，1999年，景印文淵閣
　　　　 四庫全書本）卷10，頁18～19。
〔註35〕 〔西晉〕杜預注、〔唐〕孔穎達疏，《春秋左傳注疏》（台北：藝文印書館，2001
　　　　 年，景印清・嘉慶二十年江西南昌府學開雕重刊宋本）卷21～24，頁410。

書秋，其四別書在八月、九月、十月，唯哀兩見於十二月，秋者，夏之五月、六月、七月與書八月、九月者同，而十月者夏之八月，此皆爲場穀未登而害稼，以災書也。十二月者夏之十月，雖害稼，然當蟄而未蟄，以見司歷之過。若螽以冬生，在夏八月、九月、十月之間則與前十月、十二月書冬者同以見。螽雖蟄而螽之在地者，復出歷三月並見在八月則害稼而爲災，在九月十月則雖不害稼而爲異，合災異而兩書之，故變文曰：螽生而經書饑，不於秋螽之後，而於冬螽生之後，則螽之爲災可見矣。此傳誤以夏正言冬，謂場穀已登不爲災，求其說而不得，是以謂之幸也。〔註36〕

《三傳辨疑》：

> 趙氏曰：按此類生訖便爲災，如蠶生而食葉也，但爲秋中之，螽未息冬又生子，重重爲災，故書耳。劉氏曰：杜氏曰：幸冬生不爲物害，若然則有蜚不爲災，亦何不幸而書之乎？且經之書之固爲其害也，而以爲不害所以爲害者，固爲其生也，而以爲死矣，是何其戾也。愚謂秋有螽而災息則不復生子，災未已則復生子于冬，《左氏》見螽生在冬，遂謂聖人幸其生于冬，豈遇災知懼之心哉，杜氏爲之訓曰：時歲雖饑，猶喜而書之，可謂有功于傳而不知得罪于經。〔註37〕

持反對意見的說法認爲《左傳》誤解經義，並妄加揣測以爲螽出生後即死。反對者一是從夏周曆法的差異，來認定應該還是造成災害。二是從螽的生物性質，認爲螽一出生即造成災害，因此《春秋》才會書之。

　　《左傳》在生與幸之間夾了一饑字，似乎有矛盾之處，似乎將螽生與饑視爲幸運之事，若是指螽生於冬尚可理解，但饑則絕不可以如此解釋。因此這裡的饑應該可視爲對下面經文「饑」傳寫上所產生的誤解。《讀左日鈔》：「趙汸曰：『秋生螽，冬又生螽，經本爲一歲再生，紀異文偶與下饑相連，傳通饑，釋之以爲幸之也。注又以爲喜而書之，誤益甚矣。』〔註38〕」故治經須求甚

〔註36〕〔北宋〕葉夢得，《春秋三傳讞・春秋左傳讞》（上海：上海人民出版社，1999年，景印文淵閣四庫全書本）卷4，頁19～20。

〔註37〕〔元〕程端學，《三傳辨疑》（上海：上海人民出版社，1999年，景印文淵閣四庫全書本）卷12，頁66。

〔註38〕〔清〕朱鶴齡，《讀左日鈔》（上海：上海人民出版社，1999年，景印文淵閣四庫全書本）卷5，頁15～16。

解，不可將矛盾之處視爲聖人之跡，而不辨疑。

《左傳・哀公十二年》：「冬，十二月，螽，季孫問諸仲尼。仲尼曰：『丘聞之：火伏而後蟄者畢。今火猶西流，司曆過也。』〔註39〕」杜預注：「猶西流，言未盡沒，知是九月曆官失一閏，《釋例》論之備。〔註40〕」周曆的十二月是夏曆的十月，螽是蝗蟲的一種，蝗蟲入冬即進入蟄伏狀態，因此又名螽，言其終於冬。今年的十二月出現了蝗災，因此魯大夫季孫氏向孔子詢問原因，孔子回曰：「火伏而後蟄者畢。」火是星名。《詩經》：「七月流火〔註41〕」，言火星於七月昏中，然後西流，必待火星消失於天際，而後蝗蟲才會完全入蟄於地，「今火猶西流」，說明了火星尙在西流的過程中，尙未全伏，因此蝗蟲入蟄未盡，故地面尙有蝗蟲活動，而「司曆過也」，是指現在並非十二月，司曆之官失了閏，從星象的角度看，現在應該是夏曆的九月，並非十月，周曆理應是十一月，而不是十二月，杜預用長曆去推算，今年當潤九月，正合孔子的言論。《五禮通考》：

> 猶西流，言未盡沒，知是九月，官失一閏，疏〈月令〉季夏之月，昏火星中，《詩》云：七月流火。《毛傳》云：流下也，謂昏而見于西南，漸下流也。《周禮・司爟》云：季秋內火是九月之昏，火始入，十月之昏，則伏火猶西流者，言其未盡沒，是夏九也。《釋例》言：今推《春秋》，此十二月乃夏之九月，實周之十一月也，此年當有閏，而今不置閏，此爲失一閏月耳。〔註42〕

但後人亦有疑《左傳》所引孔子之言不實者。《三傳辨疑》：

> 樸鄉呂氏曰：觀今年書十二月螽，明年九月螽，又十二月螽，恐不專爲失閏，然則何以書紀災也。存耕趙氏曰：兩年之中書螽者三，是不可專謂之應妄也，愚謂左氏欲成己意，妄引孔子之言，以實之

〔註39〕〔西晉〕杜預注、〔唐〕孔穎達疏，《春秋左傳注疏》（台北：藝文印書館，2001年，景印清・嘉慶二十年江西南昌府學開雕重刊宋本）卷57～60，頁1026。

〔註40〕〔西晉〕杜預注、〔唐〕孔穎達疏，《春秋左傳注疏》（台北：藝文印書館，2001年，景印清・嘉慶二十年江西南昌府學開雕重刊宋本）卷57～60，頁1026。

〔註41〕〔漢〕毛亨傳、〔東漢〕鄭玄箋、〔唐〕孔穎達正義，《毛詩注疏》（台北：藝文印書館，2001年，景印清・嘉慶二十年江西南昌府學開雕重刊宋本）卷8，〈國風・豳風・七月〉，頁280。

〔註42〕〔清〕秦蕙田，《五禮通考》（上海：上海人民出版社，1999年，景印文淵閣四庫全書本）卷185，頁12～13。

使人信己而已。〔註43〕

蝱害出現的次數頻率，顯然是有異，所造成的災害想必也不小，恐怕不只有失閏此單一的因素，《左傳》似有以聖人之言來成全己意之嫌。

《春秋長歷》：

> 杜氏云：周之十二月，今之十月，是歲應置閏而失不置，雖十二月，實今之九月，司歷誤。一月九月之初，尚溫，故得有蝱。又曰：火猶西流，言未盡沒，知是九月，《釋例》論之備，孔氏云：季孫雖聞仲尼之言猶不即改，至明年十二月復蝱，始于十四年春置閏，欲以補正時歷也。傳又于十五年書閏，欲明十四年之閏，于法當在十二年也。按自襄二十七年至此哀十二年共六十四年，杜歷置閏二十三，《大衍歷》亦置閏二十三，未嘗失一閏也，而十二月蝱，火猶西流，明是天度歲差之故，閏後猶未見閏，前則物候多違耳。補正歷閏之說，皆是臆解。歷頒自天子，豈季孫之所得而補哉，且自哀十一年至哀十五年共五年應有兩閏，殊非補一閏也。〔註44〕

這是從歷法的角度來說明閏月的設置，出於天子，並非國中一大夫可以擅加變更，因此補正歷閏之說，恐怕只是臆測而無實據。且用其他的歷法來印證，也未發現閏數有失閏之處，物候有異是獨立的現象，並非是歷法有誤所致。

《群經補義》：

> 哀十二年冬，十二月蝱，傳言季孫問諸仲尼夫子，謂火伏而後蟄者畢，今火猶西流，司歷過十三年，又書十二月蝱。杜云：是歲應置閏而失不置，雖書十二月實今之九月，司歷誤一月，九月之初尚溫，故得有蝱，又云：季孫雖聞仲尼之言而不正歷，失閏，明年十二月復蝱，實十一月。按傳與注皆非也，《唐書》歷志載一行歷議引十二年冬，十二月蝱之事，推是年，夏正九月己亥朔，先寒露三日，定氣日在亢五度，則此月當周正之十一月至十二月，己巳朔先立冬三日，曰心火伏已久矣，而火猶西流，說者皆依傳，謂魯歷失閏，余以經傳月日，考之十二年五月有甲辰，依一行推周正十一月己亥朔，則五月宜有甲辰，又逆推之十一年經傳五月有壬申、甲戌，七月有

〔註43〕 〔元〕程端學，《三傳辨疑》（上海：上海人民出版社，1999年，景印文淵閣四庫全書本）卷20，頁35。

〔註44〕 〔清〕陳厚耀，《春秋長歷》（上海：上海人民出版社，1999年，景印文淵閣四庫全書本）卷8，頁25～26。

辛酉，皆正與歷合，是未嘗失閏也。十年三月有戊戌，則魯歷置閏
蓋在十年末，與一行推置閏，當在十一年春者未甚遠，而一行云十
二年冬失閏已久，是未以前後經傳之月日細校也。十二年十一月當
夏正之九月，宜有寒露節，而一行推九月己亥朔，先寒露三日，則
杜言置閏當在十二年者，謬矣，然則何以言火猶西流司歷過也，蓋
十二年冬十二月火已伏，經書螽者時煖也，至明年置閏稍遲，十二
月當夏正之九月，於是火猶西流，而復書螽，季孫之問夫子之言，
乃十三年十二月螽之事，傳誤繫之十二年，正與昭十七年六月日食
之傳，當繫之十五年，而誤繫之十七年也。〔註45〕

唐代《大衍歷》之作者大慧禪師張遂（僧一行）也曾對此事件進行研究，發
現並無失閏之處，且季孫問孔子之言，其考定應爲《左傳・哀公十三年》，十
二年孔子並未對此事發表議論，故何來此年失閏之說？

第二節　其他物種之災異

一、蛇

　　蛇是爬行動物。體圓而細長，有鱗，無四肢。種類很多，有的有毒，有
的無毒。捕食蛙、鼠等小動物，大蛇也能吞食大的獸類。《左傳・成公二年》：
「丑父（逢丑父）寢於轏中，蛇出於其下，以肱擊之，傷而匿之，故不能推
車而及。〔註46〕」《左傳》中除了指動物之外，還指星名《左傳・襄公二十八
年》：「蛇乘龍。〔註47〕」杜預注：「蛇，玄武之宿，虛危之星。」而蛇也象徵
國君、君子等。《儀禮・鄉射禮》：「龍首，其中蛇交。〔註48〕」鄭玄注：「蛇
龍，君子之類也。」

　　《左傳・莊公十四年》：「初，內蛇與外蛇鬥於鄭南門中，內蛇死。六年

〔註45〕　〔清〕江永，《群經補義》（上海：上海人民出版社，1999 年，景印文淵閣四
　　　　　庫全書本）卷 2，頁 19～20。

〔註46〕　〔西晉〕杜預注、〔唐〕孔穎達疏，《春秋左傳注疏》（台北：藝文印書館，
　　　　　2001 年，景印清・嘉慶二十年江西南昌府學開雕重刊宋本）卷 25～28，頁
　　　　　423。

〔註47〕　〔西晉〕杜預注、〔唐〕孔穎達疏，《春秋左傳注疏》（台北：藝文印書館，2001
　　　　　年，景印清・嘉慶二十年江西南昌府學開雕重刊宋本）卷 20～40，頁 650。

〔註48〕　〔漢〕鄭玄注、〔唐〕賈公彥疏，《儀禮注疏》（台北：藝文印書館，2001 年，
　　　　　景印清・嘉慶二十年江西南昌府學開雕重刊宋本）卷 11～13，頁 147。

而厲公入。公聞之，問於申繻曰：『猶有妖乎？』對曰：『人之所忌，其氣燄以取之。妖由人興也。人無釁焉，妖不自作。人棄常，則妖興，故有妖。〔註49〕』」之前鄭南門內有一蛇與門外另一蛇相鬪，門內之蛇死。後六年傅瑕殺鄭子納厲公回國，正應了內蛇死外蛇勝之象。魯莊公因有疑而問申繻，申繻認為一個人所顧忌的事情，是由其氣焰的盛衰來決定，人心不堅正，妖孽便生，子儀在鄭常畏忌厲公之奪其國，畏忌之氣燄便足以致蛇妖之異，妖由子儀畏忌厲公太過所致，故曰「由人興也」，人無釁隙之可乘，則妖不能自作興，言子儀棄其常道，則蛇妖乘其釁隙而興，故鄭有蛇妖之禍。雖然表面是用人氣不勝而導致妖孽的說法來解釋此事，但主要的致禍之源已轉移至人心，已是必較進步的觀點。而申繻的話雖可視為由理性的角度來看待分析妖怪出現的原因，但此終究是被記錄下來，而且被反覆不斷的解釋，顯示出當時的人依舊相信妖怪之說，也把妖怪的存在視為一既定的事實。當時的人相信此事，表示他們不會無來由的去注意兩蛇相鬥的事，並且把過程與勝負詳細的紀錄下來，流傳於民間，故而在多年之後還被魯莊公所聞問。莊公之所以懷疑，是因為其在潛意識中已經多少相信此事為一妖祥。申繻雖然在妖祥一事上持反對的意見，但並沒有否認世上並無妖祥的存在。所謂的「妖」不僅可以因人而興，更可以經由各種的「物」來產生，比方說多有以動物為妖者。如果《左傳》沒有編造申繻與魯莊公的對話以及蛇鬥的故事，《左傳》顯然同情並認同申繻的立場。

　　《左傳‧文公十六年》：「有蛇自泉宮出，入于國，如先君之數。秋八月辛未，聲姜薨，毀泉臺。〔註50〕」杜預注：「伯禽至僖公十七君。」《左傳》認為毀泉臺是因為夫人薨，泉臺指的即是泉宮，是夫人姜氏的居住之處，有蛇從泉宮冒出，入於國。魯國自伯禽至僖公，總共有十七個已故的國君，「先君之數」即是指此，故冒出的蛇總共有十七條，而泉臺的所在地，〈正義〉以為在宮內，但傳文言：「自泉宮出，入於國。」顯示泉臺應在宮闈之外，因此才能入於國。《春秋究遺》：「毀臺與築臺異，而《春秋》必書者，譏其惑于蛇妖，而不知死生之有命也。〔註51〕」《三傳折諸‧左傳折諸》：「劉向以為近蛇

〔註49〕　〔西晉〕杜預注、〔唐〕孔穎達疏，《春秋左傳注疏》（台北：藝文印書館，2001年，景印清‧嘉慶二十年江西南昌府學開雕重刊宋本）卷8～10，頁155。

〔註50〕　〔西晉〕杜預注、〔唐〕孔穎達疏，《春秋左傳注疏》（台北：藝文印書館，2001年，景印清‧嘉慶二十年江西南昌府學開雕重刊宋本）卷18～20，頁346。

〔註51〕　〔清〕葉酉，《春秋究遺》（上海：上海人民出版社，1999年，景印文淵閣四庫全書本）卷8，頁43～44。

孽也，維虺、維蛇、女子之祥，蛇入國，國將有女禍也。〔註52〕」《春秋通說》：「蓋魯以泉臺蛇妖所出，而壞之也。善乎魯申繻有言曰：妖由人興也，人無釁焉，妖不自作，人棄常則妖興，今文公不知脩德以弭之，顧乃歸咎於土木之無知而毀之，豈不惑哉，故書曰：毀泉臺，言非勝不祥之道也。〔註53〕」上位者不修德行，而欲以毀台求福，故《春秋》譏之。

二、龍

龍是傳說中的一種神異動物，身長，形如蛇，有鱗爪，能興雲降雨，為水族之長。中國古代的文獻對此動物有多種不同的描述。

（一）龍的源流

1、動物態

《說文解字》：「龍鱗蟲之長，能幽、能明、能細、能巨、能短、能長，春分而登天，秋分而潛淵，从肉飛之形，童省聲，凡龍之屬皆从龍。〔註54〕」是外表有鱗的動物，能在各個空間活動，其活動的區域隨著季節的不同而有所區別。《爾雅翼·釋龍》：「角似鹿，頭似駝，眼似龜，項似蛇，腹似蜃，鱗似魚，爪似鷹，掌似虎，耳似牛。〔註55〕」其所描述的龍之形象，是一個由多種動物拼湊起來的型態。而這一形象，頗接近於今天大眾所共同接受樣子。《易·乾》：「雲從龍，風從虎，聖人作而萬物睹。〔註56〕」《周禮·夏官》：「馬八尺以上為龍。〔註57〕」將巨型的馬也視為是龍。《五禮通考》：「八尺以上，天子以備五路者，《月令》所謂尺以上，諸侯之上駟，《詩》所謂騋牝，三千

〔註52〕〔清〕張尚瑗，《三傳折諸·左傳折諸》（上海：上海人民出版社，1999年，景印文淵閣四庫全書本）卷9，頁13。

〔註53〕〔北宋〕黃仲炎，《春秋通說》（上海：上海人民出版社，1999年，景印文淵閣四庫全書本）卷7，頁23。

〔註54〕〔東漢〕許慎，《說文解字》（上海：商務印書館，1922年，《四部叢刊》上海涵芬樓借日本岩崎氏靜嘉堂藏北宋刊本景印本）卷11下，頁12。

〔註55〕〔南宋〕羅願，《爾雅翼》（上海：上海人民出版社，1999年，景印文淵閣四庫全書本）卷28，頁1～2。

〔註56〕〔魏〕王弼注、韓康伯注〔唐〕孔穎達正義，《周易注疏》，（台北：藝文印書館，2001年，景印清·嘉慶二十年江西南昌府學開雕重刊宋本）卷1，〈乾〉，頁11。

〔註57〕〔東漢〕鄭玄注、〔唐〕賈公彥疏，《周禮注疏》（台北：藝文印書館，2001年，景印清·嘉慶二十年江西南昌府學開雕重刊宋本）卷28～33，〈夏官司馬第四〉，頁497。

也，六尺以上常馬耳。〔註58〕」八尺以上的馬因爲天子坐騎，故而稱爲龍，並非其眞爲傳說中的神獸。

2、神形

《周易》：「雲從龍，風從虎。聖人作而萬物睹。〔註59〕」《周易略例》「召雲者龍，命呂者律。〔註60〕」注曰：「雲水氣也，龍水畜也。」《淮南子·地形篇》：「黃龍入藏生黃泉。黃泉之埃上爲黃雲。……青龍入藏生青泉，青泉之埃上爲青雲。……赤龍入藏生赤泉，赤泉之埃上爲赤雲。……白龍入藏生白泉，白泉之埃上爲白雲。……玄龍入藏生玄泉，玄泉之埃上爲玄雲。〔註61〕」龍有上天下地，召喚雲水的能力，與雲雨之神的能力相重疊，因此亦可將龍視爲雲雨之神。

3、星宿名

東方七宿（角、亢、氐、房、心、尾、箕）稱蒼龍，古代二十八宿中東方七宿的總稱。《國語·周語中》：「夫辰角見而雨畢，天根見而水涸。〔註62〕」韋昭注：「辰角，大辰蒼龍之角。角，星名也。」《史記·天官書》：「東宮蒼龍，房、心。〔註63〕」蘇軾〈夜泛西湖〉詩之三：「蒼龍巳沒牛斗橫，東方芒角昇長庚。〔註64〕」蒼龍亦可省稱龍。《左傳·桓公五年》：「龍見而雩。〔註65〕」孔穎達疏：「天官東方之星，盡爲蒼龍之宿。」

〔註58〕〔清〕秦蕙田，《五禮通考》（上海：上海人民出版社，1999年，景印文淵閣四庫全書本）卷244，頁5。

〔註59〕〔魏〕王弼注、韓康伯注〔唐〕孔穎達正義《周易注疏》，（台北：藝文印書館，2001年，景印清·嘉慶二十年江西南昌府學開雕重刊宋本）卷1，〈乾〉，頁11。

〔註60〕〔魏〕王弼、〔唐〕邢璹注，《周易略例》（上海：商務印書館，1936年，《四部叢刊》上海涵芬樓景印宋本）卷10，頁7。

〔註61〕〔漢〕劉安等撰，《淮南子》（上海：商務印書館，1922年，《四部叢刊》上海涵芬樓景印劉泖生影寫北宋本）卷4，頁22。

〔註62〕〔東吳〕韋昭注，《國語》（上海：商務印書館，1922年，《四部叢刊》上海涵芬樓借杭州葉氏藏明金李刊本）卷2，頁21。

〔註63〕〔漢〕司馬遷，《史記》（上海：上海人民出版社，1999年，景印文淵閣四庫全書本）卷27，頁6。

〔註64〕〔南宋〕王十朋，《集註分類東坡先生詩》（上海：商務印書館，1936年，《四部叢刊》上海涵芬樓借南海潘氏藏宋刊本景印本）卷8，頁16。

〔註65〕〔西晉〕杜預注、〔唐〕孔穎達疏，《春秋左傳注疏》（台北：藝文印書館，2001年，景印清·嘉慶二十年江西南昌府學開雕重刊宋本）卷5～7，頁107。

龍又可單指歲星，太歲。《左傳‧襄公二十八年》：「蛇乘龍。〔註66〕」杜預注：「龍，歲星。」〔宋〕周密《癸辛雜識後集‧龍有三名》：「王莽《銅權銘》：『歲在大梁，龍集戊辰』者，以歲爲歲星，龍爲太歲也。〔註67〕」

（二）《左傳》中的龍

《左傳‧昭公十九年》：「鄭大水，龍鬥于時門之外洧淵，國人請爲禜焉。子產弗許，曰：『我鬥，龍不我覿也；龍鬥，我獨何覿焉？禳之，則彼其室也。吾無求於龍，龍亦無求於我。』乃止也。〔註68〕」子產對於國人對龍崇拜的信仰，顯然是站在比較理性的立場來處理這類的信仰活動。然子產並無公開的宣稱龍乃一不存在的動物，子產也相信鬼神魂魄，對禳祠的效果也不排斥，只是就當時的情況下，子產並不認爲祭龍是一恰當的舉措，因龍並無對人有侵犯之行爲。由此可知，在春秋時代的文人或者是貴族，已經逐漸在迷信文化上與上層統治者及一般的平民百姓有了觀念上的分歧，子產拒絕爲龍舉行祭祀，但並不代表其否定龍的存在，或純粹的對祭祀行爲產生不信任感，而是從更理性的角度去思考祭祀的行爲合不合宜，是否有淪爲迷信的盲從。

《左傳‧昭公二十九年》：

> 秋，龍見于絳郊。魏獻子問於蔡墨曰：「吾聞之：蟲莫知於龍，以其不生得也，謂之知，信乎？」對曰：「人實不知，非龍實知。古者畜龍，故國有豢龍氏，有御龍氏。」獻子曰：「是二氏者，吾亦聞之，而不知其故，是何謂也？」對曰：「昔有飂叔安，有裔子曰董父，實甚好龍，能求其耆欲以飲食之，龍多歸之，乃擾畜龍，以服事帝舜，帝賜之姓曰董，氏曰豢龍，封諸鬷川，鬷夷氏其後也。故帝舜氏世有畜龍。及有夏孔甲，擾于有帝，帝賜之乘龍，河、漢各二，各有雌雄。孔甲不能食，而未獲豢龍氏。有陶唐氏既衰，其後有劉累，學擾龍于豢龍氏，以事孔甲，能飲食之。夏后嘉之，賜氏曰御龍，

〔註66〕　〔西晉〕杜預注、〔唐〕孔穎達疏，《春秋左傳注疏》（台北：藝文印書館，2001年，景印清‧嘉慶二十年江西南昌府學開雕重刊宋本）卷29～40，頁650。

〔註67〕　〔南朝宋〕范曄，《後漢書》（上海：上海人民出版社，1999年，景印文淵閣四庫全書本）卷65考證，頁1。

〔註68〕　〔西晉〕杜預注、〔唐〕孔穎達疏，《春秋左傳注疏》（台北：藝文印書館，2001年，景印清‧嘉慶二十年江西南昌府學開雕重刊宋本）卷41～53，頁846。

以更豕韋之後。龍一雌死，潛醢以食夏后。夏后饗之，既而使求之。懼而遷于魯縣，范氏其後也。」獻子曰：「今何故無之？」對曰：「夫物，物有其官，官修其方，朝夕思之。一日失職，則死及之。失官不食。官宿其業，其物乃至。若泯棄之，物乃坻伏，鬱湮不育。故有五行之官，是謂五官，實列受氏姓，封爲上公，祀爲貴神。社稷五祀，是尊是奉。木正曰句芒，火正曰祝融，金正曰蓐收，水正曰玄冥，土正曰后土。龍，水物也，水官棄矣，故龍不生得。不然，《周易》有之：在乾☰之姤☴曰『潛龍勿用』；其同人☲曰『見龍在田』；其大有☲曰『飛龍在天』；其夬☱曰『亢龍有悔』，其坤☷曰『見群龍無首，吉』；坤之剝☶曰『龍戰于野』。若不朝夕見，誰能物之？」獻子曰：「社稷五祀，誰氏之五官也？」對曰：「少皞氏有四叔，曰重、曰該、曰修、曰熙，實能金、木及水。使重爲句芒，該爲蓐收，修及熙爲玄冥，世不失職，遂濟窮桑，此其三祀也。顓頊氏有子曰犁，爲祝融；共工氏有子曰句龍，爲后土，此其二祀也。后土爲社；稷，田正也，有烈山氏之子曰柱爲稷，自夏以上祀之。周棄亦爲稷，自商以來祀之。」〔註69〕

《左傳》在昭公十九年與二十九年都詳細的描述了龍的出現，於其他書策記載較爲不同之處，乃爲《左傳》中的龍平常且深刻，不若他處所記載的龍神出鬼沒，有出神入化之能力。昭公十九年，「龍鬥于時門之外洧淵」、「我鬥，龍不我覿也；龍鬥，我獨何覿焉？」從龍鬥於水，子產等閒視之，若將龍視爲一條大魚或者是尋常的水中之物，似乎亦無不可。昭公二十九年，對龍更提出了深刻描述，尤其是豢龍、御龍之說。對此一說在晉王嘉《拾遺記》中也有相似的說法：「南尋之國有毛龍，一雌一雄，放置豢龍之官，至夏代養龍不絕，因以命族。」《禮記·禮運》也云：「故龍以爲畜，故魚鮪不淰。〔註70〕」《疏》云：「魚鮪從龍者，龍既爲人之畜，故其屬見人不淰然惊走也。」

從以上這些經文說明，從虞舜時到夏代，在口耳相傳的記憶中，一直存

<hr>

〔註69〕　〔西晉〕杜預注、〔唐〕孔穎達疏，《春秋左傳注疏》（台北：藝文印書館，2001年，景印清·嘉慶二十年江西南昌府學開雕重刊宋本）卷41～53，頁921～922。

〔註70〕　〔東漢〕鄭玄注、〔唐〕孔穎達疏，《禮記注疏》（台北：藝文印書館，2001年，景印清·嘉慶二十年江西南昌府學開雕重刊宋本）卷9，頁435。

在專門以養龍爲事業的族氏。他們自有一套獨特的養龍技術，代代相傳，世世爲業，可以永續經營。龍不僅可以畜養，還有畜養龍的專門之地，《禮記·禮運》：「龜龍在宮沼。〔註71〕」說的是在池沼中畜養龍，即豢龍。《說苑》中引伍子胥之言：「夫白龍，天帝貴畜也。〔註72〕」也將龍列入可蓄之類，只是是由天帝所養。《淮南子·說林篇》說：「人莫欲學御龍而皆欲孝御馬，莫欲學治鬼而皆欲孝治人，急所用也。〔註73〕」也是將龍歸入可以訓練騎駕的動物。

在一般傳統的認知中，龍只不過是一種被人們崇拜的圖騰，實際上是不存在於人的生活空間的。但這種圖騰有其原型。關於龍的原型，自古便是爭論的焦點，而其中有一個在學術界頗有代表性的觀點，便是以爲是鱷。

1987年，在河南濮陽，傳說中五帝之一的顓頊之墟，發現了距今6000年前用蚌殼壘成的「蚌殼龍」，當時號稱「華夏第一龍」。它的形狀應該就是龍最初的形狀。華南師範大學地理系的劉洪杰先生等曾親赴發掘地點，對「蚌龍」進行了測量，發現其身體各部份的比例與鱷類基本一致，蚌龍眼眶和鼻端向上突起的特點也與鱷類適應水面生活所進化形成的特徵相符〔註74〕，說明這條蚌殼龍之形有極大的可能就是鱷的形狀，龍崇拜的源頭之一很有可能便是鱷的崇拜。在上古時期的埃及，也是存在這種鱷魚的崇拜。埃及的一個考古小組在阿斯旺北部40公里處的一古墳中出土了36條鱷魚木乃伊，而埃及有將神聖的生物，在死後製作成木乃伊，以期能於來世復活，這也間接證明了在古代，埃及是將鱷魚當作神物崇拜的。這與法老死後，其遺體被製成木乃伊的功用是雷同的。

鱷鼉，一稱鼉，鼍（鱷）形似龍，又稱土龍或鼉龍，葉方藹《海氛清》詩：「有鯨有鱷，有蛟有鼉，摧橦決帆，血人于牙。〔註75〕」徐珂《清稗類鈔·

〔註71〕〔東漢〕鄭玄注、〔唐〕孔穎達疏，《禮記注疏》（台北：藝文印書館，2001年，景印清·嘉慶二十年江西南昌府學開雕重刊宋本）卷9，頁440。

〔註72〕〔漢〕劉向，《說苑》（上海：商務印書館，1922年，《四部叢刊》上海涵芬樓借平湖葛氏傳樸堂藏明鈔本景印本）卷9，頁47。

〔註73〕〔漢〕劉安等撰，《淮南子》（上海：商務印書館，1922年，《四部叢刊》上海涵芬樓景印劉泖生影寫北宋本）卷17，頁4。

〔註74〕劉洪杰，〈揭開「華夏第一龍」的神秘面紗〉（收入《歷史大觀園》第三期，廣州，1991年）

〔註75〕〔清〕陳廷敬編、〔清〕張廷玉，《皇清文穎》（上海：上海人民出版社，1999年，景印文淵閣四庫全書本）卷51，頁9。

動物‧鼉》：「鼉亦作鱷，爬蟲中之體大而猛惡者，長者至丈餘，背有鱗甲，甚堅硬，四肢短，後肢有蹼，口大，齒為圓錐狀，有齒槽，尾長。性兇暴貪食。居熱帶地方之河口或沼澤間，吾國亦有之。」戰國以前一些器物上龍的造型還與鱷類似，可以進一步推測此說的正確性。因此，豢龍氏可說就是馴養鱷的族氏。《左傳‧昭公二十九年》記載說上古馴養龍的豢龍氏在帝舜時被「封諸鬷川，鬷夷氏其後。〔註76〕」注曰：「鬷，水上夷。」說明龍的馴養在河川等有水之處。這也可以合理的推論馴養龍其實就是馴養鱷。除此之外，後世的記載中有相關的證據。明代人朱孟震《西南風土記》曰：「莽酋城壕內畜有異魚，身長數丈，嘴如大箕，以尾擊物食之，間以重棚，恐其逸出傷人。每日以得豬羊飼之。緬人名曰龍，殆鱷魚之類也歟。〔註77〕」這個記載也能間接的說明上古時期的豢龍便是馴養鱷魚。

上古時期，黃河流域盛產鱷。根據古地理和古氣候學的研究，那時該地區氣候溫暖、濕潤，森林茂盛，河湖、沼澤密布，非常適合鱷的生長，連大象、犀牛等熱帶動物也都曾在這裡出沒。從事古生物學研究的學者都能指出，山西汾水流域曾出土很多鱷的化石，被世界古生物界認證並命名為「汾河鱷」。根據大漢口遺址發掘報告，在該遺址墓10出土鱷魚鱗板84行、腹部靠前端的骨板七枚。在湖北省屈家嶺文化（距今約5300年至4600年）屈家嶺類型的陶盤上繪有如同鱷魚頭部的圖騰，頭型扁長，長吻唇，巨口，露齒。在位於黃河下游的山東兗州正因新石器遺址中也發現有鱷的殘骨。文獻中更有大量的關於該地區產黿（鱷）的記載。在《禮記‧月令》中：「季夏之月……天子居明堂，……命漁師伐蛟、取黿，登龜取黿。〔註78〕」說明周代陳都洛陽一帶魚當時也有鱷魚的活動。

由於大量產鱷，從而可以推知在當地馴養鱷是有其客觀條件的。而鱷魚乃兇猛的動物，一定是其有利可圖才會挺而飼養，豢養鱷魚的目的和作用至少可以分為兩個方面。

〔註76〕〔西晉〕杜預注、〔唐〕孔穎達疏，《春秋左傳注疏》（台北：藝文印書館，2001年，景印清‧嘉慶二十年江西南昌府學開雕重刊宋本）卷41～53，頁921。

〔註77〕〔明〕朱孟震，《西南夷風土記》（台北：國家圖書館，清道光辛卯（11年）六安晁氏活字印本，1831年。）。

〔註78〕〔東漢〕鄭玄注、〔唐〕孔穎達疏《禮記注疏》（台北：藝文印書館，2001年，景印清‧嘉慶二十年江西南昌府學開雕重刊宋本）卷6，頁318。

1、馴服鱷魚，供乘騎渡水之用。

上古時期，大水氾濫，河湖沼澤之地甚多，道路橋墩建設不發達，人們交通極爲不便，馴服兇猛的鱷魚可以提供人們出行水路沼澤時乘騎之用，可以在舟楫等傳統交通工具之外又多一種特殊方便的移動方式。即便是在現今，一些熱帶國家的動物園中，還有專門人員馴養鱷魚，並騎乘其上在湖面上遨游，以供遊人觀光客觀賞。在河南濮陽「華夏第一龍」的旁邊還發現一同樣用貝殼壘成的人騎龍形象，看起來就是一幅很生動的御龍駕龍圖。當然，這裡所描述的「龍」恐怕就是鱷，而非能上天下地、呼風喚雨的傳說動物。這幅貝殼畫就是 6000 多年前原始人駕著鱷魚奔行於波濤之中的眞實證據。

其他方面的文獻資料中也有不少關於駕鱷御龍的記錄。《藝文類聚》九引《竹書紀年》載：「周穆王三十七年，伐楚（按：實爲伐徐），大起九師，至於九江，比黿鼉以爲梁。〔註 79〕」《初學記》也有：「騎龍駕鹿〔註 80〕」類似的徵引。《北堂書鈔・征伐篇》曰：「伐大越」注曰：「《竹書紀年》云：『周穆王伐大越，大起九師，東至于九江，架黿鼉以爲梁，伐越至于紆。〔註 81〕」《文選・江賦》注曰：「叱黿鼉以爲梁。」《太平御覽》亦云：「架黿鼉以爲梁。〔註 82〕」《路史・國名紀》作「穆王伐之（紆）……蚖蟬爲梁。〔註 83〕」，「蚖蟬」就是「黿鱓」，亦即「黿鼉」。無論是採用「比（排列）」、「駕」，或是「叱」的方式，如此豐富的文獻都有用黿鼉作渡水之橋的相關記載，應該不至于完全是無的放矢，純屬捏造，這些描述都利用當地部族馴養的鱷作爲渡水的工具，而且是成批的馴養，成批的用作渡水工具，成爲在無橋樑地區的簡便快速涉水利器。

〔註 79〕　〔唐〕歐陽詢，《藝文類聚》（上海：上海人民出版社，1999 年，景印文淵閣四庫全書本）卷 9，頁 36。

〔註 80〕　〔唐〕徐堅，《初學記》（上海：上海人民出版社，1999 年，景印文淵閣四庫全書本）卷 5，頁 17。

〔註 81〕　〔唐〕虞世南，《北堂書鈔》（上海：上海人民出版社，1999 年，景印文淵閣四庫全書本）卷 114，頁 6。

〔註 82〕　〔北宋〕李昉，《太平御覽》（上海：商務印書館，1936 年，《四部叢刊》涵芬樓景印中華學藝社借照日本帝室圖書館藏京都東福寺東京岩崎氏靜嘉堂文庫藏宋刊本）卷 73，頁 8。

〔註 83〕　〔南宋〕羅泌，《路史》（上海：上海人民出版社，1999 年，景印文淵閣四庫全書本）卷 29，頁 47。

大禹治水時，爲便於勘察水情，也曾駕鱷奔行於水上。《玉海》記有：

> 括地圖，禹平天下，二龍降之，禹御龍行域内，既周而還。〈宋志〉，
> 禹即位洛出書六十五字，是爲〈洪範〉，南巡狩濟江中流，有二黃龍
> 負舟云云，龍曳尾而逃。《吳越春秋》，禹會諸侯於塗山，執玉帛者，
> 萬國濟河，黃龍負舟，舟中人懼，禹仰天嘆曰：「吾受命於天，竭力
> 而勞萬民，何憂於龍焉。」視龍猶蜿蜓，顏色不變，龍俛首低尾而
> 逝。《博物志》，夏德之盛，二龍降之，禹使范成光御之，以行域外。
> 《山海經》，大樂之野，夏后啓於此，舞九代馬，乘兩龍，〈封禪書〉，
> 夏得木德，青龍止於郊。〔註84〕

《博物誌》則記「二龍降之，禹使范成光御之，以行域外。」這裡所說的「御龍」，就是駕御龍之義。將這龍理解爲鱷是頗爲合情合理的。

禹的兒子啓，也繼承了乃父的御龍之技，能乘龍邀游於水波之上。《山海經・海外西經》：「夏后啓乘兩龍，雲蓋三層，左手操翳，右手握環，佩玉璜。〔註85〕」《山海經・大荒西經》：「有人珥兩青蛇，乘兩龍，名曰夏后開（啓）。〔註86〕」此處的「乘龍」也就是御龍。夏啓乘兩龍是不太眞實的，但若將其解釋爲能駕御鱷魚倒是極有可能。

「御龍氏」的「御」即是馴養龍（鱷）以供乘御之義，「御龍氏」就是豢養鱷魚以供乘御的族氏，所以「御龍氏」與「豢龍氏」應該有相當深厚的淵源。

2、提供製作鼉鼓所需要的鼉（鱷）皮。

這種鼉鼓曾經被廣泛運用於軍隊、祭祖以及舉行各種儀式的過程之中，十分稀有貴重。山西襄汾陶寺遺址大型墓葬中有鼉鼓出土，經碳14測定，約當於公元前 25 世紀至前 20 世紀。在前述的遺址中，還出土有更早的鼉鼓。將鼉鼓用於陪葬，可知當時是視爲寶物的。《詩・大雅・靈台》有「鼉鼓逢逢。〔註87〕」之句，說明周仍取鼉皮製鼓。

〔註84〕〔南宋〕王應麟，《玉海》（上海：上海人民出版社，1999 年，景印文淵閣四庫全書本）卷 198，頁 3。

〔註85〕〔西晉〕郭璞注，《山海經》（上海：商務印書館，1922 年，《四部叢刊》上海涵芬樓借江安傅氏雙鑑樓藏明成化庚寅刊本）卷 7，頁 1。

〔註86〕〔西晉〕郭璞注，《山海經》（上海：商務印書館，1922 年，《四部叢刊》上海涵芬樓借江安傅氏雙鑑樓藏明成化庚寅刊本）卷 16，頁 11。

〔註87〕〔漢〕毛亨傳、〔東漢〕鄭玄箋、〔唐〕孔穎達正義，《毛詩注疏》（台北：藝文印書館，2001 年，景印清・嘉慶二十年江西南昌府學開雕重刊宋本）卷 16 ～18，頁 567。

　　前引《左傳・襄公二十四年》記范宣子自稱其祖先「在夏爲御龍氏」固然與馴養龍（鼉）有關，就是他說的「在商爲豕韋氏」也是與製作鼓相關連的。「豕韋」即豬的皮革，也是蒙鼓的必備之物，豕韋氏姓彭，「彭」字字音就是鼓之聲，其字形左半是鼓形，右半像鼓聲在空氣中激盪震動之狀。前引的「鼉鼓逢逢」之「逢逢」就是鼓聲，「逢」與「彭」音同，本字應作「彭」。

　　鼉字有時作鱓。莊師雅州對此動物有詳細的論述：「鱓，爲鼉之假借。鼉，一名鼉龍，又名豬婆羅，即楊子鱷。脊椎爬蟲類動物。體長一、二丈，四足，背尾俱有鱗甲，似短吻鱷。性貪睡，恆閉目，力猛，善攻，穴居江岸。生卵甚多，至以百數，有時自食之。南人珍貴其肉，以爲嫁娶之敬。其皮可張鼓，剝鱓目的即在此。〔註 88〕」其中可看出古人已有剝鱷魚之皮以用於製鼓的記載。《傳》曰：「以爲鼓也。」顧起說：「鱷與鼉通……李斯云，『樹靈鱷之鼓』，《考工記》：『凡冒鼓，必以啓蟄之日。』〔註 89〕」這裡的鱷無疑就是鼉。鼉是一種必須靠冬眠度過冬天的動物，《夏小正》三月，大約是現今的農曆二月，恰好是鼉結束冬眠，出穴求食之時，所以也是最易捕獲的季節，也是剝其皮製鼓的大好時機。顯示出在夏代剝鱷皮、製鼉鼓已經是普遍且發達的民生活動。

　　我國上古時期音樂便頗爲發達，早在原始社會，就已大量製作鼉鼓，作爲伴奏之用。《樂律全書》記載：「帝顓頊好其音，乃令飛龍作，效八風之音，乃令鱓先爲樂倡，鱓乃偃浸，以其尾鼓其腹，其音英。〔註 90〕」〔明〕毛晉曰：「按鱷字，本音鮀，與鼉同。故《埤雅》云：『一名鱷，吳越人謂之鱷。』〔註 91〕」這個傳說反映出在顓頊時期，可能已經有取鼉皮製鼓的行爲，同時也似乎隱含有將其神靈奉爲樂神的意思。世傳上古時期音樂之神是夔。夔的型態，在《山海經・大荒東經》有云：「東海中有流波山，其上有獸壯如牛，蒼身而無角，一足，出入水則必風雨。其光如日月，其聲

〔註88〕　莊師雅州，《夏小正析論・夏小正之生物》（台北：文史哲出版社，1985 年），頁 102。

〔註89〕　〔東漢〕鄭玄注、〔唐〕賈公彥疏，《周禮注疏》（台北：藝文印書館，2001年，景印清・嘉慶二十年江西南昌府學開雕重刊宋本）卷 39～42，頁 621。

〔註90〕　〔明〕朱載堉，《樂律全書》（上海：上海人民出版社，1999 年，景印文淵閣四庫全書本）卷 11，頁 35。

〔註91〕　〔明〕毛晉，《陸氏詩疏廣要》（上海：上海人民出版社，1999 年，景印文淵閣四庫全書本）卷下之下，頁 56。

如雷，其名爲夔。黃帝得之，以其皮爲鼓，橛之以雷獸之骨，聲聞五百里。〔註92〕」從這段記載來分析，夔爲水陸兩棲動物，其物性、形狀，都與鱷有相類似之處，其聲如雷，也與鼉鼓聲相似。至於「出入水則必風雨」、「其光如日月」，則顯然帶有龍神通廣大的神秘色彩，《字彙》：「夔卽夒，龍神魖之屬，躑躅而行，如龍一足，全體似夒，但添兩角。〔註93〕」。而關於「夔一足」的問題，孔子曾經解釋過。《孔叢子》記魯哀公問孔子曰：「『吾聞夔一足，有異於人，信乎？』孔子曰：『昔重黎舉夔而進又欲求人而佐焉。』舜曰『夫樂天地之精也，唯聖人爲能和五律、均五音，知樂之本以通八風夔若能此，一而足矣。故曰一足非一足也。』公曰『善』。〔註94〕」如果《孔叢子》所記不虛，則「夔一足」乃是傳說中誤傳所至。

以上兩條關於鱷與夔的材料所記內容，除了時代不同、名稱有異，其所反映的實質內容——取鱷或夔皮製鼓和以鱷或以夔爲樂神是頗爲一致的。如此說來，夔與鱷極有可能就是鼉，或是龍，還有鱷。舜時的音樂之官稱夔，也是與夔爲樂神有很多相關之處。

鼓聲與雷聲頗相似，故原始的人們以爲雷神便是鼉神。《山海經・海內經》記有：「雷澤中有雷神，龍身人首，鼓其腹。〔註95〕」《史記・五帝本紀》有「漁雷澤。〔註96〕」《正義》援引《括地志》引此經作「鼓其腹則雷」。《山海經・大荒西經》記載黃帝攻蚩尤時，曾經取夔皮製鼓，「黃帝得之，以其皮爲鼓，橛以雷獸之。〔註97〕」郭璞注云：「雷獸即雷神也。」將雷神稱爲「雷獸」，從中可以知道雷神來源有可能出自「獸」類的動物。《海內經》說雷神「龍身人首」，與鱷魚的擬人站立型態很像。雷與龍上古音同。因此，雷神有可能就是龍神，就是鱔神。雷澤在今山東菏澤縣東北，原是

〔註92〕〔西晉〕郭璞注，《山海經》（上海：商務印書館，1922 年，《四部叢刊》上海涵芬樓借江安傅氏雙鑑樓藏明成化庚寅刊本）卷 14，頁 8。

〔註93〕〔明〕葉秉敬，《字彙》（上海：上海人民出版社，1999 年，景印文淵閣四庫全書本）卷 2，頁 14。

〔註94〕〔秦〕孔鮒《孔叢子》（上海：上海人民出版社，1999 年景印文淵閣四庫全書本）卷上，頁 10。

〔註95〕〔西晉〕郭璞注，《山海經》（上海：商務印書館，1922 年，《四部叢刊》上海涵芬樓借江安傅氏雙鑑樓藏明成化庚寅刊本）卷 13，頁 2。

〔註96〕〔漢〕司馬遷，《史記》（上海：上海人民出版社，1999 年，景印文淵閣四庫全書本）卷 1，頁 27。

〔註97〕〔西晉〕郭璞注，《山海經》（上海：商務印書館，1922 年，《四部叢刊》上海涵芬樓借江安傅氏雙鑑樓藏明成化庚寅刊本）卷 14，頁 9。

一片很廣闊的沼澤地，最適宜鼉的生存，所以多鼉。神話傳說中雷神的居處。《山海經・海內東經》：「雷澤中有雷神，龍首而人頭，鼓其腹。在吳西。〔註98〕」《晉書・陶侃傳》：「侃少時漁於雷澤，網得一織梭，以挂于壁。有頃雷雨，自化爲龍而去。〔註99〕」鼉鼓之響似雷聲，故古人稱這片沼澤地爲雷澤，認爲是雷神所居之地。

從上述分析可知，用鼉皮製作鼉鼓可以上推至黃帝之時。上古時，鼉鼓用途廣泛，所以鼉皮的需求量不小，鼉之肉也可供食用，因此是經濟價值極高的動物。光靠捕獵野生鼉既危險，產量也無法預知，而且也不能保證隨時能夠捕獲得到。因此，需設專官馴養，有一套獨特的馴養技術，父子相傳，世世相繼，從而形成專司此職的族氏，稱爲「豢龍氏」。

據何光岳先生考證，古鄂國的鄂就是世代以捕鼉魚爲業的族氏。〔註100〕因此這個族氏不僅捕鼉，似乎還兼包括養鼉和馴鼉等後續處理的程序。其國最先居於今山西鄉寧縣及其附近一帶。1958 年 8 月，在此縣以北的石樓縣桃花莊發現一座商代晚期墓葬，出土一精美的龍紋銅觥，其上鏤有一龍，左側鏤有一鼉。此鼉應該可視爲古鄂國族的族徽。據古氣候學研究，在距今 5 千年以來的最初 2 千年，即從仰韶文化到安陽殷墟時期，我國北方的年平均溫度比現在要高 2 度 c 左右，一月溫度約比現在高 3 度 c ～5 度 c。〔註101〕至殷末周初，氣溫逐漸下降，此後進入相對的寒冷時段，因此周代以後，隨著氣候的轉冷，鼉分佈的區域逐步向南退卻，古鄂國也逐步隨之而南遷，殷商時有鄂國名。在今河南省沁陽縣西北。《戰國策・趙策三》：「鬼侯、鄂侯、文王，紂之三公也。〔註102〕」繆文遠校注：「鄂侯、鄂國首領。鄂在今河南沁陽西北。」《史記・殷本紀》：「（紂）以西伯昌、九侯、鄂侯爲三公。〔註103〕」

〔註98〕〔西晉〕郭璞注，《山海經》（上海：商務印書館，1922 年，《四部叢刊》上海涵芬樓借江安傅氏雙鑑樓藏明成化庚寅刊本）卷 13，頁 2。

〔註99〕〔唐〕房玄齡，《晉書》（上海：上海人民出版社，1999 年，景印文淵閣四庫全書本）卷 66，頁 22。

〔註100〕何光岳，《楚滅國考》（上海：上海人民出版社，1990 年）。

〔註101〕竺可楨，《竺可楨文集・中國近代五千年來氣候變遷的初步研究》（北京：科學出版社，1979 年），頁 495。

〔註102〕〔漢〕劉向編、〔東漢〕高誘注、〔南宋〕鮑彪注，《戰國策校注》（上海：商務印書館，1922 年，《四部叢刊》上海涵芬樓借江南圖書館藏元至正十五年刊本景印本）卷 6，頁 128。

〔註103〕〔漢〕司馬遷《史記》，（上海：上海人民出版社，1999 年，景印文淵閣四庫全書本）卷 3，頁 9。

之後鄂國漸漸往南移動，到西周時已經進入楚地。在今湖北省鄂州市。《史記・楚世家》：「（楚王熊渠）乃立其長子康爲句亶王，中子紅爲鄂王。〔註104〕」裴駰《集解》：「《九州記》曰：『鄂，今武昌。』」張守節正義：「《括地志》云：『武昌縣，鄂王舊都。』」。這古鄂族氏極有可能就是古代傳說中的豢龍氏或御龍氏的後裔。

歷史文獻中所記載的龍雖有多種的型態，與千變的能力。但從《左傳》中對龍的敘述，與當時人們對龍的來歷與描述以及飼養的過程瞭解之深，有如親見，加上子產曰：「我鬥，龍不我覿也；龍鬥，我獨何覿焉？禳之，則彼其室也。吾無求於龍，龍亦無求於我。」的反應似乎將其所知的龍視爲普通的蟲魚，因此傳中的龍若指爲鱷魚，確實是有其相當的合理性。

三、蟈

蟈即蟈，在《說文》爲一字之異體。《禮記・月令・孟夏之月》：「螻蟈鳴。〔註105〕」蔡邕章句謂螻即螻蛄，蟈爲蛙。蟈，〈夏小正〉傳文以「或曰屈造之屬也」解之，屈造正是蛙類，即《詩・邶風・新臺》之戚施、《淮南子・說林》之鼓造、《說文》之鼀䵶、蜠鼀、詹諸，今稱蝦蟆或蟾蜍，異名極多，詳見陳壽祺《左海經辨》〈釋詹諸〉一文。蟾蜍，脊椎動物兩棲類無尾綱。體大，形醜惡，皮黑而多疣，內有毒腺。性遲緩，不善跳躍，鳴囊亦不發達。捕食昆蟲、蚯蚓等，能耐飢渴，不易死。經冬必須冬眠。常居路上，產卵期則入水中。幼時之變化與蛙無異，亦爲蝌蚪。有一種藥叫蟾酥，即取自其皮面之毒線。《說文》：「蟈，短弧也。似鱉，三足，以气躲害人。」短弧含沙射影，是一種傳說中的怪物，顧問《夏小正集解》據以解釋此節，非是。〔註106〕

另一種解釋是蟈通「螣」。食禾苗的害蟲。《呂氏春秋・任地》：「大草不生，又無螟蟈。〔註107〕」高誘注：「蟈或作螣。食心曰螟，食葉曰蟈。兗州謂蟈爲螣，音相近也。」乃因地域之不同，而對生物有不同的稱呼。但將蟈視爲蟈，似乎更爲妥貼。

〔註104〕〔漢〕司馬遷《史記》，（上海：上海人民出版社，1999年，景印文淵閣四庫書本）卷40，頁4。

〔註105〕〔東漢〕鄭玄注、〔唐〕孔穎達疏《禮記注疏》（台北：藝文印書館，2001年，景印清・嘉慶二十年江西南昌府學開雕重刊宋本）卷6，頁305。

〔註106〕莊師雅州，《夏小正析論》（台北：文史哲出版社，1985年），頁98。

〔註107〕〔秦〕呂不韋編纂、〔東漢〕高誘注，《呂氏春秋》（上海：商務印書館，1922年，《四部叢刊》涵芬樓藏明宋邦義等刊本）卷26，頁14。

四、鷁

鷁，水鳥名。形如鷺而大。羽色蒼白，善高飛。王粲《懷德》詩：「鸛鷁在幽草，客子淚已零。〔註108〕」《左傳・僖公十六年》：

> 六鷁退飛，過宋都，風也。周内史叔興聘于宋，宋襄公問焉，曰：「是何祥也？吉凶焉在？」對曰：「今兹魯多大喪，明年齊有亂，君將得諸侯而不終。」退而告人曰：「君失問。是陰陽之事，非吉凶所生也。吉凶由人。吾不敢逆君故也。」〔註109〕

因為都城出現了異象，襄公便向叔興詢問這異象是否關乎吉凶。叔興雖因不敢拂逆君主而說出了違心的論述，但叔興這時已經領略了這只是單純的自然界陰陽之氣的變化，無關乎人事的吉凶，更與魯國的喪事、齊國的動亂無絲毫的瓜葛，並明確提出了「吉凶由人」的先進觀念，將人事的吉凶只與人本身的行事作風是否恰當合宜有關。《荀子・天論》：「夫星之隊，木之鳴，是天地之變，陰陽之化，物之罕至者也。〔註110〕」將「明于天人之分。」、「制天命而用之。」放於前位。《春秋闕疑》：

> 隕石于宋自空凝結而隕，六鷁退飛，倒逆而飛，必有氣驅之也。如此等皆是異事故書之。胡氏曰：石鷁隕飛而得其數與名，在春秋時，凡有國者，察于物象之變，亦審矣。此宋異也，何以書于魯史？亦見當時諸國有非所當告而告者矣。何以不削乎聖人，因災異以明天人感應之理，而著之于經，垂戒後世。如石隕于宋而書曰：隕石此天應之也，和氣致祥，乖氣致異，人事感于下則天變應于上，苟知其故。恐懼修省，變可消矣。張氏曰：星隕爲石不祥也，六鷁退飛不順也，宋襄欲圖伯而無其德，故天出怪異以警懼之，辛之五年，被執六年，兵敗，天之示人顯矣。高氏曰：聖人之于災祥，不敢必其有，亦不敢必其無，若必其無，則有國者不復畏天，若必其有，則後世將妄推象類以求天意所在，其弊有不可勝言，若漢世圖讖之學是也，故聖人于災祥存之而不辨，使人知所戒而已，昔高宗祭成

〔註108〕〔南朝梁〕蕭統編，《六臣註文選》（上海：商務印書館，1922 年，《四部叢刊》上海涵芬樓藏宋刊本）卷31，頁 30。

〔註109〕〔西晉〕杜預注、〔唐〕孔穎達疏，《春秋左傳注疏》（台北：藝文印書館，2001 年，景印清・嘉慶二十年江西南昌府學開雕重刊宋本）卷 12～17，頁 235。

〔註110〕〔戰國〕荀況，《荀子》（上海：商務印書館，1922 年，《四部叢刊》上海涵芬樓景印古逸叢書本）卷 11，頁 40。

湯，有飛雉升鼎耳，而雛祖已訓諸王曰：唯先格王，正厥事，不言
其吉凶，禍福，唯使正厥事而已，此先王處災祥之法也，春秋書災
祥之旨，蓋不異祖已之意。〔註111〕

因此叔興雖用違心之論對答，或許也有以此異以警戒襄公之意，因叔興乃天
子之卿大夫，對諸侯之相互兼併攻伐深憂之，故有此言。

五、鸜鵒

鴝鵒，即八哥，鴝同鸜。《太平御覽》卷九二三引《禮稽命徵》：「孔子謂
子夏曰：『群鵒至，非中國之禽也。』〔註112〕」

《左傳・昭公二十五年》：

「有鸜鵒來巢」，書所無也。師已曰：「異哉！吾聞文、成之世，童
謠有之曰：『鸜之鵒之，公出辱之。鸜鵒之羽，公在外野，往饋之馬。
鸜鵒跦跦，公在乾侯，徵褰與襦。鸜鵒之巢，遠哉遙遙，禍父喪勞，
宋父以驕。鸜鵒鸜鵒，往歌來哭。』童謠有是。今鸜鵒來巢，其將
及乎！」〔註113〕

《左傳》因魯本無此鳥，今鸜鵒來巢，故以為是異事。又引魯大夫師已的話，
用一百多年前的童謠來預言國君將有出亡之禍。而一切都導因於鸜鵒，《周
禮・考工記》曰：鸜鵒不踰濟。〔註114〕」《淮南子》：「鸜鵒不過濟。〔註115〕」
因此鸜鵒出現乃不尋常也。《春秋闕疑》：

鸜鵒，野鳥，其居避人，鸜鵒來巢，國中異之大也，方是時魯國綱
紀廢壞，公室政治荒蕪久矣，然則鸜鵒自野來巢，亦其有以召之也，
昔無今有，故以有為文，張氏曰：愚聞之，邵子曰：天下將治，天
地之氣自北而南，天下將亂，則天地之氣自南而北，禽鳥飛類，得

〔註111〕〔元〕鄭玉，《春秋闕疑》（上海：上海人民出版社，1999 年，景印文淵閣四
　　　　庫全書本）卷 15，頁 17～18。
〔註112〕〔北宋〕李昉，《太平御覽》（上海：商務印書館，1936 年，《四部叢刊》涵
　　　　芬樓景印中華學藝社借照日本帝室圖書館寮京都東福寺東京岩崎氏靜嘉堂文
　　　　庫藏宋刊本）卷 923，頁 2。
〔註113〕〔西晉〕杜預注、〔唐〕孔穎達疏，《春秋左傳注疏》（台北：藝文印書館，2001
　　　　年，景印清・嘉慶二十年江西南昌府學開雕重刊宋本）卷 41～53，頁 892。
〔註114〕〔東漢〕鄭玄注、〔唐〕賈公彥疏，《周禮注疏》（台北：藝文印書館，2001
　　　　年，景印清・嘉慶二十年江西南昌府學開雕重刊宋本）卷 39～42，頁 595。
〔註115〕〔漢〕劉安等撰，《淮南子》（上海：商務印書館，1922 年，《四部叢刊》上
　　　　海涵芬樓景印劉泖生影寫北宋本）卷 1，頁 10。

> 氣之先者也，《春秋》書六鷁退飛，鸜鵒來巢，氣使之也。當此之先，楚雖爲中國患，而齊晉猶足以抑之，自此以後晉霸不競，吳楚越皆以南夷迭主夏盟，諸侯歛衽事之馴，致大亂，則知鸜鵒來巢之祥，不特昭公出奔之兆也。〔註116〕

但王夫之卻不如此認爲，《春秋稗疏》：

> 鸜鵒寒皋也，一名寒號，蟲當冬無毛，穴處而嘷號達旦，俗謂其鳴曰得過且過。其糞，方書謂之五靈脂，其鳥不耐寒故不踰濟。……鸜音瞿，鵒音章句之句，鵒鵒者鶺鴒也，俗謂之扳哥，巢而不穴，豈足爲異哉。〔註117〕

不過王夫之離《春秋》久矣，生物演化不絕，氣候變化不斷，因此認知才會有所差異。

六、麟

古代傳說中的一種動物。形狀像鹿，頭上有角，全身有鱗甲，尾像牛尾。古人以爲仁獸、瑞獸，拿它象徵祥瑞。《爾雅》曰：「麠，大麃，牛尾，一角。〔註118〕」注：「漢武帝郊雍得一角獸若麃然，謂之麟者此是也，麃即麠。」《詩・周南・麟之趾》：「麟之趾，振振公子。〔註119〕」《公羊傳・哀公十四年》：「麟者，仁獸也。〔註120〕」《漢武帝內傳》：「王母至也，縣投殿前，有似鳥集，或駕龍虎，或乘白麟。〔註121〕」《管子・封禪》：「今鳳皇麒麟不來，嘉穀不生。〔註122〕」〔宋〕黃庭堅《送范德孺知慶州》詩：「阿兄兩持慶州節，十年麒麟

〔註116〕〔元〕鄭玉，《春秋闕疑》（上海：上海人民出版社，1999年，景印文淵閣四庫全書本）卷38，頁14～15。

〔註117〕〔清〕王夫之，《春秋稗疏》（上海：上海人民出版社，1999年，景印文淵閣四庫全書本）卷2，頁33。

〔註118〕〔西晉〕郭璞注、〔宋〕邢昺疏，《爾雅注疏》（台北：藝文印書館，2001年，景印清・嘉慶二十年江西南昌府學開雕重刊宋本）卷10，〈釋獸〉，頁189。

〔註119〕〔漢〕毛亨傳、〔東漢〕鄭玄箋、〔唐〕孔穎達正義，《毛詩注疏》（台北：藝文印書館，2001年，景印清・嘉慶二十年江西南昌府學開雕重刊宋本）卷1，頁43。

〔註120〕〔東漢〕何休注、〔唐〕徐彥疏，《春秋公羊傳注疏》（台北：藝文印書館，2001年，景印清・嘉慶二十年江西南昌府學開雕重刊宋本）卷26～28，頁355。

〔註121〕〔東漢〕班固，《漢武帝內傳》（上海：上海人民出版社，1999年，景印文淵閣四庫全書本），頁3。

〔註122〕〔唐〕房玄齡注，《管子》（上海：商務印書館，1922年，《四部叢刊》上海涵芬樓借常熟瞿氏鐵琴銅劍樓藏宋刊本景印本）卷16，頁11。

地上行。〔註123〕」

《左傳·哀公十四年》:「十四年,春,西狩於大野,叔孫氏之車子鉏商獲麟,以爲不祥,以賜虞人。仲尼觀之,曰:『麟也。』然後取之。〔註124〕」

在周代,春蒐夏苗秋獮多狩是夏官大司馬的職責,《周禮》:

> 中冬教大閱。前期,群吏戒眾庶修戰法。……遂以狩田,以旌爲左
> 右和之門,群吏各帥其車徒以敘和出,左右陳車徒,有司平之;旗
> 居卒間以分地,前後有屯百步,有司巡其前後,險野人爲主,易野
> 車爲主。既陳,乃設驅逆之車,有司表貉于陳前。中軍以鼙令鼓,
> 鼓人皆三鼓,群司馬振鐸,車徒皆作。遂鼓行,徒銜枚而進。大獸
> 公之,小禽私之,獲者取左耳。及所弊,鼓皆駴,車徒皆譟。徒乃
> 弊,致禽饁獸于郊;入,獻禽以享烝。〔註125〕

多狩是國家的閱兵大典,其儀式是神聖的,非其人或非其時,都不能擅自冒用此名,《左傳魯僖公·二十八年》:「是會也,晉侯召王,以諸侯見,且使王狩。仲尼曰:『以臣召君,不可以訓。』故書曰「天王狩于河陽」,言非其地也,且明德也。〔註126〕」

這是因重名義,與正君臣之分,故而改書。「十四年春,西狩於大野。」狩依禮舉行於多季,因此這裡的春應指周曆的春天,周之春乃夏之冬,因此這裡的春天並非是只真正的時令,所以這次的狩在時間上並沒有違誤。狩乃周之大典,主狩者若非天子派魯侯,也應是大司馬相當之職來主狩,《左傳》中並未明言,但從「叔孫氏之車子。」中可知車子是管理公用車輛的官名,是由叔孫氏掌理,叔孫氏是魯卿,按照魯國是周公的封地,是唯一可用天子禮樂祭祀天地的諸侯國,「周禮盡在魯」,叔孫氏等同於大司馬的職等,因此爲主狩者應頗爲恰當。西狩之西,《左傳》解釋爲大野,杜預《釋例》曰:「大野即鉅鹿。」杜佑《通典》曰:「有大野澤,一名鉅野澤,爾雅:『十藪魯有

〔註123〕〔北宋〕黃庭堅,《豫章黃先生文集》(上海:商務印書館,1936 年,《四部叢刊》上海涵芬樓借嘉興沈氏藏宋乾道刊本景印本)卷2,頁 10。

〔註124〕〔西晉〕杜預注、〔唐〕孔穎達疏,《春秋左傳注疏》(台北:藝文印書館,2001年,景印清·嘉慶二十年江西南昌府學開雕重刊宋本),卷57〜60,頁 1031。

〔註125〕〔東漢〕鄭玄注、〔唐〕賈公彥疏,《周禮注疏》(台北:藝文印書館,2001年,景印清·嘉慶二十年江西南昌府學開雕重刊宋本)卷 28〜33,〈夏官司馬第四〉,頁 444。

〔註126〕〔西晉〕杜預注、〔唐〕孔穎達疏,《春秋左傳注疏》(台北:藝文印書館,2001年,景印清·嘉慶二十年江西南昌府學開雕重刊宋本),卷12〜17,頁 276。

大野。』春秋云：『西狩獲麟亦在此地。』〔註127〕」而麟是少見之獸，鉏商未曾見過，以此將其視爲異獸，乃賜給掌管山澤的官員。因孔子聞而察之曰：「麟也。」叔孫氏才將它收回。

因《公羊傳》謂絕筆於獲麟，而引起世代學者對於《春秋》起迄的爭論，研究《左傳》學者認爲孔子因感麟之被獲而始修春秋，因此經文終於所感。《春秋闕疑》：

> 因獲麟而作春秋，故春秋止于獲麟，麟爲聖人出也，世有聖人而麟出，理之常也，麟出而見獲，聖人不得位之象理之變也，聖人因麟出而見獲，知其道之終不行也，于是取其欲爲治于當世者，垂之萬世，此《春秋》所由作也，雖然鳳鳥不至，河不出圖，吾已矣。夫之嘆夫子固已知其道之不行，未欲恝然忘于斯世，故爲之兆也，至于麟出而見獲，則知其道之決不可行也，于是無復有望于斯世矣，此聖人可以行則行，可以止則止，所以爲聖之時也，鳴呼，聖人之出處，關世運之盛衰，天不欲用聖人于一時者，乃所以用于萬世也歟。〔註128〕

但也多有反對者，歐陽修對此甚至無所議論。《春秋輯傳》：

> 或問《春秋》何爲始于隱公而終于獲麟，歐陽公曰：「吾不知也。」問者曰：「此學者之所盡心焉不知何也？」曰：《春秋》起止吾所知也，子所問者始終之義吾不知也，吾無所用心乎此者也，昔子仕于魯不用，去之諸侯又不用，因而歸且老，始著書，得《詩》自〈關雎〉至于〈魯頌〉，得書自〈堯典〉至于〈費誓〉，得《魯史記》自隱公至于獲麟，遂刪修之其前遠矣，聖人著書足以法世而已，不窮遠之難明也，故據其所得而修之，孔子非史官也，不常職乎史，故盡其所得，修之而止耳，魯之史記則未嘗止也，今《左氏經》可以見矣。」曰：「然則始終無義乎？」曰：「義在《春秋》不在起止，《春秋》謹一言而信萬世也，予厭眾說之亂春秋者也。〔註129〕」

〔註127〕〔唐〕杜佑，《通典》（上海：上海人民出版社，1999 年，景印文淵閣四庫全書本）卷 180，頁 8。

〔註128〕〔元〕鄭玉，《春秋闕疑》（上海：上海人民出版社，1999 年，景印文淵閣四庫全書本）卷 45，頁 20。

〔註129〕〔明〕王樵，《春秋輯傳》（上海：上海人民出版社，1999 年，景印文淵閣四庫全書本）卷 13，頁 56～57。

事實上因爲無人眞實目睹留下記錄，因此對於事實只能臆測，並無確切的定論。歐陽修循聖人之言「知之爲知之，不知爲不知。」只取《春秋》之義而不妄加揣測《春秋》之起止之因，當是進步的想法。

《春秋事義全考》：

> 孔子之卒近在獲麟後二年，苟非平日所嘗用心，則隱後二百餘年之間多有傳聞，不實之事豈一朝一夕所能詳哉。故制作三年文成致麟之說，元凱既斷其妖妄，而後儒之辯亦詳，茲不復論矣。若必謂其感麟而始作，則理亦有未盡焉，按夫子欲身見道之行於天下，始焉未暇爲著述，事晚知道終不行也，於是刪《詩》、定《禮》、正《樂》、序《書》、贊《易》，冀以垂世教於將來，而今遇獲麟麟死，則所謂吾已矣，夫之歎蓋又當有甚於前日矣，而魯史其所嘗得於傳聞，睹記之眞，嘗有慨於其心，謂其所載之行事，乃王法所可寓以垂戒後世者也，於是因麟死知王者之不作而修，以爲經焉。杜元凱謂：感麟而作是已，胡文定乃云：經成而麟至本之。何休、范甯之說以爲信然誤矣，夾谷相禮而三田來歸，以爲聖人自序其績，然則春秋成而麟至，亦謂聖人自述其作經，經成之瑞應乎。此失春秋之旨爲甚故，不得不爲之辨如此。按謂《春秋》感麟而始作，誠有未盡，蓋其平日嘗究心於此，而當時史官如左氏輩，必嘗與夫子往來論議，如魯樂官之相與論樂得以習聞習見，其所記之行事與夫策書簡牘之大，凡必嘗筆之以爲書，而至於獲麟麟死之時，始於一兩年間，遂成而出之，今之從事著述者每嘗留意於所纂之一書未就也，就亦未即出也，一旦因有所感，取而成之，成而遂出之，冀以傳之於其身後，亦往往有然者，何獨於聖人而疑之乎，故謂聖人感麟而始作《春秋》，不可謂聖人感麟而始成《春秋》，則無不可也。資中黃氏謂：
>
> 左丘明非傳《春秋》者，傳《春秋》者蓋姓左而失傳其名爾。〔註130〕

依理，聖人做事，應有始有終，孔子於哀公十一年，因不得志於諸侯，故而自衛返魯。合理的說法應是孔子知其道之終不行也，乃欲託《春秋》來達成其撥亂反正的終身志願，孔子蒐集整理其一生所學與遊歷之所得，經過三年的時間，戮力著述，到了哀公十四年，因有西狩獲麟之事，孔子感於麟出非

〔註130〕 〔明〕姜寶，《春秋事義全考》（上海：上海人民出版社，1999年，景印文淵閣四庫全書本）卷16，頁37～39。

時，與自身的生不逢辰同，故而嘆息而絕筆。否則孔子之卒，在哀公十六年，此時的身心精力未減，而《春秋》之局未終，周公之魯未滅，若不是有所刺激而感發，應不至於輟筆。

七、豕

《左傳·莊公八年》：「冬，十二月，齊侯游于姑棼，遂田于貝丘。見大豕。從者曰：『公子彭生也。』公怒，曰：『彭生敢見！』射之。豕人立而啼。公懼，隊于車。傷足，喪屨。〔註131〕」齊襄公在貝丘打獵時遇野豬，隨從人員聲稱是之前被齊襄公所殺的公子彭生之化身，齊襄公聽之而怒，射之不中，野豬人立而叫，使得齊襄公從車上墜，傷腳失鞋。這是迷信的表現，似乎是用彭生的化身來索命，預言齊襄公的死亡。但詳細分析，此事件其實爲一陰謀也，《左氏傳續說》：「此亦是大豕之常態耳，不足深怪，緣齊侯有疑心，所主不定，故見得如此。〔註132〕」這只是一次平常的打獵，野豬出現也不足爲奇，關鍵是隨從人員，「從者曰：『公子彭生也。』」但翻遍記載，卻無從人的資料，從人似乎欲借此事，讓襄公心神不寧，從而墜車而死，若襄公在此時墜車而死，或許之後賊闖入宮的事情便不會發生。但由從人的妄言與襄公的不追究妄言之人，反而「誅屨於徒人。」舉可見襄公的昏庸與眾叛親離，其被殺是可預知之事，實無任何可異之處。

〔註131〕〔西晉〕杜預注、〔唐〕孔穎達疏，《春秋左傳注疏》（台北：藝文印書館，2001年，景印清·嘉慶二十年江西南昌府學開雕重刊宋本）卷8～10，頁143。
〔註132〕〔明〕呂祖謙，《左氏傳續說》（上海：上海人民出版社，1999年，景印文淵閣四庫全書本）卷3，頁7。

第八章　左傳中特殊類災異

第一節　鬼神之異

一、神

　　神是宗教及神話中所指的超自然體，稱爲神靈；神仙。《禮記・祭法》：「山林川谷丘陵，能出雲爲風雨，見怪物，皆曰神。〔註1〕」孔穎達疏：「風雨雲露並益於人，故皆曰神而得祭也。」《論語・述而》：「子不語怪、力、亂、神。〔註2〕」何晏《集解》：「神，謂鬼神之事。」劉向《說苑・修文》：「神者，天地之本，而爲萬物之始。〔註3〕」曹植《曹子建集・洛神賦》：「體迅飛鳧，飄忽若神。〔註4〕」李善曰：「夫神，萬靈之摠稱。〔註5〕」

　　《左傳・莊公三十二年》：

　　　　秋，七月，有神降于莘。惠王問諸內史過曰：「是何故也？」對曰：「國之將興，明神降之，監其德也；將亡，神又降之，觀其惡也。

〔註1〕〔東漢〕鄭玄注、〔唐〕孔穎達疏，《禮記注疏》（台北：藝文印書館，2001年，景印清・嘉慶二十年江西南昌府學開雕重刊宋本）卷23，頁796。

〔註2〕〔魏〕何晏注、〔宋〕邢昺疏，《論語注疏》（台北：藝文印書館，2001年，景印清・嘉慶二十年江西南昌府學開雕重刊宋本）卷7，頁63。

〔註3〕〔漢〕劉向，《說苑》（上海：商務印書館，1922年，《四部叢刊》上海涵芬樓借平湖葛氏傳樸堂藏明鈔本景印本）卷19，頁2。

〔註4〕〔魏〕曹植，《曹子建集》（上海：商務印書館，1922年，《四部叢刊》上海涵芬樓借印江安傅氏雙鑑樓藏明活字本）卷3，頁7。

〔註5〕〔南朝梁〕蕭統編，《六臣註文選》（上海：商務印書館，1922年，《四部叢刊》上海涵芬樓藏宋刊本）卷19，頁37。

故有得神以興，亦有以亡，虞、夏、商、周皆有之。」王曰：「若之
何？」對曰：「以其物享焉。其至之日，亦其物也。」王從之。內史
過往，聞虢請命，反曰：「虢必亡矣。虐而聽於神。」神居莘六月。
虢公使祝應、宗區、史嚚享焉。神賜之土田。史嚚曰：「虢其亡乎！
吾聞之：國將興，聽於民；將亡，聽於神。神，聰明正直而壹者也，
依人而行。虢多涼德，其何土之能得？」〔註6〕

這則記載顯然是要說明在上位者若不能行善政，神是無從保佑的。但這裡
卻沒有對神的形象有完整的記載，不知此神是「神獸」，或者是傳說中的祝
融、丹朱、回祿之類的神明。只云「有神降于莘」，但並未明言其形象，惠
王問其內史該如何應對，內史是周王室的官員，掌管著作簡冊，策命諸侯
大夫，以及爵祿的廢置，也常常代表周天子到諸侯進行聘問慶弔之禮，也
能預言吉凶，通曉天道與神道的運作。但內史也只能回答「以其物享焉。
其至之日，亦其物也。」，可見當時連內史能博古通今的官員都不清楚此神
是從何而來，只能從以往所規定的日子所該祭祀的方式來饗神。且此神竟
然還在莘地居住了六個月之久，虢公派出了太祝、宗人、太史等官來服侍
神靈，神還明確的答應要賜予虢公土地，之後神便不知所終了。《國語》：「十
五年，有神降于莘。〔註7〕」可見此事應該不是捏造。因此可推斷此事應該
為真，但是否真為神則應存懷疑的態度，因其形象太過明顯，還能與人溝
通，住於常人的居所，與以往神話中諸神的形象大異其趣。只能說在《左
傳》成書時代的人，對於神明可以下降至人間，且與人溝通，是可以接受
的。但在當時的祭祀無非是盼望神靈的降福，「虢其亡乎！吾聞之：國將興，
聽於民；將亡，聽於神。」顯然有詆毀神的意思，可以解釋此段用倒敘法
的原因，是在虢滅亡之後，才用此事解釋虢國滅亡的原因，單純的是在強
調「虢必亡」的結論。

二、鬼

從商代與周代的史料中可知當時的人已經相信有鬼的存在，也能探知鬼
有影響人的生活。鬼可以指人死後魂靈不滅。《禮記·祭義》：「眾生必死，死

〔註6〕 〔西晉〕杜預注、〔唐〕孔穎達疏，《春秋左傳注疏》（台北：藝文印書館，2001
年，景印清·嘉慶二十年江西南昌府學開雕重刊宋本），卷8～10，頁181。
〔註7〕 〔東吳〕韋昭注，《國語》（上海：商務印書館，1922年，《四部叢刊》上海涵
芬樓借杭州葉氏藏明金李刊本）卷1，頁24。

必歸土，此之謂鬼。〔註8〕」王充《論衡・死僞》：「二者，死人爲鬼之驗，鬼之有知，能害人之效也。無之，奈何？〔註9〕」或者指祖先。《論語・爲政》：「非其鬼而祭之，諂也。〔註10〕」何晏《集解》引鄭玄曰：「人神曰鬼。非其祖考而祭之者，是諂求福。」

　　《禮記》：「子曰：『鬼神之爲德，其盛矣乎。視之而弗見，聽之而弗聞，體物而不可遺，使天下之人齊明盛服以承祭祀，洋洋乎如在其上，如在其左右。』〔註11〕」這是一段可以充分代表儒家思想的鬼神觀，認爲鬼神是人的感官無法去切實接觸的一種現象。這種觀念與一般所流行的觀念有明顯的差異，一般的人認爲鬼神是具體的一種存在。鬼神也需要和人一樣的飲食，這是從原始時期便留下來的觀念，故而最原始的祭祀是從獻祭活動開始。《墨子・公孟》：「執無鬼而學祭禮，是猶無客而學客禮也，是猶無魚而爲魚罟也。〔註12〕」這種論點完全把民間對鬼神的觀念具體的表達出來。但墨子是戰國末期的人物，關於春秋時代的看法《左傳・宣公五年》：

　　　　初，楚司馬子良生子越椒。子文曰：「必殺之！是子也，熊虎之狀而豺狼之聲；弗殺，必滅若敖氏矣。諺曰：『狼子野心。』是乃狼也，其可畜乎？」子良不可。子文以爲大慼。及將死，聚其族，曰：「椒也知政，乃速行矣，無及於難。」且泣曰：「鬼猶求食，若敖氏之鬼不其餒而！」〔註13〕

令尹子文說：「鬼猶求食，若敖氏之鬼不其餒而。」這是一段在情急之下無心出口的話，因當時並非在討論祭祀鬼神之事，故而應該有一定的可靠度，說明在當時人的心中對於鬼神的存在與需求是普遍且深入人心的。《左傳》記載此事，不只是單純的紀錄若敖氏的衰落，而是將重點放在若敖氏爲何會衰落，

〔註8〕　〔東漢〕鄭玄注、〔唐〕孔穎達疏，《禮記注疏》（台北：藝文印書館，2001年，景印清・嘉慶二十年江西南昌府學開雕重刊宋本）卷24，頁813。

〔註9〕　〔漢〕王充，《論衡》（上海：商務印書館，1922年，《四部叢刊》上海涵芬樓藏明通津草堂本）卷21，頁1。

〔註10〕　〔魏〕何晏注、〔宋〕邢昺疏，《論語注疏》（台北：藝文印書館，2001年，景印清・嘉慶二十年江西南昌府學開雕重刊宋本）卷2，頁19。

〔註11〕　〔東漢〕鄭玄注、〔唐〕孔穎達疏《禮記注疏》（台北：藝文印書館，2001年，景印清・嘉慶二十年江西南昌府學開雕重刊宋本）卷31，〈中庸〉，頁884。

〔註12〕　〔春秋〕墨翟，《墨子》（上海：商務印書館，1922年，《四部叢刊》上海涵芬樓景印明嘉靖癸丑刊本）卷12，頁23。

〔註13〕　〔西晉〕杜預注、〔唐〕孔穎達疏，《春秋左傳注疏》（台北：藝文印書館，2001年，景印清・嘉慶二十年江西南昌府學開雕重刊宋本）卷21～24，頁369。

若敖氏衰落的根本原因是子良不相信他兒子的異象，也就是違反了當時傳統的信仰。因此無論這件事是否為真實，《左傳》反映了當時相當廣泛的社會思想。

《左傳・僖公十年》：

> 晉侯改葬共太子。秋，狐突適下國，遇太子。太子使登，僕，而告之曰：「夷吾無禮，余得請於帝矣，將以晉畀秦，秦將祀余。」對曰：「臣聞之：『神不歆非類，民不祀非族。』君祀無乃殄乎？且民何罪？失刑、乏祀，君其圖之！」君曰：「諾。吾將復請。七日，新城西偏將有巫者而見我焉。」許之，遂不見。及期而往，告之曰：「帝許我罰有罪矣，敝於韓。」〔註14〕

太子申生已經在五年前遇害，因此不可能死而復生，故這裡見到的是死的太子申生。表面上看似有迷信的成分，但其重點並非放在此，是想藉著申生的亡靈，來展現狐突等大臣的政見。狐突認為晉惠公夷吾無理，是戕害晉國的罪人，必受到上天的懲罰，晉國將會因晉惠公的淫亂而絕祀於秦。因當時的秦國野心勃勃，早有東向之志，晉國若不認真對待此事，必遭其害，絕對非危言聳聽，《左傳》常藉鬼神之事來表達嚴肅的論述。

《左傳・僖公三十二年》：「冬，晉文公卒。庚辰，將殯於曲沃。出絳，柩有聲如牛。卜偃使大夫拜，曰：『君命大事：將有西師過軼我，擊之，必大捷焉。』〔註15〕」傳文曰晉文公雖已死並殯尸於棺，但仍有知，用巨響代替言語發佈命令，命晉軍出而襲秦之師，必大捷。杜預注曰：「聲自柩出，故曰：君命大事戒事也，卜偃聞秦密謀，故因柩聲以正眾心。〔註16〕」此說雖然合理，但秦軍千里奔襲，勞師動眾，晉軍何嘗不知。但只聞其聲，何能知之其為軍令？劉向便認為此為凶兆，預告秦晉兩國將成四戰之地，永無寧日。《繹史》：

> 劉向**曰**為近鼓妖也，**喪**凶事，聲如牛，怒象也，將有急怒之謀，**曰**生兵革之禍，是時秦穆公遣兵襲鄭，而不假道還。晉大夫先軫謂襄公曰：秦師過，不假塗，請擊之，遂要崤阨**曰**敗秦師，匹馬觭輪無反

〔註14〕〔西晉〕杜預注、〔唐〕孔穎達疏，《春秋左傳注疏》（台北：藝文印書館，2001年，景印清・嘉慶二十年江西南昌府學開雕重刊宋本）卷12～17，頁221。

〔註15〕〔西晉〕杜預注、〔唐〕孔穎達疏，《春秋左傳注疏》（台北：藝文印書館，2001年，景印清・嘉慶二十年江西南昌府學開雕重刊宋本）卷12～17，頁287。

〔註16〕同上注。

　　者，操之急矣。晉不惟舊而聽虐謀結怨，強國四被，秦寇禍流數世，
　　凶惡之效也。〔註17〕

《讀禮通考》：

　　乾學案，諸侯之禮，當五日而殯，今己卯卒而庚辰柩，已出絳，是
　　大小斂悉行於一日之中，何其速邪，殯當於路寢之西序，今晉都絳
　　而出殯於曲沃，何其遠邪，踰日而殯，是死其親也，殯不於正寢，
　　是忘其親也，二者皆不孝也，而晉之君臣乃冒昧行之，亦喪禮一大
　　變矣。〔註18〕

認為聲出之故是因為晉國君臣不遵禮法，草率辦理晉文公的喪禮，因此巨響
是晉文公最後的怒吼，以儆後代晉國君臣。

　　《左傳·昭公八年》：

　　八年，春，石言于晉魏榆。晉侯問於師曠曰：「石何故言？」對曰：
　　「石不能言，或馮焉。不然，民聽濫也。抑臣又聞之曰：『作事不時，
　　怨讟動于民，則有非言之物而言。』今宮室崇侈，民力彫盡，怨讟
　　並作，莫保其性，石言，不亦宜乎？」於是晉侯方築虒祁之宮，叔
　　向曰：「子野之言君子哉！君子之言，信而有徵，故怨遠於其身；小
　　人之言，僭而無徵，故怨咎及之。《詩》曰：『哀哉不能言，匪舌是
　　出，唯躬是瘁。哿矣能言，巧言如流，俾躬處休。』其是之謂乎！
　　是宮也成，諸侯必叛，君必有咎，夫子知之矣。〔註19〕

石言于晉魏榆，杜預注曰：「謂有精神馮依石而言。〔註20〕」頗有鬼怪之意。
但《左傳》主要是以此異帶出師曠之言，毫不隱諱的點出晉平公窮奢亟欲，
不顧百姓生計，大興宮室，因百姓財力徵用殆盡，民不聊生，最後因為怨氣
震天，連不會說話的頑石都開口發言。「怨讟並作，莫保其性，石言，不亦宜
乎？」字句之間，充滿了對晉平公的憤怒與批判。

〔註17〕〔清〕馬驌，《繹史》（上海：上海人民出版社，1999年，景印文淵閣四庫全
　　　　書本）卷154下，頁5。

〔註18〕〔清〕徐乾學，《讀禮通考》（上海：上海人民出版社，1999年，景印文淵閣
　　　　四庫全書本）卷43，頁15。

〔註19〕〔西晉〕杜預注、〔唐〕孔穎達疏，《春秋左傳注疏》（台北：藝文印書館，
　　　　2001年，景印清·嘉慶二十年江西南昌府學開雕重刊宋本）卷41～53，頁
　　　　768。

〔註20〕同上注。

《格物通》：

> 石言者，晉魏邑之榆地有石作人言也，然《春秋》不書，豈亦傳者
> 之訛乎，然師曠以為春築虒祁之應者，亦因事獻忠之義爾，噫可以
> 為崇工作彫，民力興怨讟，召災異者之戒矣。〔註21〕

這是以災異來警戒不恤民力的國君，望其能及時醒悟，以免國遭大禍。

《中庸衍義》：

> 物無知者必曰草木，其發生開落榮悴猶有知也，至於石信其頑，朴
> 一無所知，今而工役敝民亦有所感，馮而言者，人之與物，其初之
> 生，皆一氣也人，不敢言有託物以言之者矣，人不能言，有託物以
> 言之者矣，晉築虒祁之宮，崇侈為甚，叔向為卿乃不之言，石言之，
> 師曠言之，而稱曰君子哉，則非不知其可言也，及諸侯往落，而齊
> 侯中壺有志代興，乃言曰諸侯貳矣，不可以不示威，治兵建旆，惡
> 是何言也，可言而不言，是謂不忠，不可言而言，是謂不知，叔向
> 賢者也，臣故責備之焉。〔註22〕

這是對晉國大臣的諷刺，認為人與物皆一氣也。而受苦的百姓苦不能言，
最後導致託頑石而告，叔向知國之弊而不言，師曠知民之疲亦不言，等到
石頭言之，才相互吹捧曰「君子哉。」可知其矯情之甚。之後晉國衰弱，
齊國躍躍欲試，才說諸侯有二心於晉，須治兵練馬，示威於外。叔向等大
臣「可言而不言，是謂不忠，不可言而言，是謂不知」稱賢者似乎有掩飾
其過失之嫌。

第三節　器物之異

一、屋壞

《左傳·文公十三年》：秋七月，大室之屋壞，書，不共也。《左傳》對
於大室屋壞僅著重於釋經，譏諷文公沒有謹慎的侍奉主廟，然此大室是誰的
大室，卻沒說明。孔穎達疏曰：

〔註21〕　〔明〕湛若水，《格物通》（上海：上海人民出版社，1999年，景印文淵閣四
　　　　庫全書本）卷87，頁7。

〔註22〕　〔明〕夏良勝，《中庸衍義》（上海：上海人民出版社，1999年，景印文淵閣
　　　　四庫全書本）卷12，頁8～9。

《正義》曰：傳稱書不共則於此室當共知大廟之室也，〈明堂位〉曰：
祀周公於大廟，此周公之廟壞也，不直言大廟壞，而云大室屋壞者。
大廟之制其簷四阿而下，室當其中，又拔出爲重屋。〈明堂位〉云：
大廟天子明堂，復廟重檐，天子之廟餝。鄭云：復廟重屋也，是天
子之廟，上爲重屋，此是大廟當中之室，其上之屋壞，非大廟全壞
也。……《左傳》不辨此是何公之廟，而經謂之大室，言此室是室
之最大者，故知是周公之廟，非魯公也。〈明堂位〉曰：魯公之廟，
文世室也，武公之廟，武世室也，不毀則稱世室，世室非一君廟名。
若是伯禽之廟，則宜舉其號諡，案《左傳》經爲大室不作世室，故
左氏先師賈服等皆以爲廟之室也，壞必更作，書其壞而不書，作者
隨即修之，故不書也。定二年五月雉門及兩觀災，十月新作雉門及
兩觀，啓塞從時，譏其緩作，故別書之耳。〔註23〕

賈逵、服虔、杜預都認爲此爲太廟，《禮記·明堂位》：「季夏六月，以禘禮祀
周公於大廟。〔註24〕」鄭玄注：「周公曰大廟，魯公曰世室。」周公指的便是
周公旦，魯公便是周公之子伯禽，曲阜是周公的封地，乃成王所封，因周公
有大功於周，故特命魯公世世代代可以用天子規制的禮樂，因此「大廟，天
子明堂。庫門，天子皋門。雉門，天子應門。〔註25〕」說明了魯的太廟建築
可以與天子的明堂相同。關於太廟的裝飾：「山節藻梲，復廟重檐。〔註26〕」
鄭玄注：「復廟重屋也。」因此《春秋》稱「大室屋壞」，而不稱大廟壞，明
白的指出大室乃大廟中央的重屋，與《左傳》的說法如出一轍。孔穎達疏曰：
「大廟之制其簷四阿而下，室當其中，又拔出爲重屋。」因此可推斷出損壞
的僅是大廟中央拔出的重屋，並非整個大廟都損壞。吳澄曰：

世太二字多通用，故左穀誤世爲太，《穀梁》謂太室猶世室，以爲
伯禽廟，字雖誤而義則與《公羊》同，杜氏以爲太廟之室，諸儒多
從之，夫廟制其中之一室謂之太室，稱太者以別於左右二夾室，

〔註23〕〔西晉〕杜預注、〔唐〕孔穎達疏，《春秋左傳注疏》（台北：藝文印書館，
2001年，景印清·嘉慶二十年江西南昌府學開雕重刊宋本）卷18~21，頁
331。

〔註24〕〔東漢〕鄭玄注、〔唐〕孔穎達疏，《禮記注疏》（台北：藝文印書館，2001
年，景印清·嘉慶二十年江西南昌府學開雕重刊宋本）卷14，頁575。

〔註25〕〔東漢〕鄭玄注、〔唐〕孔穎達疏，《禮記注疏》（台北：藝文印書館，2001
年，景印清·嘉慶二十年江西南昌府學開雕重刊宋本）卷14，頁579。

〔註26〕同上注。

> 《書‧洛誥》記成王祭文王、武王而曰：王入太室，祼彼文王、武
> 王廟非太廟也，亦有太室，何獨太廟之室，謂之太室乎。且爲人子
> 孫不早脩廟，以致屋壞，謂一廟之屋皆壞也，若果是太廟屋壞，當
> 書太廟屋壞，今乃書太室屋壞，則是太廟之中前堂、後寢，左右夾
> 室，東西二庿之屋皆不壞，而唯中間一室之屋獨壞也，於義有不通
> 矣。〔註27〕

這是因爲他不知道中央的一室是重屋，因重屋是突出於屋頂上的一屋，獨自
暴露於風雨之中，故而損壞率極高，若壞了也只須要作局部的整修，不會危
及到全廟的整體建築結構。《春秋正傳》：

> 自正月不雨，至於秋七月而世室屋壞，則文公不修宗廟所致也。
> 程子曰：「觀春秋中，文公事宗廟最爲不謹，遂有世室屋壞之變，
> 天人之際可不畏哉！」胡氏曰：「世室，魯公之廟也，周公稱太廟，
> 魯公稱世室，羣公稱宮，書世室屋壞，譏久不修也，何以知久乎，
> 自正月不雨則無壞道也，不雨凡七月，而先君之廟壞，不恭甚矣，
> 凡此皆志文公怠慢，不謹事宗廟，以致魯國衰削之由，垂戒切矣。
> 〔註28〕

其中提到了「不雨凡七月。」無論世室之前是否便多少有缺損，但七個月間
無風無雨，亦是整理修飾的好時機，文公不修廟，可知其對祭祀與祖先之禮
極爲不敬，魯國之衰弱可想而知，因此大室之屋壞雖有異，但此變之生還是
可以理解的，記錄只是譏諷文公的不修太廟。

二、變玉

《左傳‧昭公二十四年》：「冬，十月癸酉，王子朝用成周之寶珪沈于河。
甲戌，津人得諸河上。陰不佞以溫人南侵，拘得玉者，取其玉。將賣之，則
爲石。王定而獻之，與之東訾。」王子朝是周景王之子，發動篡奪周王室的
叛亂，曾經稱王。《春秋左傳屬事》：

> 朝以珪禱河，求福，既而珪自出于水。陰不佞，敬王大夫，溫人，
> 晉師也。以之南侵子朝而得玉，賣之則石玉之化也，王定王后定其

〔註27〕〔元〕吳澄，《春秋纂言》（上海：上海人民出版社，1999年，景印文淵閣四
　　　　庫全書本）卷6，頁34。

〔註28〕〔明〕湛若水，《春秋正傳》（上海：上海人民出版社，1999年，景印文淵閣
　　　　四庫全書本）卷18，頁18～19。

位也，獻而與之東訾，喜之也，見子朝神所不與，而珪宜歸之敬王。
〔註29〕

王子朝本是以周王的身份沈寶珪於河，以求河神賜福與己，「珪自出于水」顯示了河神對王子朝的稱王不予認同，陰不佞得此玉後將販之，玉忽而變石，顯示此玉有神，不願流落，盼回歸周王室也。。

《前漢書·五行志》：「是時，王子朝簒天子位，萬民不鄉號令，不從，故有玉變近白，祥也。癸酉入而甲戌出，神不享之，驗云：玉化爲石，貴將爲賤也，後二年子朝犇楚而死。〔註30〕」將玉化爲石視爲一徵兆，象徵王子朝的叛亂終將不成，如同此玉之變化，貴將成賤也，而後王子朝死於楚，果應其兆。

〔註29〕〔明〕傅遜，《春秋左傳屬事》（上海：上海人民出版社，1999年，景印文淵閣四庫全書本）卷1，頁29。

〔註30〕〔東漢〕班固，《前漢書》（上海：上海人民出版社，1999年，景印文淵閣四庫全書本）卷27中之上，頁40～41。

第九章　結　論

一、《左傳》好言災祥、多浮誇，陰陽災異充斥其中。

前人批評《左傳》「其失也巫」，「浮誇」，「好語神怪，易致失實」。「巫」、「浮誇」、「神怪」等等說法，指出了在《左傳》中所記載的虛構情節與妖異神怪禛祥與夢境等荒誕不經的記事。若要從嚴肅的歷史科學角度來看，確實已經可以直指其為疵謬了，但若從文學、人物塑造或者是時代精神的角度來解讀，巫妄浮誇的詬病，實在不須過度指責。換個角度看《左傳》不理性的敗筆，也可看做是創作的精華。

殷商人的鬼神信仰非常的濃厚，總把當下無法解釋、不能認知的事物直接將其鬼神化，認為天神地祇統治萬事萬物，唯有透過巫卜使神祇與王權彼此結合，才能讓人相信王權權力的來源是天神的賜予。巫卜以神秘的儀式既通於天，同時也接於人，乃天人之中介。殷王本身便是此一權力的既得利益者。如此大自然的一切與人世間的所有便連結了起來，自然發生變化，相應的人世也同樣會有所轉變。《原始思維》曰：「一切奇異的現象都被看成是稍後必將發生的災難的徵兆，同時也是它的原因；但是以另一個觀點來看，這個災難也同樣可以被看成是那個奇異現象的原因。〔註1〕」這一個思想在周代得到了繼承。但周代已經開始轉移目標，敬天的同時，也將心力放到了人本身，「敬鬼神而遠之」。「事鬼神」的目的是為了方便貴族的統治，並把「尊天」、「重民」加以制度化。巫卜作為天與人中介的作用開始弱化。但是周人對殷人的祭祀、禁忌與儀式以及對「天」、「地」的尊崇，依舊多有承襲。

〔註 1〕〔法〕列維・步留爾，《原始思維》（上海：商務印書館，1985 年），頁 297。

到了春秋時期，「天」、「地」、「人」之間深刻且神秘的互動連結仍然相當深厚，其「在精神上也互相貫通，在現象上互相彰顯，在事實上彼此感應。〔註2〕」任何一種異樣的變化都視為一特殊的預兆，任何一點特別的現象都必將引發另一對稱處之回應。《左傳·昭公七年》申豐就季武子「雹可御乎？」的問答而論「藏冰之道」即是一例。

> 聖人在上，無雹。雖有，不為災。古者日在北陸而藏冰，西陸朝覿而出之。其藏冰也，深山窮谷，固陰冱寒，於是乎取之。其出之也，朝之祿位，賓、食、喪、祭，於是乎用之。其藏之也，黑牡、秬黍以享司寒。其出之也，桃弧棘矢，以除其災。其出入也時。食肉之祿，冰皆與焉。大夫命婦喪浴用冰。祭寒而藏之，獻羔而啟之，公始用之，火出而畢賦，自命夫命婦至於老疾，無不受冰。山人取之，縣人傳之，輿人納之，隸人藏之。夫冰以風壯，而以風出。其藏之也周，其用之也遍，則冬無愆陽，夏無伏陰，春無淒風，秋無苦雨，雷出不震，無菑霜雹，癘疾不降，民不夭札。今藏川池之冰棄而不用，風不越而殺，雷不發而震。雹之為菑，誰能禦之？〔註3〕

在當時人的思想中，天、地、人、鬼是如此緊密地被牽連在一起，彼此之間互相感應，彼此相配，構成了無須證明的既定現實。

此種天、地、人、鬼彼此相繫而成為一體後又與「陰陽」、「五行」等糾結在一起，形成了一個更大更靈活、運用起來更得心應手的網路系統。「陰陽」、「五行」又與卜筮及其解說互為引伸。《國語·周語上》記載幽王二年，西周三川皆震，於是伯陽父將之視為「周將亡矣」的徵兆，因為「夫天地之氣，不失其序，若過其序，民亂之也。陽伏而不能出，陰迫不能烝，於是有地震。今三川實震，是陽失其所而鎮陰，陽失而在陰，川源必塞，源塞，國必亡。〔註4〕」把地震原因歸咎於川源之塞，而川源堵塞導因於陰陽失序，陰陽失序則國家敗亡。因此「陰陽」與特異現象也必有一定的對應關係，《左傳·僖公十六年》：「隕石於宋五，六鷁退飛，過宋都。」按周內史叔興曰：「是陰陽之事，非吉凶所在也。」陰陽也與人的生理產生密切的

〔註2〕葛兆光，《中國思想史》（上海：復旦大學出版社，2001年）卷1，頁7。

〔註3〕〔西晉〕杜預注、〔唐〕孔穎達疏，《春秋左傳注疏》（台北：藝文印書館，2001年，景印清·嘉慶二十年江西南昌府學開雕重刊宋本）卷41～53，頁728。

〔註4〕〔東吳〕韋昭注，《國語》（上海：商務印書館，1922年，《四部叢刊》上海涵芬樓借杭州葉氏藏明金李刊本）卷一，頁22。

關係，《昭公元年》醫和論晉侯之疾涉及「陰淫寒疾，陽銀熱疾」。除此之外，「陰陽」之實指廣且眾矣，宇宙一切的「清濁、小大、短長、疾徐、哀樂、剛柔、遲速、高下、出入、周疏〔註5〕」全都可以用「陰陽」代替，只因「物生有兩」、「體有左右，各有妃耦〔註6〕」。而「五行」相配的思想在春秋便已十分流行。《左傳‧昭公元年》醫和提到：「降生五位，發爲五色，徵爲五聲……序爲五節。」《左傳‧昭公十二年》子服惠伯釋「黃裳元吉」時認爲：「黃，中之色也。」《左傳‧昭公二十年》中晏子云：「濟五味，和五聲」。《左傳‧昭公二十五年》子大叔有言：「用其五行。氣爲五味，發爲五色，章爲五聲。」人們將五行與日常生活、社會生活、相關的發明創造、對自然的規律等關連起來。《左傳‧昭公九年》鄭裨灶解釋：「五年，陳將復封，封二十五年而遂亡」時說：「陳，水屬也；火，水妃也。而楚所相也。今火出而火陳，逐楚而建陳也。妃以五成，故日五年。歲五及鶉火，而後陳卒亡，楚克有之，天之道也，故日五十二年。」《左傳‧昭公十七年》梓慎與申繻對話：「有星孛於大辰，西及漢」時日：「若火作，其四國當之，在宋、衛、陳、鄭乎！宋，大辰之虛也；陳，大皞之虛也；鄭，祝融之虛也，皆火房也。星孛及漢，漢，水祥也。衛，顓頊之虛也，故爲帝丘，其星爲大水，水，火之牡也。」雖然其主題是針對天象，但其中已參雜了天之五星、地之五方相關連的思想，且五行之間互爲生剋。《左傳‧昭公二十九年》蔡墨就「龍見於絳郊」提出見解：「故有五行之官，是爲五官……社稷五祀，是尊是奉。木正日句芒，火正日祝融，金正日蓐收，水正日玄冥，土正日后土。」將五行再與五神連結。

　　在此一更大的網絡系統內，「在天地人鬼之間就有共同的存在方式，天地人鬼之間也有可能發生神秘的但又是必然的聯繫和感應。〔註7〕」人們全然可以根據自己的體驗與聯想，以當時的主流知識方技、術數、卜筮、陰陽五行等觀念爲依傍，創造各種豐富的語言和言論，組合出奇幻、飛越、充滿色彩的《左傳》。

〔註5〕〔西晉〕杜預注、〔唐〕孔穎達疏，《春秋左傳注疏》（台北：藝文印書館，2001年，景印清‧嘉慶二十年江西南昌府學開雕重刊宋本）卷41～53，頁858。
〔註6〕〔西晉〕杜預注、〔唐〕孔穎達疏，《春秋左傳注疏》（台北：藝文印書館，2001年，景印清‧嘉慶二十年江西南昌府學開雕重刊宋本）卷41～53，頁933。
〔註7〕葛兆光，《中國思想史》（上海：復旦大學出版社，2001年）卷1，頁136。

二、從災異看民本與人道思想的開展

　　民本思想，照字面解釋，即是「以民為本」的思想。遠在殷商時期，保民的思想即開始萌芽，漸為人所重視。《尚書》中的核心思想，乃「敬天」、「明德」、「慎罰」、「保民」。《商書・盤庚》云：「恪謹天命。」又曰：「汝克黜乃心，施實德於民。」曰：「古我前後，罔不惟民之承。」曰：「式敷民德，永肩一心。」都是一再地強調敬天保民的精神。《周書・無逸》中周公告誡成王，言治民之道要「先知稼穡之艱難」；要「爰知小人之依，能保惠於庶民，不敢侮鰥寡」；要「徽柔懿恭，懷保小民，惠鮮鰥寡」。周公訓詞的中心思想，「保惠於庶民」，便是保民思想，在眾多訓詞中，獨樹一幟。《國語・周語上》中的〈召公諫厲王弭謗〉一章，召公以「防民之口，甚於防川。川壅而潰，傷人必多，民亦如之。」來比喻民意，體現了鮮明的重民、導民邏輯。因此，民本思想早在殷商與西周便已露出頭角。隨著時代的推展，思想解放的崛起，《左傳》中的民本思想更顯耀眼。

　　春秋時代，是一個思想爆炸大解放的時期。因周天子的式微，全國各地各行其是，因此出現百家爭鳴的態勢，同時也宣告了一個衝破傳統思維定律；思想解放運動的開始。經歷多年的經驗累積，春秋的生產力相對於以往已經有了長足之進步，增強了人類征服與控制自然的能力，拓展了人的創造精神與獨立意識。當時已有進步的思想家從現實的生活體驗中，已然意識到宗教迷信思想的虛幻不切實際，倡議眾人擺脫宗教迷信的控制，否定「天命」觀對人類價值的貶抑，反對用「天命」觀來解釋自然現象與社會秩序的律動。《春秋・僖公十六年》：「十有六年春王正月戊申朔，隕石於宋五，是月，六鶂退飛過宋都。」對於此異象，宋襄公認為此象將會對己不利，為國帶來災害。《左傳》卻解釋曰：「隕石於宋五，隕星也。六鶂退飛過宋都，風也。」傳文認為，隕石於宋五，是單純隕星自天上墜落；六鶂退飛，只是因為風大，將其吹得倒退。二者都是再簡單不過的自然現象，不足為怪。《左傳》又記載周內史叔興之言曰：「是陰陽之事，非吉凶所生也。吉凶由人。」陰陽之事也就是自然的現象，自然現象無關於吉凶，重點在「吉凶由人」，國家的治亂興衰，操之在人事。因此在這個思想大變革的時代中，反對天道，重視人道，將人的地位與價值向上提升，成為當時一股如春潮涌動的主流思想。《左傳》中關於人道思想的記載：

> 季梁曰：「夫民，神之主也，是以聖王先成民而後致力於神。」（桓
> 公六年）。

史嚚曰：「虢其亡乎！吾聞之：國將興，聽於民；將亡，聽於神。神，聰明正直而壹者也，依人而行。」（莊公三十二年）

宮之奇對曰：「臣聞之：鬼神非人實親，惟德是依。故周書曰：『皇天無親，惟德是輔。』又曰：『黍稷非馨，明德惟馨。』又曰：『民不易物，惟德繄物。』如是，則非德，民不和、神不享矣。神所馮依，將在德矣。若晉取虞，而明德以薦馨香，神其吐之乎？」（僖公五年）

宋司馬子魚曰：「古者六畜不相為用，小事不用大牲，而況敢用人乎？祭祀以為人也。民，神之主也。用人，其誰饗之？」（僖公十九年）

魯閔子馬見之，曰：「子無然。禍福無門，唯人所召。」（襄公二十三年）

這些敘述基本上否定了對天與神無條件畏懼崇拜的義務，褫奪了神聖不可侵犯之天與神的權杖。雖有「神」的存在，但再也不能居主位了。取而代之的是對「民」之地位的注重與肯定。甚至有些時候天神的可信度還要依存於人對其賦予的價值。《左傳·昭公十八年》，鄭國發生大火，裨竈請用「瓘斝玉瓚」等寶物祭神消災，子產否定曰：「天道遠，人道邇，非所及也，何以知之？竈焉知天道？是亦多言矣，豈不或信？」因此拒絕舉行祭祀，而鄭國也沒有因此再遭火難。這些思想都顯示出春秋時代，「天」與「人」的關係已經有了新的詮釋，改革了傳統的思想。

三、深具時代之意義

朱熹云：「左氏之病是以成敗論是非，而不本於義理之正。〔註8〕」雖說左傳在評論史事時犯有「結果論」的缺失，但公羊傳解經亦有「誅心」的主觀疑慮，故朱熹曰：「左氏史學，事詳而理差；公、穀經學，理精而事誤。」尤其在董仲舒以《公羊傳》為本著《春秋繁露》後，「天人感應」與「陰陽災異」等思想即一發不可收拾，繼之「讖緯」學大為流行，將災異等現象神秘化，反而失去了事實的原貌，用在解釋災異的過程中皆有不好的影響。但撇開這些缺點，《左傳》的「艷而富」在對事件過程的描述上，相較於其他二傳就大大的佔了上風。胡安國曰：「左氏敘事見本末，公羊、穀梁辭辯而義精，

〔註8〕〔南宋〕黎靖德，《朱子語類》（上海：上海人民出版社，1999 年，景印文淵閣四庫全書本）卷83，頁 10。

經學以傳爲宗，當開左氏，玩辭以義爲主，則當習公、穀。〔註9〕」可謂非常中肯。

在史料的涵蓋面上《經義考》：「丘明受經立傳，廣包諸國。蓋當時有《周志》、《晉乘》、《鄭書》、《楚檮杌》等篇，遂聚而編之，混成一錄。〔註10〕」楊伯峻先生在《左傳》傳《春秋》的方式做出了四點總結：即「說明《春秋》書法、用事實補充《春秋》、訂正《春秋》的錯誤和增加無經的傳文。〔註11〕」因此在研究材料的豐富性上《左傳》便具有先天的優勢。晉人王接曰：「《左氏》辭義贍富，自是一家書，不主爲經發。〔註12〕」楊伯峻先生還認爲：「總而言之《公羊傳》、《穀梁傳》，不是空話，便是怪語，極少具體的有價值的歷史資料。但偶然發現一兩點全《經》體例，爲漢人所重視，所抄襲，甚至加以附會。〔註13〕」所以經由《左傳》可以跳開春秋筆法與微言大義的框架，以較爲客觀角度來審視歷史，獲取更貼近史實的見解。因此若單以歷史文獻而不以經書義理的觀點來看，賀循將其評價爲「左氏之傳，史之極也，文采若雲月，高深若山海。〔註14〕」確實是有其立論之基礎。而在今日多元的社會與科學上的需要，《左傳》在災異研究的領域上理應被賦予更重要的地位。

〔註9〕〔元〕汪克寬，《春秋胡傳附錄纂疏》（上海：上海人民出版社，1999 年，景印文淵閣四庫全書本）卷首下，頁 8。

〔註10〕〔唐〕劉知幾，《史通》（上海：商務印書館，1922 年，《四部叢刊》上海涵芬樓影印明萬曆刊本又據孫潛夫顧千里校本做劄記本）卷 5，頁 2。

〔註11〕楊伯峻，《春秋左傳注》（台北：洪葉文化事業有限公司，1993 年），頁 24～25。

〔註12〕〔唐〕房玄齡，《晉書》（上海：上海人民出版社，1999 年，景印文淵閣四庫全書本）卷 51，頁 35。

〔註13〕楊伯峻，《春秋左傳注》（台北：洪葉文化事業有限公司，1993 年），頁 6。

〔註14〕〔清〕朱彝尊，《經義考》（上海：上海人民出版社，1999 年，景印文淵閣四庫全書本）卷 169 頁 4。

附　錄　《左傳》災異統合表

NO.	時　間	災異類型	《春秋》經文	《左傳》傳文	註
1	隱公元年（B.C.722）	蟲災		有蜚，不為災，亦不書。	
2	隱公三年（B.C.720）	日食	三年春王二月，己巳，日有食之。		
3	隱公五年（B.C.718）	蟲災	螟		
4	隱公六年（B.C.717）	饑荒		冬，京師來告饑，公為之請糴於宋、衛、齊、鄭，禮也。	
5	隱公八年（B.C.715）	蟲災	螟		
6	隱公九年（B.C.714）		三月癸酉，大雨，震電。庚辰，大雨雪。	九年，春，王三月癸酉，大雨霖以震，書始也；辰，大雨雪，亦如之。書時失也。凡雨自三日以往為霖，平地尺為大雪。	
7	桓公元年（B.C.711）	水災	秋，大水。	秋，大水。凡平原出水為大水。	
8	桓公三年（B.C.709）	日食	秋七月壬辰朔，日有食之，既。		
9	桓公五年（B.C.707）	旱災	大雩	秋，大雩。書不時也。凡祀，啓蟄而郊，龍見而雩，始殺而嘗，閉蟄而烝。過則書。	
10	桓公五年（B.C.707）	蟲災	螽		

11	桓公八年 （B.C.704）	雪災	冬十月，雨雪。		
12	桓公十三年 （B.C.699）	水災	夏，大水		
13	桓公十四年 （B.C.698）	無冰	無冰		
14	桓公十四年 （B.C.698）	火災	秋八月壬申，御廩災。乙亥，嘗。	秋八月壬申，御廩災。乙亥，嘗，書，不害也。	
15	桓公十七年 （B.C.695）	日食	冬十月朔，日有食之	冬，十月朔，日有食之。不書日，官失之也。天子有日官，諸侯有日御。日官居卿以底日，禮也。日御不失日，以授百官于朝。	
16	莊公六年 （B.C.688）	蟲災	螟		
17	莊公七年 （B.C.687）	天象異常	夏四月辛卯，夜，恆星不見。夜中，星隕如雨。	夏，恆星不見，夜明也。星隕如雨，與雨偕也。	
18	莊公七年 （B.C.687）	水災	秋大水	秋，無麥、苗，不害嘉穀也。	？
19	莊公七年 （B.C.686）	動物災異		冬，十二月，齊侯游于姑棼，遂田于貝丘。見大豕。從者曰：「公子彭生也。」公怒，曰：「彭生敢見！」射之。豕人立而啼。公懼，隊于車。傷足，喪屨。	
20	莊公十一年 （B.C.638）	水災	秋，宋大水。	秋，宋大水。公使弔焉，曰：「天作淫雨，害於粢盛，若之何不弔？」對曰：「孤實不敬，天降之災，又以為君憂，拜命之辱。」臧文仲曰：「宋其興乎！禹、湯罪己，其興也悖焉；桀、紂罪人，其亡也忽焉。且列國有凶，稱孤，禮也。言懼而名禮，其庶乎！」既而聞之曰公子御說之辭也。臧孫達曰：「是宜為君，有恤民之心。」	

21	莊公十四年 （B.C.680）	動物 異象		初，內蛇與外蛇鬥於鄭南門中，內蛇死。六年而厲公入。公聞之，問於申繻曰：「猶有妖乎？」對曰：「人之所忌，其氣燄以取之。妖由人興也。人無釁焉，妖不自作。人棄常，則妖興，故有妖。」	
22	莊公十七年 （B.C.677）	動物 異象	冬，多麋		
23	莊公十八年 （B.C.676）	日食	十有八年春王三月，日有食之		
24	莊公十八年 （B.C.676）	動物 災異	秋，有蜮	秋，有蜮，爲災也。	
25	莊公二十年 （B.C.674）	疫 病？	夏，齊大災		
26	莊公二十四年 （B.C.670）	水災	大水		
27	莊公二十五年 （B.C.669）	日食	六月辛未，朔，日有食之，鼓、用牲於社。	夏，六月辛未，朔，日有食之，鼓、用牲于社，非常也。唯正月之朔，慝未作，日有食之，於是乎用幣于社，伐鼓于朝。	
28	莊公二十五年 （B.C.669）	水災	秋，大水，鼓、用牲於社、于門。	秋，大水，鼓、用牲于社、于門，亦非常也。凡天災，有幣，無牲。非日、月之眚不鼓。	
29	莊公二十六年 （B.C.668）	日食	冬十有二月癸亥，朔，日有食之		
30	莊公二十八年 （B.C.666）	饑荒	大無麥、禾臧孫辰告糴於齊。	冬，饑，臧孫辰告糴于齊，禮也。	
31	莊公二十九年 （B.C.665）	蟲災	秋，有蜚	秋，有蜚，爲災也。凡物，不爲災，不書。	
32	莊公三十一年 （B.C.663）	旱災	冬，不雨		
33	莊公三十二年 （B.C.662）	異象		秋，七月，有神降于莘。惠王問諸內史過曰：「是何故也？」對曰：「國之將興，明神降之，監其德也；將	

				亡，神又降之，觀其惡也。故有得神以興，亦有以亡，虞、夏、商、周皆有之。」王曰：「若之何？」對曰：「以其物享焉。其至之日，亦其物也。」王從之。內史過往，聞虢請命，反曰：「虢必亡矣。虐而聽於神。」神居莘六月。虢公使祝應、宗區、史嚚享焉。神賜之土田。史嚚曰：「虢其亡乎！吾聞之：國將興，聽於民；將亡，聽於神。神，聰明正直而壹者也，依人而行。虢多涼德，其何土之能得？」	
34	僖公二年（B.C.658）	旱災	冬十月，不雨。		
35	僖公三年（B.C.657）	旱災	三年春王正月，不雨。夏四月，不雨。		
36	僖公三年（B.C.657）	旱災	六月，雨。	三年春，不雨。夏六月，雨。自十月不雨，至于五月，不曰旱，不爲災也。	
37	僖公五年（B.C.655）	日食	九月戊申朔，日有食之。		
38	僖公十年（B.C.650）			晉侯改葬共太子。秋，狐突適下國，遇太子。太子使登，僕，而告之曰：「夷吾無禮，余得請於帝矣，將以晉畀秦，秦將祀余。」對曰：「臣聞之：『神不歆非類，民不祀非族。』君祀無乃殄乎？且民何罪？失刑、乏祀，君其圖之！」君曰：「諾。吾將復請。七日，新城西偏將有巫者而見我焉。」許之，遂不見。及期而往，告之曰：「帝許我罰有罪矣，敝於韓。」	

39	僖公十年 （B.C.650）	雪災	冬，大雨雪。		
40	僖公十一年 （B.C.649）	旱災	秋八月，大雩		
41	僖公十二年 （B.C.648）	日食	十有二年春王三月庚午，日有食之。		
42	僖公十三年 （B.C.647）	旱災	秋九月，大雩。		
43	僖公十三年 （B.C.647）	饑荒		冬，晉薦饑，使乞糴于秦。秦伯謂子桑：「與諸乎？」對曰：「重施而報，君將何求？重施而不報，其民必攜；攜而討焉，無眾必敗。」謂百里：「與諸乎？」對曰：「天災流行，國家代有。救災恤鄰，道也。行道有福。」丕鄭之子豹在秦，請伐晉。秦伯曰：「其君是惡，其民何罪？」秦於是乎輸粟于晉，自雍及絳相繼，命之曰「汎舟之役」。	
44	僖公十四年 （B.C.646）	山崩	秋八月辛卯，沙鹿崩	秋，八月辛卯，沙鹿崩。晉卜偃曰：「期年將有大咎，幾亡國。」	
45	僖公十四年 （B.C.646）	饑荒		冬，秦饑，使乞糴于晉，晉人弗與。慶鄭曰：「背施，無親；幸災，不仁；貪愛，不祥；怒鄰，不義。四德皆失，何以守國？」虢射曰：「皮之不存，毛將安傅？」慶鄭曰：「棄信背鄰，患孰恤之？無信，患作；失援，必斃。是則然矣。」虢射曰：「無損於怨，而厚於寇，不如勿與。」慶鄭曰：「背施幸災，民所棄也。」近猶讎之，況怨敵乎？」弗聽。退曰：「君其悔是哉！」	
46	僖公十五年 （B.C.645）	日食	夏五月，日有食之。	夏五月，日有食之。不書朔與日，官失之也。	

47	僖公十五年 （B.C.645）	蟲災	八月，螽。		
48	僖公十五年 （B.C.645）	天雷	己卯晦，震夷伯之廟。	震夷伯之廟，罪之也，於是展氏有隱慝焉。	
49	僖公十五年 （B.C.645）	饑荒		是歲，晉又饑，秦伯又餼之粟，曰：「吾怨其君，而矜其民。且吾聞唐叔之封也，箕子曰：『其後必大。』晉其庸可冀乎？姑樹德焉，以待能者。」於是秦始征晉河東，置官司焉。	
50	僖公十六年 （B.C.644）	天文異象	十有六年春王正月戊申朔，隕石於宋五。	十六年，春，隕石于宋五，隕星也。	
51		動物異象	是月，六鷁退飛，過宋都。	六鷁退飛，過宋都，風也。周內史叔興聘于宋，宋襄公問焉，曰：「是何祥也？吉凶焉在？」對曰：「今茲魯多大喪，明年齊有亂，君將得諸侯而不終。」退而告人曰：「君失問。是陰陽之事，非吉凶所生也。吉凶由人。吾不敢逆君故也。」	
52	僖公十九年 （B.C.641）	旱災		於是衛大旱，卜有事於山川，不吉。甯莊子曰：「昔周饑，克殷而年豐。今邢方無道，諸侯無伯，天其或者欲使衛討邢乎？」從之。師興而雨。	
53	僖公二十年 （B.C.640）	火災	五月乙巳，西宮災		
54	僖公二十一年 （B.C.639）		夏，大旱。	夏，大旱。公欲焚巫、尪。臧文仲曰：「非旱備也。修城郭、貶食、省用、務穡、勸分，此其務也。巫、尪何為？天欲殺之，則如勿生；若能為旱，焚之滋甚。」公從之。是歲也，饑而不害。	
55	僖公二十八年 （B.C.630）	異象		城濮之戰，晉中軍風於澤，亡大旆之左旃。	

56	僖公二十九年 （B.C.631）	雹害	秋，大雨雹。	秋，大雨雹，爲災也。	
57	僖公三十二年 （B.C.628）	異象		冬，晉文公卒。庚辰，將殯於曲沃。出絳，柩有聲如牛。卜偃使大夫拜，曰：「君命大事：將有西師過軼我，擊之，必大捷焉。」	
58	僖公三十三年 （B.C.627）	霜害	隕霜不殺草，李梅實。		
59	文公元年 （B.C.626）	日食	二月癸亥，日有食之。	於是閏三月，非禮也。先王之正時也，履端於始，舉正於中，歸餘於終。履端於始，序則不愆；舉正於中，民則不惑；歸餘於終，事則不悖。	
60	文公二年 （B.C.625）	旱災	自十有二月不雨，至于秋七月。		
61	文公三年 （B.C.624）	異象	雨螽於宋	秋，雨螽于宋，墜而死也。	
62	文公八年 （B.C.619）	蟲災	螽		
63	文公九年 （B.C.618）	地震	九月癸酉，地震。		
64	文公十年 （B.C.617）	旱災	自正月不雨，至于秋七月。		
65	文公十三年 （B.C.614）	旱災	自正月不雨，至于秋七月。		與十年重複
66	文公十三年 （B.C.614）	異象	大室屋壞	秋七月，大室之屋壞，書，不共也。	
67	文公十四年 （B.C.613）	星異	秋七月，有星孛入於北斗。	有星孛入于北斗。周內史叔服曰：「不出七年，宋、齊、晉之君皆將死亂。」	
68	文公十五年 （B.C.612）	日食	六月辛丑朔，日有食之。鼓，用牲于社。	六月辛丑朔，日有食之。鼓、用牲于社，非禮也。日有食之，天子不舉，伐鼓于社；諸侯用幣于社，伐鼓于朝，以昭事神、訓民、事君，示有等威，古之道也。	

69	文公十六年 （B.C.611）	饑荒		楚大饑，戎伐其西南，至于阜山，師于大林。又伐其東南，至于陽丘，以侵訾枝。庸人帥群蠻以叛楚，麇人率百濮聚於選，將伐楚。於是申、息之北門不啓。楚人謀徙於阪高。蒍賈曰：「不可。我能往，寇亦能往，不如伐庸。夫麇與百濮，謂我饑不能師，故伐我也。若我出師，必懼而歸。百濮離居，將各走其邑，誰暇謀人？」乃出師。旬有五日，百濮乃罷。	
70	文公十六年 （B.C.611）	饑荒		宋公子鮑禮於國人，宋饑，竭其粟而貸之。年自七十以上，無不饋詒也，時加羞珍異。無日不數於六卿之門。國之材人，無不事也；親自桓以下，無不恤也。公子鮑美而艷，襄夫人欲通之，而不可，乃助之施。昭公無道，國人奉公子鮑以因夫人。	
71	文公十六年 （B.C.611）	動物 災異	秋八月辛未，夫人姜氏薨，毀泉臺	有蛇自泉宮出，入於國，如先君之數。秋八月辛未，聲姜薨，毀泉臺。	
72	宣公六年 （B.C.608）	蟲災	秋八月，螽。		
73	宣公七年 （B.C.607）	旱災	大旱。		
74	宣公八年 （B.C.606）	日食	秋七月甲子，日有食之，既。		
75	宣公十月 （B.C.599）	日食	夏四月丙辰，日有食之。		
76	宣公十月 （B.C.599）	水災	大水。		
77	宣公十月 （B.C.599）	饑荒	饑。		

78	宣公十三年 （B.C.596）	蟲災	秋，螽。		
79	宣公十五年 （B.C.594）	蟲災	秋，螽。		
80	宣公十五年 （B.C.594）	蟲災	冬，蝝生。	冬蝝生饑，幸之也。	
81	宣公十六年 （B.C.593）	火災	夏，成周宣榭火。	夏，成周宣榭火，人火之也。凡火，人火曰火，天火曰災。	
82	宣公十七年 （B.C.592）	日食	六月癸卯，日有食之。		
83	成公元年 （B.C.590）	異象	無冰。		
84	成公三年 （B.C.588）	火災	甲子，新宮災。三日哭。		
85	成公三年 （B.C.588）	旱災	大雩。		
86	成公五年 （B.C.586）	山崩	梁山崩。	梁山崩，晉侯以傳召伯宗。伯宗辟重，曰：「辟傳！」重人曰：「待我，不如捷之速也。」問其所。曰：「絳人也。」問絳事焉。曰：「梁山崩，將召伯宗謀之。」問將若之何。曰：「山有朽壤而崩，可若何？國主山川，故山崩川竭，君爲之不舉、降服、乘縵、徹樂、出次，祝幣，史辭以禮焉。其如此而已。雖伯宗，若之何？」伯宗請見之。不可。遂以告，而從之。	
87	成公五年 （B.C.586）	水災	秋，大水。		
88	成公七年 （B.C.584）	水災	冬，大雩。		
89	成公十六年 （B.C.575）	冰災	十有六年春王正月，雨，木冰。		
90	成公十六年 （B.C.575）	日食	六月丙寅朔，日有食之。		

91	成公十七日（B.C.574）	日食	十有二月丁巳朔，日有食之。	
92	襄公五年（B.C.568）	旱災	秋，大雩。	秋，大雩，旱也。
93	襄公七年（B.C.566）	蟲災	八月，螽。	
94	襄公八年（B.C.565）	旱災	秋九月，大雩。	秋九月，大雩，旱也。
95	襄公九年（B.C.564）	火災	九年春，宋災。	九年，春，宋災，樂喜為司城以為政，使伯氏司里。火所未至，徹小屋，塗大屋，陳畚挶；具綆缶，堪器；量輕重，蓄水潦，積土塗；巡丈城，繕守備，表火道。使華臣具正徒，令隧正納郊保，奔火所。使華閱討右官，官庀其司。向戌討左，亦如之。使樂遄庀刑器，亦如之。使皇鄖命校正出馬，工正出車，勞兵，庀武守。使西鉏吾庀府守，令司宮、巷伯儆宮。二師令四鄉正敬享，祝宗用馬于四墉，祀盤庚于西門之外。 晉侯問於士弱曰：「吾聞之：宋災於是乎知有天道，何故？」對曰：「古之火正，或食於心，或食於咮，以出內火。是故咮為鶉火，心為大火。陶唐氏之火正閼伯居商丘，祀大火而火紀時焉。相土因之，故商主大火。商人閱其禍敗之釁，必始於火，是以日知其有天道也。」公曰：「可必乎？」對曰：「在道。國亂無象，不可知也。」
96	襄公九年（B.C.564）	饑荒		秦人侵晉。晉饑，弗能報也。
97	襄公十四年（B.C.559）	日食	二月乙未朔，日有食之。	

98	襄公十五年（B.C.558）	日食	秋八月丁巳，日有食之。		
99	襄公十六年（B.C.557）	地震	五月甲子，地震。		
100	襄公十六年（B.C.557）	旱災	大雩。		
101	襄公十七年（B.C.556）	旱災	九月，大雩。		
102	襄公二十年（B.C.553）	日食	冬十月丙辰朔，日有食之。		
103	襄公二十一年（B.C.552）	日食	九月庚戌朔，日有食之。		
104	襄公二十一年（B.C.552）	日食	冬十月庚辰朔，日有食之。		
105	襄公二十三年（B.C.550）	日食	二十有三年春王二月癸酉朔，日有食之。		
106	襄公二十四年（B.C.549）	日食	秋，七月甲子朔，日有食之，既。		
107	襄公二十四年（B.C.549）	水災	大水。	會于夷儀，將以伐齊。水，不克。	
108	襄公二十四年（B.C.549）	日食	八月，癸巳朔，日有食之。		
109	襄公二十四年（B.C.549）	饑荒	大饑。		
110	襄公二十七年（B.C.546）	日食	冬，十有二月乙亥朔，日有食之。	十一月乙亥朔，日有食之。辰在申，司歷過也，再失閏矣。	
111	襄公二十八年（B.C.545）	無冰之異	二十有八年春，無冰。	二十八年，春，無冰。梓慎曰：「今茲宋、鄭其饑乎！歲在星紀，而淫於玄枵。以有時菑，陰不堪陽。蛇乘龍。龍，宋、鄭之星也。宋、鄭必饑。玄枵，虛中也。枵，耗名也。土虛而民耗，不饑何為？」	
112	襄公二十八年（B.C.545）	旱災	秋八月，大雩。	秋八月，大雩，旱也。	

113	襄公二十九年 （B.C.544）	饑荒		鄭子展卒，子皮即位。於是鄭饑，而未及麥，民病。子皮以子展之命餼國人粟，戶一鍾，是以得鄭國之民，故罕氏常掌國政，以為上卿。宋司城子罕聞之，曰：「鄰於善，民之望也。」宋亦饑，請於平公，出公粟以貸；使大夫皆貸。司城氏貸而不書，為大夫之無者貸。宋無飢人。叔向聞之，曰：「鄭之罕，宋之樂，其後亡者也，二者其皆得國乎！民之歸也。施而不德，樂氏加焉，其以宋升降乎！」	
114	襄公三十年 （B.C.543）	火災	五月甲午，宋災。	或叫于宋太廟曰：「譆譆，出出。」鳥鳴于亳社，如曰「譆譆」。甲午，宋大災。	
115	襄公三十年 （B.C.543）		晉人、齊人、宋人、衛人、鄭人、曹人、莒人、邾人、滕人、薛人、杞人、小邾人，會于澶淵，宋災故。	為宋災故，諸侯之大夫會，以謀歸宋財。冬，十月，叔孫豹會晉趙武、齊公孫蠆、宋向戌、衛北宮佗、鄭罕虎及小邾之大夫會于澶淵。既而無歸於宋，故不書其人。君子曰：「信其不可不慎乎！澶淵之會，卿不書，不信也夫。諸侯之上卿，會而不信，寵名皆棄，不信之不可也如是。《詩》曰：『文王陟降，在帝左右』，信之謂也。又曰：『淑慎爾止，無載爾偽』，不信之謂也。」書曰「某人某人會于澶淵，宋災故」，尤之也。不書魯大夫，諱之也。	
116	昭公三年 （B.C.539）	旱災	八月，大雩。	八月，大雩，旱也。	
117		冰雹	冬，大雨雹。		
118	昭公四年 （B.C.538）	冰雹	四年春王正月，大雨雹。	大雨雹。季武子問於申豐曰：「雹可禦乎？」對曰：「聖人在上，無雹。雖有，不為	

				災。古者日在北陸而藏冰，西陸朝覿而出之。其藏冰也，深山窮谷，固陰沍寒，於是乎取之。其出之也，朝之祿位，賓、食、喪、祭，於是乎用之。其藏之也，黑牡、秬黍以享司寒。其出之也，桃弧棘矢，以除其災。其出入也時。食肉之祿，冰皆與焉。大夫命婦喪浴用冰。祭寒而藏之，獻羔而啓之，公始用之，火出而畢賦，自命夫命婦至於老疾，無不受冰。山人取之，縣人傳之，輿人納之，隸人藏之。夫冰以風壯，而以風出。其藏之也周，其用之也遍，則冬無愆陽，夏無伏陰，春無淒風，秋無苦雨，雷出不震，無菑霜雹，癘疾不降，民不夭札。今藏川池之冰棄而不用，風不越而殺，雷不發而震。雹之為菑，誰能禦之？〈七月〉之卒章，藏冰之道也。」	
119	昭公六年（B.C.536）	旱災	秋九月，大雩。	秋九月，大雩，旱也。	
120	昭公六年（B.C.536）	火災		六月丙戌，鄭災。	
121	昭公七年（B.C.535）	日食	夏四月甲辰朔，日有食之。	，四月甲辰朔，日有食之。晉侯問於士文伯曰：「誰將當日食？」對曰：「魯、衛惡之。衛大，魯小。」公曰：「何故？」對曰：「去衛地如魯地，於是有災，魯實受之。其大咎其衛君乎！魯將上卿。」公曰：「《詩》所謂『彼日而食，于何不臧』者，何也？」對曰：「不善政之謂也。國無政，不用善，則自取謫于日月之災，故政不可不慎也。務三而	

				巳：一日擇人，二日因民，三日從時。」	
122	昭公八年（B.C.534）	旱災	大雩。		
123	昭公八年（B.C.534）	石異		八年，春，石言于晉魏榆。晉侯問於師曠曰：「石何故言？」對曰：「石不能言，或馮焉。不然，民聽濫也。抑臣又聞之曰：『作事不時，怨讟動于民，則有非言之物而言。』今宮室崇侈，民力彫盡，怨讟並作，莫保其性，石言，不亦宜乎？」於是晉侯方築虒祁之宮，叔向曰：「子野之言君子哉！君子之言，信而有徵，故怨遠於其身；小人之言，僭而無徵，故怨咎及之。《詩》曰：『哀哉不能言，匪舌是出，唯躬是瘁。哿矣能言，巧言如流，俾躬處休。』其是之謂乎！是宮也成，諸侯必叛，君必有咎，夫子知之矣。」	
124	昭公九年（B.C.533）	火災	夏四月，陳災。	夏，四月，陳災。鄭裨灶曰：「五年陳將復封，封五十二年而遂亡。」子產問其故。對曰：「陳，水屬也；火，水妃也。而楚所相也。今火出而火陳，逐楚而建陳也。妃以五成，故曰五年。歲五及鶉火，而後陳卒亡，楚克有之，天之道也，故曰五十二年。」	
125	昭公十年（B.C.532）	星異	十年春王正月。	十年，春，王正月，有星出于婺女。鄭裨竈言於子產曰：「七月戊子，晉君將死。今茲歲在顓頊之虛，姜氏、任氏實守其地，居其維首，而有妖星焉，告邑姜也。邑姜，晉之妣也。天以七紀，戊子逢公以登，星斯於是乎出，吾是以譏之。」	疑經脫落

126	昭公十五年（B.C.527）	日食	六月丁巳朔，日有食之。		
127	昭公十五年（B.C.527）	異象		十五年，春，將禘于武公，戒百官。梓慎曰：「禘之日其有咎乎！吾見赤黑之祲，非祭祥也，喪氛也。其在涖事乎！」二月癸酉，禘。叔弓涖事，籥入而卒。去樂，卒事，禮也。	
128	昭公十六年（B.C.526）	旱災	九月，大雩。	九月，大雩，旱也。鄭大旱，使屠擊、祝款、豎①枹有事於桑山。斬其木，不雨。子產曰：「有事於山，藝山林也；而斬其木，其罪大矣。」奪之官邑。	
129	昭公十七年（B.C.525）	日食	夏六月甲戌朔，日有食之。	夏，六月甲戌朔，日有食之。祝史請所用幣。昭子曰：「日有食之，天子不舉，伐鼓於社；諸侯用幣於社，伐鼓於朝，禮也。」平子禦之，曰：「止也。唯正月朔，慝未作，日有食之，於是乎有伐鼓用幣，禮也。其餘則否。」大史曰：「在此月也。日過分而未至，三辰有災，於是乎百官降物；君不舉，辟移時；樂奏鼓，祝用幣，史用辭。故夏書曰：『辰不集于房，瞽奏鼓，嗇夫馳，庶人走』，此月朔之謂也。當夏四月，是謂孟夏。」平子弗從。昭子退，曰：「夫子將有異志，不君君矣。」	
130	昭公十七年（B.C.525）	星異	冬，有星孛于大辰。	冬，有星孛于大辰，西及漢。申須曰：「彗所以除舊布新也。天事恆象，今除於火，火出必布焉，諸侯其有火災乎！」梓慎曰：「往年吾見之，是其徵也。火出而見，今茲火出而章，必火入而伏，其居火也久矣，其與	

				不然乎？火出，於夏爲三月，於商爲四月，於周爲五月。夏數得天，若火作，其四國當之，在宋、衛、陳、鄭乎！宋，大辰之虛也；陳，大皞之虛也；鄭，祝融之虛也，皆火房也。星孛及漢，漢，水祥也。衛，顓頊之虛也，故爲帝丘，其星爲大水，水，火之牡也。其以丙子若壬午作乎！水火所以合也。若火入而伏，必以壬午，不過其見之月。」鄭裨灶言於子產曰：「宋、衛、陳、鄭將同日火。若我用瓘斝玉瓚，鄭必不火。」子產弗與。	
131	昭公十八年（B.C.524）	火災	夏五月壬午，宋、衛、陳、鄭災。	夏，五月，火始昏見。丙子，風。梓慎曰：「是謂融風，火之始也；七日，其火作乎！」戊寅，風甚。壬午，大甚。宋、衛、陳、鄭皆火。梓慎登大庭氏之庫以望之，曰：「宋、衛、陳、鄭也。」數日皆來告火。裨灶曰：「不用吾言，鄭又將火。」鄭人請用之，子產不可。子大叔曰：「寶以保民也，若有火，國幾亡。可以救亡，子何愛焉？」子產曰：「天道遠，人道邇，非所及也，何以知之？灶焉知天道？是亦多言矣，豈不或信？」遂不與。亦不復火。 火作，子產辭晉公子、公孫于東門，使司寇出新客，禁舊客勿出於宮。使子寬、子上巡群屏攝，至于大宮。使公孫登徙大龜，使祝史徙主祏於周廟，告於先君。使府人、庫人各儆其事。商成公儆司宮，出舊宮人，寘諸火	

所不及。司馬、司寇列居火
道，行火所焮。城下之人伍
列登城。明日，使野司寇各
保其徵，郊人助祝史除於國
北，禳火于玄冥、回祿，祈
于四鄘。書焚室而寬其征，
與之材。三日哭，國不市。
使行人告於諸侯。宋、衛皆
如是。陳不救火，許不弔
災，君子是以知陳、許之先
亡也。

七月，鄭子產爲火故，大爲
社，祓禳於四方，振除火
災，禮也。乃簡兵大蒐，將
爲蒐除。子大叔之廟在道
南，其寢在道北，其庭小，
過期三日，使除徒陳於道南
廟北，曰：「子產過女，而
命速除，乃毀於而鄉。」子
產朝，過而怒之。除者南
毀。子產及衝，使從者止之
曰：「毀於北方。」

火之作也，子產授兵登陴。
子大叔曰：「晉無乃討乎？」
子產曰：「吾聞之：小國忘
守則危，況有災乎？國之不
可小，有備故也。」既，晉
之邊吏讓鄭曰：「鄭國有
災，晉君、大夫不敢寧居，
卜筮走望，不愛牲玉。鄭之
有災，寡君之憂也。今執事
攔然授兵登陴，將以誰罪？
邊人恐懼，不敢不告。」子
產對曰：「若吾子之言，敝
邑之災，君之憂也。敝邑失
政，天降之災，又懼讒慝之
間謀之，以啓貪人，荐爲敝
邑不利，以重君之憂。幸而
不亡，猶可說也；不幸而
亡，君雖憂之，亦無及也。
鄭有他竟，望走在晉。既事
晉矣，其敢有二心？

132	昭公十九年 （B.C.523）	地震	己卯，地震。	
133	昭公十九年 （B.C.523）	異象		鄭大水，龍鬥于時門之外洧淵，國人請爲禜焉。子產弗許，曰：「我鬥，龍不我覿也；龍鬥，我獨何覿焉？禳之，則彼其室也。吾無求於龍，龍亦無求於我。」乃止也。
134	昭公二十一年 （B.C.521）	日食	秋妻月壬午朔，日有食之。	秋七月壬午朔，日有食之。公問於梓愼曰：「是何物也？禍福何爲？」對曰：「二至二分，日有食之，不爲災。日月之行也，分，同道也；至，相過也。其他月則爲災，陽不克也，故常爲水。」於是叔輒哭日食。昭子曰：「子叔將死，非所哭也。」八月，叔輒卒。
135	昭公二十二年 （B.C.520）	日食	十有二月癸酉朔。日有食之。	
136	昭公二十三年 （B.C.519）	地震	八月乙未，地震。	八月丁酉，南宮極震。萇弘謂劉文公曰：「君其勉之！先君之力可濟也。周之亡也，其三川震。今西王之大臣亦震，天棄之矣。東王必大克。」
137	昭公二十四年 （B.C.518）	日食	夏五月乙未朔，日有食之。	夏，五月乙未朔，日有食之。梓愼曰：「將水。」昭子曰：「旱也。日過分而陽猶不克，克必甚，能無旱乎？陽不克莫，將積聚也。」
138	昭公二十四年 （B.C.518）	旱災	秋八月，大雩。	秋八月，大雩，旱也。
139	昭公二十四年 （B.C.518）	玉變		冬，十月癸酉，王子朝用成周之寶珪沈于河。甲戌，津人得諸河上。陰不佞以溫人南侵，拘得玉者，取其玉。將賣之，則爲石。王定而獻之，與之東訾。

140	昭公二十五年（B.C.517）	異象	有鸜鵒來巢。	「有鸜鵒來巢」，書所無也。師己曰：「異哉！吾聞文、成之世，童謠有之曰：『鸜之鵒之，公出辱之。鸜鵒之羽，公在外野，往饋之馬。鸜鵒跦跦，公在乾侯，徵褰與襦。鸜鵒之巢，遠哉遙遙，裯父喪勞，宋父以驕。鸜鵒鸜鵒，往歌來哭。』童謠有是。今鸜鵒來巢，其將及乎！」	
141	昭公二十五年（B.C.517）	旱災	秋七月上辛，大雩；季辛，又雩。	秋，書再雩，旱甚也。	
142	昭公二十六年（B.C.516）	星異		齊有彗星，齊侯使禳之。晏子曰：「無益也，祇取誣焉。天道不慆，不貳其命，若之何禳之？且天之有彗也，以除穢也。君無穢德，又何禳焉？若德之穢，禳之何損？《詩》曰：『惟此文王，小心翼翼。昭事上帝，聿懷多福。厥德不回，以受方國。』君無違德，方國將至，何患於彗？詩曰：『我無所監，夏后及商。用亂之故，民卒流亡。』若德回亂，民將流亡，祝、史之爲，無能補也。」公說，乃止。	
143	昭公二十九年（B.C.513）	異象		秋，龍見于絳郊。魏獻子問於蔡墨曰：「吾聞之：蟲莫知於龍，以其不生得也，謂之知，信乎？」對曰：「人實不知，非龍實知。古者畜龍，故國有豢龍氏，有御龍氏。」獻子曰：「是二氏者，吾亦聞之，而不知其故，是何謂也？」對曰：「昔有飂叔安，有裔子曰董父，實甚好龍，能求其耆欲以飲食之，龍多歸之，乃擾畜龍，以服事帝舜，帝賜之姓曰董，氏曰豢龍，封諸鬷川，	

				鬷夷氏其後也。故帝舜氏世有畜龍。及有夏孔甲,擾于有帝,帝賜之乘龍,河、漢各二,各有雌雄。孔甲不能食,而未獲豢龍氏。有陶唐氏既衰,其後有劉累,學擾龍于豢龍氏,以事孔甲,能飲食之。夏后嘉之,賜氏曰御龍,以更豕韋之後。龍一雌死,潛醢以食夏后。夏后饗之,既而使求之。懼而遷于魯縣,范氏其後也。」	
144	昭公三十一年（B.C.511）	日食	十有二月辛亥朔,日有食之。	十二月辛亥朔,日有食之。是夜也,趙簡子夢童子臝而轉以歌,且占諸史墨,曰:「吾夢如是,今而日食,何也?」對曰:「六年及此月也,吳其入郢乎!終亦弗克。入郢必以庚辰,日月在辰尾。庚午之日,日始有謫。火勝金,故弗克。」	
145	定公元年（B.C.509）	旱災	九月,大雩。		
146	定公二年（B.C.505）	火災	夏五月壬辰,雉門及兩觀災。		
147	定公五年（B.C.502）	日食	五年春王三月辛亥朔,日有食之。		
148	定公七年（B.C.500）	旱災	大雩。		
149	定公七年（B.C.500）	旱災	九月,大雩。		
150	定公十二年（B.C.498）	旱災	秋,大雩。		
151	定公十二年（B.C.498）	日食	十有一月丙寅朔,日有食之。		
152	定公十五年（B.C.495）	日食	八月庚辰朔,日有食之。		
153	哀公三年（B.C.429）	地震	夏四月甲午,地震。		

154	哀公三年 （B.C.429）	火災	五月辛卯，桓宮、僖宮災。	夏，五月辛卯，司鐸火。火踰公宮，桓、僖災。救火者皆曰顧府。南宮敬叔至，命周人出御書，俟於宮，曰：「庇女，而不在，死。」子服景伯至，命宰人出禮書，以待命。命不共，有常刑。校人乘馬，巾車脂轄，百官官備，府庫慎守，官人肅給。濟濡帷幕，鬱攸從之。蒙葺公屋，自太廟始，外內以悛。助所不給。有不用命，則有常刑，無赦。公父文伯至，命校人駕乘車。季桓子至，御公立于象魏之外，命救火者傷人則止，財可為也。命藏象魏，曰：「舊章不可亡也。」富父槐至，曰：「無備而官辦者，猶拾瀋也。」於是乎去表之槁，道還公宮。孔子在陳，聞火，曰：「其桓、僖乎！」	
155	哀公四年 （B.C.428）	火災	六月辛丑，亳社災。		
156	哀公六年 （B.C.426）	異象		是歲也，有雲如眾赤鳥，夾日以飛三日。楚子使問諸周大史。周大史曰：「其當王身乎！若禜之，可移於令尹、司馬。」王曰：「除腹心之疾，而寘諸股肱，何益？不穀不有大過，天其夭諸？有罪受罰，又焉移之？」遂弗禜。	
157	哀公七年 （B.C.425）	異夢		初，曹人或夢眾君子立于社宮，而謀亡曹。曹叔振鐸請待公孫彊，許之。且而求之，曹無之。戒其子曰：「我死，爾聞公孫彊為政，必去之。」及曹伯陽即位，好田弋。曹鄙人公孫彊好弋，獲白雁，獻之，且言田弋之說，說之。因訪政事，大說	

				之。有寵，使爲司城以聽政。夢者之子乃行。	
158	哀公十二年（B.C.483）	蟲災	冬十有二月，螽。	冬，十二月，螽，季孫問諸仲尼。仲尼曰：「丘聞之：火伏而後蟄者畢。今火猶西流，司曆過也。」	
159	哀公十三年（B.C.482）	蟲災	九月，螽。		
160	哀公十三年（B.C.482）	星異	冬十有一月，有星孛於東方。		
161	哀公十三年（B.C.482）	蟲災	十有二月，螽。		
162	哀公十三年（B.C.482）	日食	五月庚申朔，日有食之。		
163	哀公十三年（B.C.482）	星異	有星孛。		
164	哀公十三年（B.C.482）	饑荒	饑。		
165	哀公十四年（B.C.481）	異象	十有四年春，西授獲麟	十四年，春，西狩於大野，叔孫氏之車子鉏商獲麟，以爲不祥，以賜虞人。仲尼觀之，曰：「麟也。」然後取之。	

參考文獻

（按作者年代與出版時間排列）

一、古籍書目

1. 〔明〕朱孟震，《西南夷風土記》（台北：國家圖書館，清道光辛卯（11年）六安晁氏活字印本，1831年）

2. 〔清〕崔述，《豐鎬考信錄》（1816年）

3. 〔清〕蘇輿，《春秋繁露義證》（北京：中華書局，1992年）

4. 〔清〕方玉潤，《詩經原始》（北京：中華書局，2007年）

（一）十三經注疏

1. 〔魏〕王弼注、韓康伯注〔唐〕孔穎達正義，《周易注疏》（台北：藝文印書館，2001年，景印清・嘉慶二十年江西南昌府學開雕重刊宋本）

2. 〔漢〕孔安國傳、〔唐〕孔穎達疏，《尚書注疏》（台北：藝文印書館，2001年，景印清・嘉慶二十年江西南昌府學開雕重刊宋本）

3. 〔漢〕毛亨傳、〔東漢〕鄭玄箋、〔唐〕孔穎達正義，《毛詩注疏》（台北：藝文印書館，2001年，景印清・嘉慶二十年江西南昌府學開雕重刊宋本）

4. 〔東漢〕鄭玄注、〔唐〕賈公彥疏，《周禮注疏》（台北：藝文印書館，2001年，景印清・嘉慶二十年江西南昌府學開雕重刊宋本）

5. 〔漢〕鄭玄注、〔唐〕賈公彥疏，《儀禮注疏》（台北：藝文印書館，2001年，景印清・嘉慶二十年江西南昌府學開雕重刊宋本）

6. 〔東漢〕鄭玄注、〔唐〕孔穎達疏，《禮記注疏》（台北：藝文印書館，2001年，景印清・嘉慶二十年江西南昌府學開雕重刊宋本）

7. 〔西晉〕杜預注、〔唐〕孔穎達疏，《春秋左傳注疏》（台北：藝文印書館，2001年，景印清・嘉慶二十年江西南昌府學開雕重刊宋本）

8. 〔東漢〕何休注、〔唐〕徐彥疏，《春秋公羊傳注疏》（台北：藝文印書館，2001年，景印清・嘉慶二十年江西南昌府學開雕重刊宋本）

9. 〔東晉〕范甯注、〔唐〕楊士勛疏，《春秋穀梁傳注疏》（台北：藝文印書館，2001年，景印清‧嘉慶二十年江西南昌府學開雕重刊宋本）

10. 〔魏〕何晏注、〔宋〕邢昺疏，《論語注疏》（台北：藝文印書館，2001年，景印清‧嘉慶二十年江西南昌府學開雕重刊宋本）

11. 〔西晉〕郭璞注、〔北宋〕邢昺疏，《爾雅注疏》（台北：藝文印書館，2001年，景印清‧嘉慶二十年江西南昌府學開雕重刊宋本）

12. 〔東漢〕趙岐注、〔宋〕孫奭疏，《孟子注疏》（台北：藝文印書館，2001年，景印清‧嘉慶二十年江西南昌府學開雕重刊宋本）

（二）四庫全書

1. 〔漢〕司馬遷，《史記》（上海：上海人民出版社，1999年，景印文淵閣四庫全書本）

2. 〔東漢〕班固，《前漢書》（上海：上海人民出版社，1999年，景印文淵閣四庫全書本）

3. 〔東漢〕班固，《漢武帝內傳》（上海：上海人民出版社，1999年，景印文淵閣四庫全書本）

4. 〔漢〕劉向，《列仙傳》（上海：上海人民出版社，1999年，景印文淵閣四庫全書本）

5. 〔晉〕孔晁，《逸周書》（上海：上海人民出版社，1999年，景印文淵閣四庫全書本）

6. 〔南朝宋〕范曄，《後漢書》（上海：上海人民出版社，1999年，景印文淵閣四庫全書本）

7. 〔唐〕杜佑，《通典》（上海：上海人民出版社，1999年，景印文淵閣四庫全書本）

8. 〔唐〕房玄齡，《晉書》（上海：上海人民出版社，1999年，景印文淵閣四庫全書本）

9. 〔唐〕徐堅，《初學記》（上海：上海人民出版社，1999年，景印文淵閣四庫全書本）

10. 〔唐〕陸淳，《春秋集傳辨疑》（上海：上海人民出版社，1999年，景印文淵閣四庫全書本）

11. 〔唐〕虞世南，《北堂書鈔》（上海：上海人民出版社，1999年，景印文淵閣四庫全書本）

12. 〔唐〕歐陽詢，《藝文類聚》（上海：上海人民出版社，1999年，景印文淵閣四庫全書本）。

13. 〔唐〕韓愈撰、〔唐〕李漢編、〔宋〕廖瑩終集注《東雅堂昌黎集註》（上海：上海人民出版社，1999年，景印文淵閣四庫全書本）

14. 〔北宋〕黃仲炎，《春秋通說》（上海：上海人民出版社，1999 年，景印文淵閣四庫全書本）

15. 〔北宋〕楊侃，《兩漢博聞》（上海：上海人民出版社，1999 年，景印文淵閣四庫全書本）

16. 〔北宋〕葉夢得，《春秋左傳讞》（上海：上海人民出版社，1999 年，景印文淵閣四庫全書本）

17. 〔北宋〕葉夢得，《左傳事緯》（上海：上海人民出版社，1999 年，景印文淵閣四庫全書本）

18. 〔北宋〕葉夢得，《春秋三傳讞・春秋左傳讞》（上海：上海人民出版社，1999 年，景印文淵閣四庫全書本）

19. 〔北宋〕劉恕，《資治通鑑外紀》（上海：上海人民出版社，1999 年，景印文淵閣四庫全書本）

20. 〔北宋〕劉敞，《春秋權衡》（上海：上海人民出版社，1999 年，景印文淵閣四庫全書本）

21. 〔南宋〕王應麟，《六經天文編》（上海：上海人民出版社，1999 年，景印文淵閣四庫全書本）

22. 〔南宋〕王應麟，《玉海》（上海：上海人民出版社，1999 年，景印文淵閣四庫全書本）

23. 〔南宋〕呂祖謙，《增修東萊書說》（上海：上海人民出版社，1999 年，景印文淵閣四庫全書本）

24. 〔南宋〕家鉉翁，《春秋集傳詳說》（上海：上海人民出版社，1999 年，景印文淵閣四庫全書本）

25. 〔南宋〕眞德秀，《大學衍義》（上海：上海人民出版社，1999 年，景印文淵閣四庫全書本）

26. 〔南宋〕程公說，《春秋分記》（上海：上海人民出版社，1999 年，景印文淵閣四庫全書本）

27. 〔南宋〕黎靖德，《朱子語類》（上海：上海人民出版社，1999 年，景印文淵閣四庫全書本）

28. 〔南宋〕羅泌，《路史》（上海：上海人民出版社，1999 年，景印文淵閣四庫全書本）

29. 〔南宋〕魏了翁，《春秋左傳要義》（上海：上海人民出版社，1999 年，景印文淵閣四庫全書本）

30. 〔南宋〕羅願，《爾雅翼》（上海：上海人民出版社，1999 年，景印文淵閣四庫全書本）

31. 〔元〕托克托，《宋史》（上海：上海人民出版社，1999 年，景印文淵閣四庫全書本）

32. 〔元〕汪克寬,《春秋胡傳附錄纂疏》(上海:上海人民出版社,1999 年,景印文淵閣四庫全書本)

33. 〔元〕托克托,《遼史》(上海:上海人民出版社,1999 年,景印文淵閣四庫全書本)

34. 〔元〕吳澄,《春秋纂言》(上海:上海人民出版社,1999 年,景印文淵閣四庫全書本)

35. 〔元〕陳澔,《陳氏禮記集說》(上海:上海人民出版社,1999 年,景印文淵閣四庫全書本)

36. 〔元〕程端學,《三傳辨疑》(上海:上海人民出版社,1999 年,景印文淵閣四庫全書本)

37. 〔元〕鄭玉,《春秋闕疑》(上海:上海人民出版社,1999 年,景印文淵閣四庫全書本)

38. 〔明〕毛晉,《陸氏詩疏廣要》(上海:上海人民出版社,1999 年,景印文淵閣四庫全書本)

39. 〔明〕王道焜、趙如源,《左傳杜林合注》(上海:上海人民出版社,1999 年,景印文淵閣四庫全書本)

40. 〔明〕王樵《春秋輯傳》(上海:上海人民出版社,1999 年,景印文淵閣四庫全書本)

41. 〔明〕朱載堉,《樂律全書》(上海:上海人民出版社,1999 年,景印文淵閣四庫全書本)

42. 〔明〕呂祖謙,《左氏傳續說》(上海:上海人民出版社,1999 年,景印文淵閣四庫全書本)

43. 〔明〕李時珍《本草剛目》(上海:上海人民出版社,1999 年,景印文淵閣四庫全書本)

44. 〔明〕姜寶,《春秋事義全考》(上海:上海人民出版社,1999 年,景印文淵閣四庫全書本)

45. 〔明〕徐光啓,《農政全書》(上海:上海人民出版社,1999 年,景印文淵閣四庫全書本)

46. 〔明〕夏良勝,《中庸衍義》(上海:上海人民出版社,1999 年,景印文淵閣四庫全書本)

47. 〔明〕陳第,《屈宋古音義》(上海:上海人民出版社,1999 年,景印文淵閣四庫全書本)

48. 〔明〕湛若水,《春秋正傳》(上海:上海人民出版社,1999 年,景印文淵閣四庫全書本)

49. 〔明〕湛若水,《格物通》(上海:上海人民出版社,1999 年,景印文淵閣四庫全書本)

50. 〔明〕黃道周，《月令明義》（上海：上海人民出版社，1999年，景印文淵閣四庫全書本）

51. 〔明〕傅遜，《春秋左傳屬事》（上海：上海人民出版社，1999年，景印文淵閣四庫全書本）

52. 〔明〕葉秉敬，《字孿》（上海：上海人民出版社，1999年，景印文淵閣四庫全書本）

53. 〔明〕潘季馴，《河防一覽》（上海：上海人民出版社，1999年，景印文淵閣四庫全書本）

54. 〔清〕王夫之，《春秋稗疏》（上海：上海人民出版社，1999年，景印文淵閣四庫全書本）

55. 〔清〕毛奇齡《春秋毛氏傳》（上海：上海人民出版社，1999年，景印文淵閣四庫全書本）

56. 〔清〕江永，《群經補義》（上海：上海人民出版社，1999年，景印文淵閣四庫全書本）

57. 〔清〕江永，《禮書綱目》（上海：上海人民出版社，1999年，景印文淵閣四庫全書本）

58. 〔清〕朱鶴齡，《讀左日鈔》（上海：上海人民出版社，1999年，景印文淵閣四庫全書本）

59. 〔清〕朱彝尊，《經義考》（上海：上海人民出版社，1999年，景印文淵閣四庫全書本）

60. 〔清〕吳士玉、沈宗敬，《御定駢字類編》（上海：上海人民出版社，1999年，景印文淵閣四庫全書本）

61. 〔清〕姜炳璋，《詩序補義》（上海：上海人民出版社，1999年，景印文淵閣四庫全書本）

62. 〔清〕胡渭，《禹貢錐指》（上海：上海人民出版社，1999年，景印文淵閣四庫全書本）

63. 〔清〕庫勒納、李光地，《日講春秋解義》（上海：上海人民出版社，1999年，景印文淵閣四庫全書本）

64. 〔清〕徐乾學，《讀禮通考》（上海：上海人民出版社，1999年，景印文淵閣四庫全書本）

65. 〔清〕秦蕙田，《五禮通考》（上海：上海人民出版社，1999年，景印文淵閣四庫全書本）

66. 〔清〕馬驌，《繹史》（上海：上海人民出版社，1999年，景印文淵閣四庫全書本）

67. 〔清〕陳廷敬編、〔清〕張廷玉，《皇清文穎》（上海：上海人民出版社，1999年，景印文淵閣四庫全書本）

68. 〔清〕張尚瑗,《三傳折諸・左傳折諸》(上海:上海人民出版社,1999年,景印文淵閣四庫全書本)

69. 〔清〕陳厚耀,《春秋長歷》(上海:上海人民出版社,1999年,景印文淵閣四庫全書本)

70. 〔清〕惠士奇,《惠氏春秋說》(上海:上海人民出版社,1999年,景印文淵閣四庫全書本)

71. 〔清〕葉酉,《春秋究遺》(上海:上海人民出版社,1999年,景印文淵閣四庫全書本)

72. 〔清〕靳輔,《治河奏績書》(上海:上海人民出版社,1999年,景印文淵閣四庫全書本)

73. 〔清〕愛新覺羅玄燁,《御批資治通鑑綱目前編》(上海:上海人民出版社,1999年,景印文淵閣四庫全書本)

74. 〔清〕愛新覺羅弘曆,《御批歷代通鑑輯覽》(上海:上海人民出版社,1999年,景印文淵閣四庫全書本)

75. 〔清〕閻若璩,《尚書古文疏證》(上海:上海人民出版社,1999年,景印文淵閣四庫全書本)

76. 〔清〕顧炎武,《左傳杜解補正》(上海:上海人民出版社,1999年,景印文淵閣四庫全書本)

77. 〔清〕顧炎武,《日知錄》(上海:上海人民出版社,1999年,景印文淵閣四庫全書本)

78. 〔清〕顧棟高,《春秋大事表》(上海:上海人民出版社,1999年,景印文淵閣四庫全書本)

(三)四部叢刊

1. 〔春秋〕晏嬰《晏子春秋》(上海:商務印書館,1936年,《四部叢刊》上海涵芬樓借江南圖書館藏明活字本景印本)

2. 〔春秋〕墨翟,《墨子》(上海:商務印書館,1922年,《四部叢刊》上海涵芬樓景印明嘉靖癸丑刊本)

3. 〔戰國〕荀況,《荀子》(上海:商務印書館,1922年,《四部叢刊》上海涵芬樓景印古逸叢書本)

4. 〔戰國〕韓非,《韓非子》(上海:商務印書館,1922年,《四部叢刊》上海涵芬樓藏黃蕘圃校宋本)

5. 〔秦〕呂不韋編纂、〔東漢〕高誘注,《呂氏春秋》(上海:商務印書館,1922年,《四部叢刊》涵芬樓藏明宋邦義等刊本)

6. 〔漢〕王充,《論衡》(上海:商務印書館,1922年,《四部叢刊》上海涵芬樓藏明通津草堂本)

7. 〔漢〕陸賈,《新語》(上海：商務印書館,1936 年,《四部叢刊》上海涵芬樓景印明弘治刊本)

8. 〔漢〕焦贛,《焦氏易林》(上海：商務印書館,1922 年,《四部叢刊》涵芬樓借印北京圖書館藏元刊殘本烏程蔣氏密韻樓藏影元寫本)

9. 〔漢〕董仲舒,《春秋繁露》(上海：商務印書館,1922 年,《四部叢刊》上海涵芬樓藏武英殿聚珍版本)

10. 〔漢〕賈誼,《新書》(上海：商務印書館,1922 年,《四部叢刊》上海涵芬樓借江南圖書館藏明正德長沙琚本景印本)

11. 〔漢〕劉向,《說苑》(上海：商務印書館,1922 年,《四部叢刊》上海涵芬樓借平湖葛氏傳樸堂藏明鈔本景印本)

12. 〔漢〕劉向編、〔東漢〕高誘注、〔南宋〕鮑彪注,《戰國策校注》(上海：商務印書館,1922 年,《四部叢刊》上海涵芬樓借江南圖書館藏元至正十五年刊本景印本)

13. 〔漢〕劉安等撰,《淮南子》(上海：商務印書館,1922 年,《四部叢刊》上海涵芬樓景印劉泖生影寫北宋本)

14. 〔漢〕戴德,《大戴禮記》(上海：商務印書館,1936 年,《四部叢刊》上海涵芬樓借無錫孫氏小綠天藏明袁氏嘉趣堂刊本景印本)

15. 〔漢〕韓嬰,《韓詩外傳》(上海：商務印書館,1922 年,《四部叢刊》上海涵芬樓藏明沈氏野竹齋刊本)

16. 〔東漢〕王逸注,《楚辭》(上海：商務印書館,1922 年,《四部叢刊》上海涵芬樓借江南圖書館藏明繙宋本景印本)

17. 〔東漢〕王符,《潛夫論》(上海：商務印書館,1922 年,《四部叢刊》上海涵芬樓借江南圖書館藏述古堂景宋寫本)

18. 〔東漢〕許慎,《說文解字》(上海：商務印書館,1922 年,《四部叢刊》上海涵芬樓借日本岩崎氏靜嘉堂藏北宋刊本景印本)

19. 〔東漢〕鄭玄,《尚書大傳》(上海：商務印書館,1922 年,《四部叢刊》上海涵芬樓藏左海文集)

20. 〔東漢〕應劭,《風俗通》(上海：商務印書館,1922 年,《四部叢刊》上海涵芬樓借印古里瞿氏鐵琴銅劍樓藏元大德刊本)

21. 〔魏〕王弼、〔唐〕邢璹注,《周易略例》(上海：商務印書館,1936年,《四部叢刊》上海涵芬樓景印宋本)

22. 〔魏〕王肅,《孔子家語》(上海：商務印書館,1922 年,《四部叢刊》上海涵芬樓借江南圖書館藏明繙宋本景印本)

23. 〔魏〕曹植,《曹子建集》(上海：商務印書館,1922 年,《四部叢刊》上海涵芬樓借印江安傅氏雙鑑樓藏明活字本)

24. 〔東吳〕韋昭注，《國語》（上海：商務印書館，1922 年，《四部叢刊》上海涵芬樓借杭州葉氏藏明金李刊本）

25. 〔西晉〕郭象注，《南華眞經》（上海：商務印書館，1922 年，《四部叢刊》上海涵芬藏名世德堂刊本）

26. 〔西晉〕郭璞注，《山海經》（上海：商務印書館，1922 年，《四部叢刊》上海涵芬樓借江安傅氏雙鑑樓藏明成化庚寅刊本）

27. 〔北魏〕酈道元，《水經注》（上海：商務印書館，1922 年，《四部叢刊》上海涵芬樓景印武英殿聚珍版本）

28. 〔南朝梁〕沈約注，《竹書紀年》（上海：商務印書館，1922 年，《四部叢刊》上海涵芬樓影印天一閣刊本）

29. 〔南朝梁〕蕭統編，《六臣註文選》（上海：商務印書館，1922 年，《四部叢刊》上海涵芬樓藏宋刊本）

30. 〔唐〕王冰注，《重廣補注黃帝內經素問》（上海：商務印書館，1922 年，《四部叢刊》上海涵芬樓景印明顧氏翻宋本）

31. 〔唐〕李商隱，《李義山文集》（上海：商務印書館，1936 年，《四部叢刊》上海涵芬樓借罟里瞿氏鐵琴銅劍樓藏稽瑞樓鈔本景印本）

32. 〔唐〕房玄齡注，《管子》（上海：商務印書館，1922 年，《四部叢刊》上海涵芬樓借常熟瞿氏鐵琴銅劍樓藏宋刊本景印本）

33. 〔唐〕陸德明《經典釋文》（上海：商務印書館，1922 年，《四部叢刊》上海涵芬樓景印通志堂刊本）

34. 〔唐〕劉知幾，《史通》（上海：商務印書館，1922 年，《四部叢刊》上海涵芬樓影印明萬曆刊本又據孫潛夫顧千里校本做劄記本）

35. 〔北宋〕司馬光，《資治通鑑》（上海：商務印書館，1922 年，《四部叢刊》涵芬樓景印宋刊本）

36. 〔北宋〕邢昺《爾雅疏》（上海：商務印書館，1936 年，《四部叢刊》上海涵芬樓景印宋刊本）

37. 〔北宋〕李昉，《太平御覽》（上海：商務印書館，1936 年，《四部叢刊》涵芬樓景印中華學藝社借照日本帝室圖書館寮京都東福寺東京岩崎氏靜嘉堂文庫藏宋刊本）

38. 〔北宋〕黃庭堅，《豫章黃先生文集》（上海：商務印書館，1936 年，《四部叢刊》上海涵芬樓借嘉興沈氏藏宋乾道刊本景印本）

39. 〔金〕元好問，《遺山先生文集》（上海：商務印書館，1936 年，《四部叢刊》上海涵芬樓借烏程蔣氏密韻樓藏明弘治戊午刊本景印本）

40. 〔南宋〕王十朋，《集註分類東坡先生詩》（上海：商務印書館，1936 年，《四部叢刊》上海涵芬樓借南海潘氏藏宋刊本景印本）

41. 〔南宋〕王應麟《困學紀聞》（上海：商務印書館，1936 年，《四部叢刊》上海涵芬樓景印江安傅氏雙鑑樓藏元刊本）

42. 〔南宋〕朱熹，《詩集傳》（上海：商務印書館，1936 年，《四部叢刊》上海涵芬樓影印中華學藝社照借日本東京岩崎氏靜嘉文庫藏宋本）

43. 〔清〕汪中，《述學內篇》（上海：商務印書館，1936 年，《四部叢刊》上海涵芬樓借無錫孫氏藏本景印本）

二、今人著述

1. 劉鶚，《鐵雲藏龜》，（1903 年）

2. 羅振玉，《殷墟書契前編》（1912 年）

3. 羅振玉，《殷虛書契‧後編》（北京：北京圖書館出版社，1916 年）

4. 董作賓，〈大龜四版考釋〉（收入於《安陽發掘報告》第 3 期，廣州，中央研究院歷史語言研究所，1931 年）

5. 羅振玉，《殷墟書契續編》（1933 年）

6. 方法斂，《金璋所藏甲骨卜辭》（1939 年）

7. 黃濬，《鄴中片羽三集》（1939 年）

8. 方法斂，《金璋所藏甲骨卜辭》（1939 年）

9. 孫作雲，《后羿傳說叢考》（收入於《中國學報》第 3～5 期，1944 年）

10. 董作賓，《小屯‧殷墟文字甲編》（1948 年）

11. 董作賓，《小屯‧殷墟文字乙編》（1949 年）

12. 聞一多，《古典新義》（上海：上海古籍出版社，1954 年）

13. 胡厚宣，《甲骨續存》（1955 年）

14. 袁珂，《中國古代神話》（北京：中華書局，1960 年）

15. 丁山，《中國古代宗教與神話考》（上海：龍門聯合書局，1961 年）

16. 張景寧編，《花山崖壁畫資料集》（南寧：廣西民族出版社，1963 年）

17. 李孝定，《甲骨文字集釋》（收入《中央研究院歷史語言研究所專刊》第 50 冊，台北，中央研究院歷史語言研究所，1965 年）

18. 徐復觀，《中國人性論史先秦篇》（台北：台灣商務印書館，1969 年）

19. 陳瑞庚，《井田問題重探》（台北，台灣大學中文所博士論文，1974 年 5 月）

20. 錢穆，《國史大綱》（台北：臺灣商務印書館，1974 年）

21. 于省吾，〈利簋銘文考釋〉（收入《文物》第 8 期，北京，1977 年）

22. 李偉卿，〈中國南方銅鼓的分類和斷代〉（收入《考古》第 1 期，北京，中國社會科學院考古研究所考古雜誌社，1979 年）

23. 郭沫若主編、胡厚宣總編輯，《甲骨文合集》（北京：中華書局，1979 年）

24. 顧頡剛、劉起釪，〈〈盤庚〉三篇校釋譯論〉（收入《歷史學》創刊號，北京，1979 年）

25. 竺可楨，《竺可楨文集》（北京：科學出版社，1979 年）

26. 張政烺，〈〈利簋〉釋文〉（收入《考古》第 1 期，北京，中國社會科學院考古研究所考古雜誌社，1979 年）

27. 徐中舒，《左傳選》（北京：中華書局，1979 年）。

28. 中國地震歷史資料編輯委員會總編室，《中國地震資料匯編》（北京：科學出版社，1980 年）

29. 朱文鑫，《天文考古錄‧春秋日食考》（台北：商務印書館，1982 年）

30. 李吉順，《北方天氣文集（2）》（北京，北京大學出版社，1982 年）

31. 張光直，《中國青銅時代》（台北：聯經出版公司，1983）

32. 王友蘭，《中國無神論史資料匯編‧先秦篇》（北京：中華書局，1983 年）。

33. 于省吾，《甲骨文字釋林》（北京：中華書局，1983 年），第 1 冊。

34. 中國地震歷史資料編輯委員會總編室，《中國地震資料匯編》（北京：科學出版社，1983 年 11 月）

35. 黃壽祺，《楚辭全釋》（貴陽：貴州人民出版社，1984 年）

36. 許倬雲，《先秦諸子對天的看法》，收入《求古編》（台北：聯經出版事業公司，1984 年）

37. 李約瑟、陳立夫主譯，《中國之科學與文明》（台北：台灣商務印書館，1985 年）

38. 顧頡剛，《漢代學術史略》（台北：天山出版社，1985 年）

39. 袁珂，《山海經校譯》（上海：上海古籍出版社，1985 年）

40. 莊雅州，《夏小正析論》（台北：文史哲出版社，1985 年）

41. 〔法〕列維‧步留爾，《原始思維》（上海：商務印書館，1985 年）

42. 陳遵媯，《中國天文學史》〈從十二月十四日日環蝕談起〉（台北：明文書局，1988 年）

43. 陳夢家，《殷墟卜辭綜述》（北京：中華書局，1988 年）

44. 陳熾彬《左傳中巫術之研究》（台灣，政治大學中國文學研究所博士論文，1988 年 1 月）

45. 宋正海、郭永芳、陳瑞平，《中國古代海洋學史》（北京：海洋出版社，1989）

46. 苟萃華等，《中國古代生物史》（北京：科學出版社，1989 年）

47. 周堯，《中國昆蟲學史》（北京：科學出版社，1989 年）

48. 何光岳，《楚滅國考》（上海：上海人民出版社，1990 年）。

49. 杜正勝，〈牧誓·反應的歷史情境試析〉（收入《大陸雜誌》，台北，大陸雜誌出版社，1990 年）

50. 鹿世瑾主編，《華南氣候》（北京：氣象出版社，1990 年）

51. 劉洪杰，〈揭開「華夏第一龍」的神秘面紗〉（收入《歷史大觀園》第 3 期，廣州，1991 年）

52. 羅振玉，《殷墟書契續編》，（1993 年）

53. 楊伯峻，《春秋左傳注》（台北：洪葉文化事業有限公司，1993 年）

54. 黃仁宇，《中國大歷史》（台北：聯經出版公司，1993 年）

55. 王暉，〈論漢本《書·大誓》的天象資料及其重要意義〉（收入《周秦漢唐國際文化研討會論文集》，1993 年）

56. 羅振玉，《殷墟書契續編》，（1993 年）

57. 黃啓書《董仲舒春秋學的災異理論》（台灣，台灣大學中國文學研究所碩士論文，1995 年 5 月）

58. 何星亮，《中國自然神與自然崇拜》（上海：上海三聯書店，1995 年）

59. 烏丙安，《中國民間信仰》（上海：上海人民出版社，1995 年）

60. 于省吾，《甲骨文字詁林》（北京：中華書局，1996 年），第 3 冊。

61. 李瑞蘭主編，《中國社會通史·先秦卷》（太原：山西教育出版社，1996 年）

62. 朱自清、郭沫若、葉聖陶，《古典新義》（台北，里仁書局，1996 年）

63. 錢穆，《國學概論》（台北：商務印書館，1997 年）

64. 劉起釪，《古史續辨》（北京：中國社會科學出版社，1997 年）

65. 黃肇基，《漢代公羊學災異理論研究》（台北：文津出版社，1998 年）

66. 李學勤，《失落的文明》（上海：上海藝文出版社，1998 年）

67. 楊寬，《西周史》（台北：台灣商務印書館，1999 年）

68. 鄭文光，《中國天文學源流》（台北：萬卷樓，2000 年）

69. 王暉，《商周文化比較研究》（北京：人民出版社，2000 年 5 月）

70. 鄭文光，《中國天文學源流》（台北：萬卷樓，2000 年）

71. 葛兆光，《中國思想史》（上海：復旦大學出版社，2001 年）

72. 宋正海，《中國古代自然災異·群發期·中國古代自然災異整體性研究》（合肥：安徽教育出版社，2002 年）

73. 宋正海，《中國古代自然災異：相關性年表總匯》（合肥：安徽教育出版社，2002 年）

74. 宋正海，《中國古代自然災異：動態分析》（合肥：安徽教育出版社，2002年）

75. 陳朝雲，〈用養結合：先秦時期人類需求與生態資源的平衡統一〉（收入《河南師範大學學報・哲學社會科學版》，新鄉，河南師範大學，2002年6月）

76. 莊雅州，〈科學與迷信之際—史記天官書今探〉（收入《中正大學中文學術年刊第六期，民雄，中正大學中文系，2004年）

77. 浦慕州，《追尋一己之福：中國古代的信仰世界》（台北：麥田出版社，2004年）

78. 孫紹騁，《中國救災制度研究》（北京：商務印書館，2004年）

79. 何新文，《左傳人物論稿》（北京：中國社會科學出版社，2004年）

80. 潘萬木，《左傳敘述模式論》（武漢：華中師範大學出版社，2004年）

81. 江曉原、鈕衛星，《中國天學史界》（上海：上海人民出版社，2005）

82. 李修松，《先秦史探研》（合肥：安徽大學出版社，2006年）

83. 宋會群，《中國術數文化史》（開封：河南大學出版社，2006年）

84. 饒尚寬，《春秋戰國秦漢朔閏表》（上海：商務印書館，2006年）

85. 卜風賢，《周秦漢晉時期農業災害和農業減災方略研究》（北京：中國社會科學出版社，2006年）

86. 劉瑛，《左傳、國語方術研究》（北京：人民文學出版社，2006年）

87. 李零，《中國方術正考》（北京：中華書局，2006年）

88. 李零，《中國方術續考》（北京：中華書局，2006年）

89. 莊雅州，〈左傳占星析論〉，（收入《第五屆中國經學國際學術研討會論文集》，台北：政治大學中文系，2009年）